Andreas F. W. Löhr · Gold und Goldfutures

Untersuchungen über das Spar-, Giro- und Kreditwesen

Abteilung A: Wirtschaftswissenschaft

Herausgegeben von

G. Ashauer, W. Ehrlicher, H.-J. Krümmel, F. Voigt

Band 128

Gold und Goldfutures

Stabilisiert oder destabilisiert der Futuresmarkt den Spotmarktpreis?

Von

Dr. Andreas F. W. Löhr

DUNCKER & HUMBLOT / BERLIN

CIP-Kurztitelaufnahme der Deutschen Bibliothek

Löhr, Andreas F. W.:
Gold und Goldfutures: stabilisiert oder destabilisiert d. Futuresmarkt d. Spotmarktpreis? von Andreas F. W. Löhr. — Berlin: Duncker und Humblot, 1986.
(Untersuchungen über das Spar-, Giro- und Kreditwesen: Abt. A, Wirtschaftswissenschaft; Bd. 128)
ISBN 3-428-06029-6

NE: Untersuchungen über das Spar-, Giro- und Kreditwesen / A

Satz: Werksatz Marschall, Berlin 45; Druck: W. Hildebrand, Berlin 65
Printed in Germany

ISBN 3-428-06029-6

Vorwort

Bei der vorliegenden Arbeit handelt es sich um die unveränderte Fassung meiner Dissertation an der Rechts- und Staatswissenschaftlichen Fakultät der Rheinischen Friedrich-Wilhelms-Universität Bonn.

Zahlreichen Personen, die mich vor und während der Dissertation unterstützt haben, bin ich sehr zu Dank verpflichtet.

Besonders möchte ich meinem Doktorvater, Herrn Prof. Dr. Dr. h. c. Hans-Jacob Krümmel, für seine Anregung zur Erstellung der Arbeit, seine wertvollen fachlichen Ratschläge und seinen persönlichen Einsatz danken.

Den Professoren Dr. Jochen Wilhelm und Dr. Manfred Hieber danke ich für viele nützliche Hinweise, meinen Kollegen am Bonner Bankseminar und Institut für das Spar-, Giro- und Kreditwesen für fruchtbare Diskussionen im Doktorandenkreis.

Den Damen und Herren des Deutschen Akademischen Austauschdienstes und des Auswahlgremiums bin ich für ein einjähriges Postgraduiertenstipendium zum Studium in den USA zu Dank verpflichtet.

An der Business School der University of Georgia, Athens, konnte ich im Rahmen der M.B.A.-Ausbildung erste spezielle Kenntnisse über Commodity-Futuresmärkte erwerben.

Viel verdanke ich der Konrad-Adenauer-Stiftung, die mich u.a. durch ein zweijähriges Doktorandenstipendium gefördert hat. Besonders bin ich Frau Frederika Möller für ihren stets freundlichen und engagierten Einsatz verbunden. Der von der Stiftung finanziell unterstützte Aufenthalt an der Harvard University im Jahre 1981 hat wesentlich zum Gelingen meiner Untersuchungen beigetragen.

Der Harvard Faculty of Arts and Sciences danke ich für die Zulassung als Visiting Fellow und die Gewährung der damit verbundenen Vorteile. Ferner bedanke ich mich bei Herrn Prof. Houthakker und dem Special Student Office für die freundliche Unterstützung während meiner Zeit in Cambridge.

Von den vielen Personen, Unternehmen, staatlichen und halbstaatlichen Stellen, Börsen und Bibliotheken, denen ich verpflichtet bin, möchte ich noch dankend hervorheben meine Gesprächspartner bei J. Aron & Co. Inc./ N.Y., Westway Metals/Englewood Cliffs/N. Y., Dr. Henry Jarecki, Mocatta Metals Corporation/N. Y., Vincent J. Conway, Merril Lynch/N. Y., John B.

Gruen, Phibro/N. Y., Richard L. Davies, The Gold Institute/N. Y., Joann A. Santangelo, COMEX/N. Y., Dr. Leo Melamed, IMM/Chicago, Clarence Fanders, Blake Imel und John Mielke, CFTC/Washington sowie Thomas M. Purcell, CFTC/N. Y., Herrn Kursmakler Dieter Henke/Frankfurt, Herrn Schroff, Goldhandel Schweizerische Kreditanstalt/Zürich sowie Herrn Karl-Heinz Jaeger, Goldhandel Bank Leu/Zürich.

Herrn Dieter H. Kuchta und dem Verlag Duncker & Humblot danke ich für die angenehme Zusammenarbeit.

Die intensive Durchsicht des Manuskripts besorgten meine Mutter und meine Frau Mechthild. Gerade ihnen, aber auch meinen Freunden und Verwandten, die mir viel Verständnis für die oft knappe Zeit entgegenbrachten, gilt mein herzlicher Dank.

Andreas F. W. Löhr

Inhaltsverzeichnis

Tabellenverzeichnis

Abbildungsverzeichnis

Abkürzungsverzeichnis

a.a.O.	=	am angeführten Ort
App.	=	Appendix
Apr.	=	April
Aug.	=	August
A-$	=	Australischer Dollar
Bl.d.d.W.	=	Blick durch die Wirtschaft
bzw.	=	beziehungsweise
¢	=	Cent
CBOT	=	Chicago Board of Trade
CFTC	=	Commodity Futures Trading Commission
CGSE	=	Chinese Gold and Silver Exchange
CME	=	Chicago Mercantile Exchange
COMEX	=	Commodity Exchange New York
c.p.	=	ceteris paribus
Cr$	=	Brasilianischer Cruzeiro
CST	=	Central Standard Time
Dez.	=	Dezember
d.h.	=	das heißt
ed.	=	edited
EFP	=	Exchange of Futures for Physicals
EOE	=	European Options Exchange
EST	=	Eastern Standard Time
f., ff.	=	folgend(e)
FAZ	=	Frankfurter Allgemeine Zeitung
FBI	=	Federal Bureau of Investigation
Feb.	=	Februar
FCM	=	Futures Commission Merchant
FT	=	Financial Times
G.E.S.	=	Gold Exchange of Singapore
GMT	=	General Mountain Time
GNMA	=	Government National Mortgage Association
gr.	=	Gramm
HB	=	Handelsblatt
HKCE	=	Hong Kong Commodity Exchange
ICCH	=	International Commodities Clearing House
i.d.R.	=	in der Regel
IMF	=	International Monetary Fund
IMM	=	International Monetary Market
Jan.	=	Januar
Jun.	=	Juni

Jul.	=	Juli
Kg.	=	Kilogramm
L.G.F.M.	=	London Gold Futures Market
lg.	=	long
M.A.C.E.	=	MidAmerica Commodity Exchange
Mär.	=	März
ME	=	Montreal Exchange
MEZ	=	Mitteleuropäische Zeit(zone)
Mio.	=	Million(en)
Mrd.	=	Milliarde(n)
Nov.	=	November
N.Y.	=	New York
N.Y.M.E.	=	New York Mercantile Exchange
NZZ	=	Neue Zürcher Zeitung
o.a.	=	oben angeführt
o.g.	=	oben genannt
o.J.	=	ohne Jahresangabe
Okt.	=	Oktober
oz.	=	troy ounce; Feinunze
s.	=	siehe
S.	=	Seite
$	=	US-Dollar
s.o.	=	siehe oben
s.u.	=	siehe unten
SBG	=	Schweizerische Bankgesellschaft
SBV	=	Schweizerischer Bankverein
Sep.	=	September
SFE	=	Sydney Futures Exchange
SFr.	=	Schweizer Franken
sh.	=	short
SHZ	=	Schweizer Handelszeitung
SKA	=	Schweizerische Kreditanstalt
Std.	=	Stunde(n)
Tab.	=	Tabelle(n)
TGE	=	Tokyo Gold Exchange
to.	=	Tonne(n)
u.a.	=	unter anderem; und andere
u.a.m.	=	und anderes mehr
u.U.	=	unter Umständen
USA	=	United States of America
d.Verf.	=	der Verfasser
vgl.	=	vergleiche
Vol.	=	Volume; Band
VSE	=	Vancouver Stock Exchange
z.B.	=	zum Beispiel
z.Zt.	=	zur Zeit

Kapitel I: Einführung

I. Gegenstand der Arbeit

Futuresmärkte leiten allgemein ihre ökonomische Daseinsberechtigung aus der durch sie gebotenen Möglichkeit zum Risikotransfer zwischen verschiedenen Marktpartnern sowie als Instrument der Preisbildung und -verbreitung ab.

Aufgrund wachsender Preisschwankungen physischen Goldes zu Beginn der Siebziger Jahre ergab sich auf seiten von Goldproduzenten, -verarbeitern, -konsumenten und -investoren ein steigender Bedarf, Preisschwankungsrisiken, die im Zusammenhang mit physischen Goldpositionen auftreten, zu transferieren. Die Gründung der Goldfuturesmärkte schuf im Hinblick auf die Bewältigung des Risikotransfers eine Alternative zu den bereits bestehenden nicht börsengeregelten Cash-forwardabschlüssen („Kassageschäfte auf später").

Zum Umsatzerfolg der Goldfuturesmärkte hat vor allem die Teilnahme Risiken akzeptierender Spekulanten beigetragen, die durch den einfachen Markteintritt und die hohen Gewinnchancen angezogen wurden.

Spezifische Struktur, Handelstechnik und Umsatzvolumina an den großen Goldfuturesmärkten der USA rechtfertigen die Frage nach einem möglichen Einfluß des Futureshandels auf die Preise am physischen Markt via Arbitrage. Zweck der Arbeit ist es theoretisch zu untersuchen, ob es bestätigende Hinweise für einen solchen Einfluß gibt und wenn ja, welcher Art sich dieser Einfluß — stabilisierend oder destabilisierend — darstellt.

II. Entwicklung der Goldfuturesmärkte bis heute

Seit mehr als 100 Jahren werden Futureskontrakte für landwirtschaftliche Commodities an U.S.-amerikanischen Börsen gehandelt. Die älteste amerikanische Futuresbörse ist die Chicago Board of Trade (CBOT), die 1848 als Spotmarkt begann und 1865 den Handel in Futureskontrakten aufnahm.

Erst zu Beginn der Siebziger Jahre dieses Jahrhunderts begann der Handel auch in nicht-landwirtschaftlichen Commodities, den sog. „financial futures".[1]

Noch bevor das amerikanische Besitzverbot für Gold, das 40 Jahre gegolten hatte, im Jahre 1974 aufgehoben wurde, nahm die Winnipeg Commodity Exchange, Kanada, im November 1972 als erste Börse weltweit den Handel in Goldfutureskontrakten (400 Unzen) auf. Zum 31. Dezember 1974 eröffneten fünf amerikanische Goldfuturesbörsen den Handel:

Chicago Board of Trade (CBOT), Chicago Mercantile Exchange (CME) / International Monetary Market (IMM), Commodity Exchange New York (COMEX), Midamerica Commodity Exchange Chicago (M.A.C.E.) und New York Mercantile Exchange (NYME).

Während die letztgenannte Börse den Handel mit Goldfutures mittlerweile einstellte, haben sich die COMEX und der IMM als die führenden Märkte für Goldfutures in den USA und weltweit herausgebildet.

Tabelle 1: Anteil der beiden führenden U.S.-Börsen am gesamten U.S.-Goldfutures-Handelsvolumen

	1975	1976	1977	1978	1979	1980	1981
COMEX	44 %	57 %	51 %	56 %	63 %	72 %	78 %
IMM	45 %	41 %	48 %	42 %	34 %	23 %	18 %
SUMME	89 %	98 %	99 %	98 %	97 %	95 %	96 %

Quelle: Consolidated Gold Fields, Gold 1982, London, Mai 1982, S. 59, und eigene Berechnungen.

Tabelle 1 gibt die relativen Anteile der COMEX und des IMM am U.S.-Goldfutures-Handelsvolumen wieder. Tabelle 2 enthält die absoluten Kontraktvolumina der U.S.-Goldfuturesbörsen für die Jahre 1974-81.

Während im Jahre 1981 die nicht-kommunistische Weltgoldproduktion etwa 962 Tonnen betrug, machten die Goldfuturesumsätze an COMEX und IMM immerhin 12,9 Mio. Kontrakte à 100 Feinunzen (1 Feinunze = 31,1035 gr.) oder etwa 40 100 Tonnen aus. Daraus wird das Spannungsverhältnis zwischen physischem Goldförderungsvolumen einerseits und Futuresumsätzen andererseits deutlich.

[1] Hierzu zählen Edelmetalle, Währungen und Finanzierungsinstrumente wie Treasury Bills und Government National Mortgage Association Certificates („GNMAs").

Tabelle 2: Goldfutures-Handelsvolumen an U.S.-Börsen 1974-81

	1974	1975	1976	1977	1978	1979	1980	1981
COMEX	2.550	393.517	479.363	981.551	3.742.378	6.541.893	8.001.410	10.373.706
IMM	2.131	406.968	340.921	908.180	2.812.870	3.558.960	2.543.419	2.518.435
MACE	421	6.873	2.573	2.650	45.153[1)]	200.363	447.494	469.460
CBOT	1.143	54.331	10.940	13.758	56.470	110.353[1)]	71.479	14.749
NYME	1.230	36.733	2.351	3.650[1)]	3.368	704	10	------
SUMME	7.475	898.421	836.148	1.909.789	6.660.239	10.412.273	11.063.812	13.376.350

Quelle: Consolidated Gold Fields, Gold 1982, London, Mai 1982, S. 59.

[1] Im Jahre 1977 fügte die New York Mercantile Exchange einen 400-Unzen- zu dem bestehenden Kilo-Kontrakt hinzu; 1978 ersetzte die Mid-America-Exchange ihren Kilo- durch einen 33,2-Unzen-Kontrakt; 1979 wechselte die CBOT vom 3-Kilo- zum 100-Unzen-Kontrakt; COMEX und IMM handeln nach wie vor 100-Unzen-Kontrakte.

Neben den kanadischen und weltweit führenden U.S.-Goldfuturesbörsen gibt es mittlerweile auch Goldfuturesmärkte in Hongkong (Hong Kong Commodity Exchange, August 1980), Singapur (Gold Exchange of Singapore, November 1980), Tokio (Tokio Gold Market, März 1982), London (London Gold Futures Market, April 1982) sowie in Sydney, Australien (Sydney Futures Exchange, April 1978) und Sao Paulo, Brasilien (Bolsa de Mercadorio de Sao Paulo, Juni 1981) (letztere beide mit nur regionaler Bedeutung).

Aufschlußreich im Hinblick auf den Ablauf des ohne Unterbrechung stattfindenden weltweiten Goldhandels ist die im folgenden wiedergegebene Abfolge eines typischen Zürcher Goldhandelstages:[2]

08:00 Beginn des Handels mit dem 7 Stunden zeitdifferenten Hongkonger Markt; Hongkong und Singapur haben noch bis 9:30 Uhr Zürcher Zeit geöffnet.

09:00 Kontaktaufnahme mit London; Abschlüsse allerdings meist erst nach Eröffnung des Zürcher Goldpools.

09:25 Der Goldpool nennt seinen Eröffnungspreis; um 9:30 Uhr Luxemburger Fixing; zunehmende Umsätze bis gegen 11 Uhr; in der letzten halben Stunde vor dem Londoner Vormittagsfixing meist ruhigeres abwartendes Geschäft; viele Aufträge treffen meist „in letzter Minute" ein.

11:30 1. Londoner Fixing (10:30 GMT); während des Fixings können keine Abschlüsse getätigt werden, jedoch werden Aufträge für das Fixing weiterhin entgegengenommen; nach dem Fixing je nach Marktlage ruhiger bis hektischer Handel.

[2] Der Verfasser dankt der Bank Leu, Zürich, für die Zur-Verfügung-Stellung entsprechenden Materials; angefertigt auf der Basis aktualisierter Angaben der Bank Leu.

Schaubild 1: Lage und Ortszeit der Goldterminmärkte relativ zu Greenwich Meantime

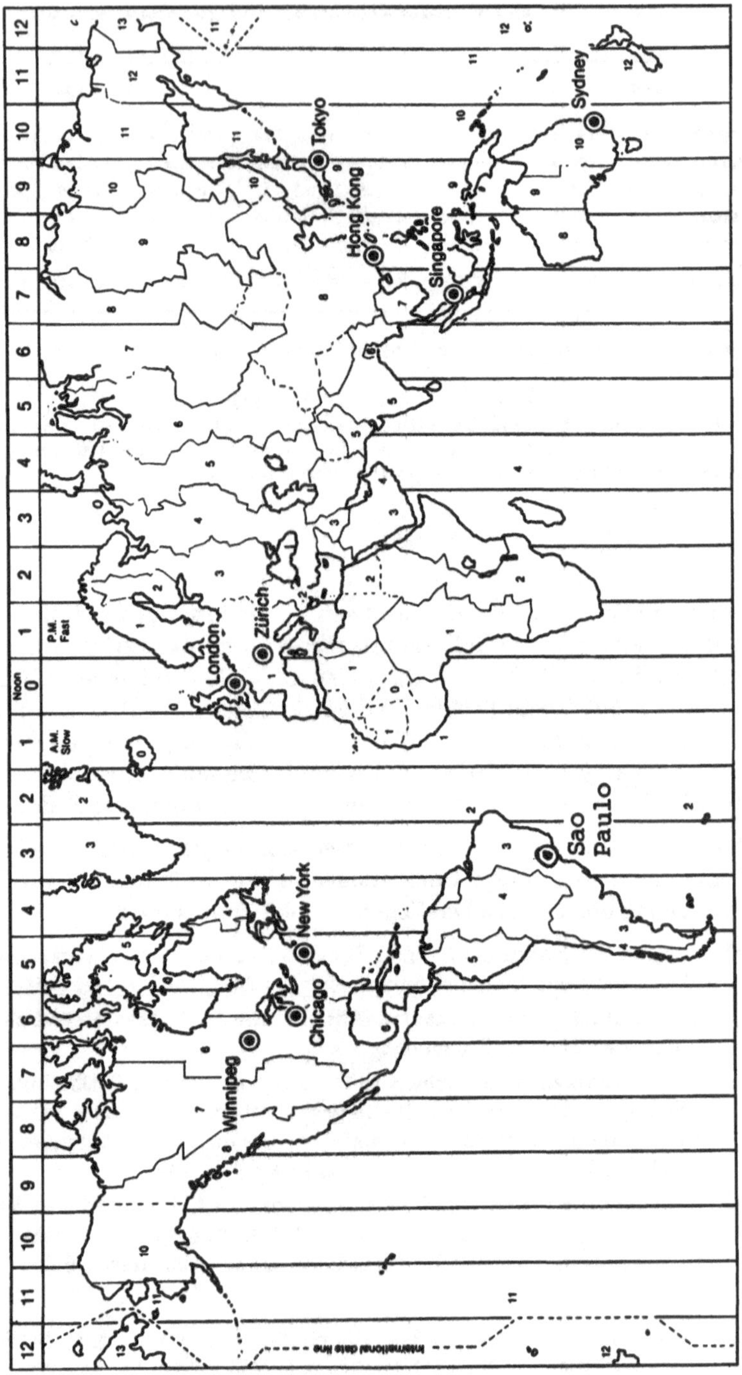

12:00	Kursfeststellung des offiziellen Goldpreises an der Frankfurter Devisenbörse.
12:30	Mittagspausen-Unterbrechung des Zürcher Goldpools.
14:00	Erneute Festsetzung des Poolpreises; der europäische Handel kommt langsam zum Stillstand, man wartet auf New York (6 Stunden Zeitdifferenz).
14:30	Kontaktaufnahme mit New Yorker Brokern; weniger Abschlüsse als Meinungsaustausch.
15:00	Eröffnung der COMEX, New York (9:00 Uhr dortiger Zeit).
16:00	2. Londoner Fixing (15:00 GMT); N.Y. ist mitbestimmend.
16:30	Schließung des Goldpools; die Banken sind je nach Marktlage noch bis etwa 18:00 Uhr im Handel, gegen Handelsschluß werden je nach Position noch Limits, sog. „overnights", zur Absicherung getätigt; Handelsschluß der COMEX um 21:00 Uhr Zürcher Zeit.

Seit der Gründung des Londoner Goldfuturesmarkts im April 1982 werden Goldfutures nunmehr 24 Stunden täglich weltweit gehandelt (vgl. Weltzonenkarte, Schaubild 1).

Im Vergleich zu den Goldfuturesumsätzen an U.S.-Börsen sind die Umsätze am weltweit zweitwichtigsten Goldfutureshandelsplatz Hongkong (im Jahre 1981 32 740 Kontrakte à 100 Unzen oder etwa 102 Tonnen) als nahezu unbedeutend zu bezeichnen.

Die Umsätze an den anderen genannten Plätzen liegen größtenteils noch weit unter denen Hongkongs. Relevant im Rahmen des Arbeitsthemas sind daher im folgenden ausschließlich die Einflüsse der weltweit führenden Goldfuturesbörsen COMEX und IMM auf die europäischen Kassamärkte und die dortigen Notierungen.

Kapitel II: Gold als Ware und Geldsubstitut

Kapitel II gibt einen Überblick über die hauptsächlichen Bestimmungsgrößen für Angebot und Nachfrage an/nach physischem Gold sowie die makroökonomischen Determinanten des Preises für physisches Gold.

Darüberhinaus liefern die Darstellungen des Kapitels II folgende Grundlage für den argumentativen Hauptteil der Arbeit in Kapitel VI: Gold nimmt als Ware und Geldsubstitut im Vergleich zu anderen an Futuresbörsen gehandelten Waren eine Sonderstellung ein (vgl. hierzu Abschnitt VI. IV. 1. c)). Kapitel II zeigt diesbezüglich, daß das Angebot bzw. die Nachfrage an/nach physischem Gold sowohl gütermäßig als auch monetär bedingt sind und Gold sich als Futureshandelsware durch seine hohen „above-ground-stocks" auszeichnet, die ein Vielfaches der jährlichen Weltgoldproduktion betragen.

Letzteres ist insbesondere bei einer Diskussion über die Frage von Bedeutung, wie die Wahrscheinlichkeit einer möglichen Goldmarkt-„Corner" einzuschätzen ist (vgl. Abschnitt VI. IV. 2. e) aa), S. 175 ff.).

Gold wird seit vielen Jahrhunderten sowohl als industrielles wie auch als monetäres Metall verwendet.

Im industriellen Bereich erfährt es Wertschätzung zum einen durch sein Aussehen (im Bereich der Schmuck- und Kunstgegenstände), zum anderen aufgrund seiner technischen Nutzen stiftenden elementaren Eigenschaften[1] in der Elektronik, Zahnmedizin, bei Isolierverglasungen u.a.m. Obgleich Gold industriell vielseitig gefragt ist, dominiert seine Verwendung als monetäres Metall (umgekehrt bei Silber).

Die ihm eigenen Geldeigenschaften der Wertintensität, nicht beliebigen Reproduzierbarkeit (Fälschungssicherheit), unbegrenzten Lagerfähigkeit (Wertaufbewahrungsfunktion) und beliebigen Teilbarkeit (Homogenität) haben es zum klassischen Reservemetall von Zentralbanken[2] sowie zum privaten Kaufkrafthort werden lassen.[3]

---

[1] Gold ist mit einem spezifischen Gewicht von 19,32 das sechstschwerste Metall. Es weist den hohen Schmelzpunkt von 1063° C auf, besitzt hohe chemische Beständigkeit (praktische Unzerstörbarkeit), die größte Dehnbarkeit aller Metalle (es läßt sich bis zu 1/10 000 mm fein hämmern; 1 Unze = 31,1035 gr. kann man zu einem Faden von 56 km Länge ziehen) sowie extrem gute elektrische Leitfähigkeit.

[2] Vgl. die Aufstellung über Goldreserven westlicher Währungsbehörden Mitte 1982 in: Schweizerische Kreditanstalt — Goldhandbuch, Heft 66 der Schriftenreihe

Bis zum Beginn der 80er Jahre wurden weltweit etwa 90 000 Tonnen Gold zutage gefördert.[4] Davon befinden sich etwa 42 % im Besitz von Zentralbanken, circa 47 % haben Verwendung in Fertigprodukten (einschließlich Schmuck, etwa 31 %) gefunden, und ungefähr 11 % sind in Form von Münzen- und Barrengold in Privatbesitz[5] (vgl. Tabelle 3 und Schaubild 2).

Tabelle 3: Weltgoldbestände und -verteilung, Ende 1980

	in to.	in % von 1
1. akkumulierte Weltgoldprod.	88.847,9	100,0 %
2. off. Reserven	37.471,2	42,2 %
3. Verwendg. in Fertigprod.	41.485,2	46,7 %
davon: Verw. in Karatschm.	(27.351,2)	(30,8 %)
4. Residualgröße: Münzen u. Barrengold* in Privathand (1-2-3)	9.891,5	11,1 %

*) geschätzter Barrengoldanteil: zwischen 3000 und 5000 Tonnen

Quelle: International Gold Corporation — Above Ground Stocks of Gold, a.a.O., S. 4 f. u. eigene Berechnungen.

Schaubild 2: dito

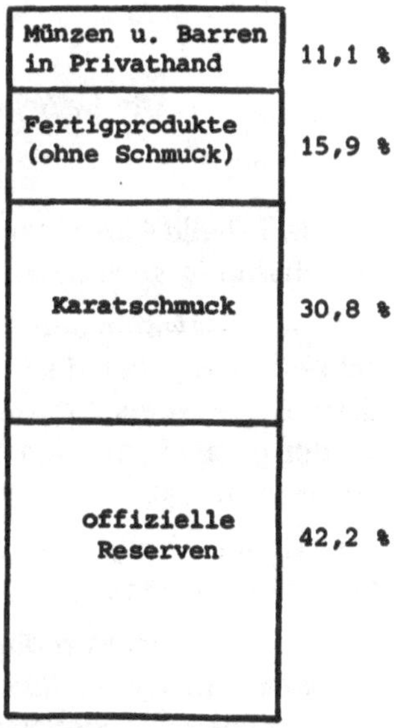

der SKA 'Handbücher aus dem Bankbereich', Zürich, Dezember 1982, S. 111. — Die gleiche Quelle rechnet vor, daß Gold Mitte 1982, bewertet zu $ 42,22/oz., 12 % der Weltwährungsreserven ausmachte, gegenüber 56 % bei einer Bewertung zu $ 400,-/oz.; vgl. ebenda, S. 112.

[3] Vgl. die Ausführungen zu Gold als Währungsmetall, in: Schweizerischer Bankverein — Gold, Zürich, Januar 1981, S. 19 ff.

[4] Mehr als 95 % dieser Menge wurden seit 1850, mehr als die Hälfte seit Ende des Zweiten Weltkrieges produziert. Die bisherige Weltfördermenge entspräche einem Würfel mit einer Kantenlänge von 17 Metern. Vgl. International Gold Corporation — Above Ground Stocks of Gold — Amounts and Distribution, New York, Oktober 1982.

[5] Vgl. ebenda sowie Schweizerische Kreditanstalt — Goldhandbuch, a.a.O., S. 95.

I. Herkunft und Verwendung physischen Goldes

Es kann nicht Aufgabe dieses Kapitels sein, eine detaillierte Beschreibung der Vielfalt nationaler wie internationaler Goldangebots- und nachfragekomponenten zu geben.[6]

Stattdessen soll es genügen, in einem gestrafften Überblick die für ein Verständnis des internationalen Marktes für physisches Gold wesentlichen Angebots-/Nachfragecharakteristika herauszuarbeiten.

1. Die bedeutendsten Komponenten des Angebots an physischem Gold

Wie Tabelle 4 zeigt, lassen sich nicht alle Nachfrage- und Angebotssektoren eindeutig voneinander trennen.

So waren zwar in den vergangenen drei Jahrzehnten während der meisten Jahre Goldabgaben der Ostblockstaaten zu verzeichnen; 1966 — 1970 traten diese dagegen als Nettokäufer am Markt auf. Internationale Währungsbehörden gaben in den Jahren 1966 — 1968, 1971 und 1973 — 1979 netto Gold an den Markt ab; in den restlichen Jahren betätigten sie sich als Nettokäufer.

Ein dazu eher spiegelbildliches Verhalten zeigen die privaten Anlagekäufe und -verkäufe.

Neben Ostblockverkäufen, Verkäufen durch Währungsbehörden sowie privaten Anlageverkäufen stellt die (westliche) Minenproduktion den bedeutendsten Angebotsfaktor am Weltgoldmarkt dar. Hauptproduzenten sind Südafrika, das 1981 etwa 2/3 der gesamten Goldproduktion der westlichen Welt lieferte, gefolgt von Kanada, den USA, Brasilien und den Philippinen mit jeweils 5,2 %, 4,3 %, 3,6 % und 2,6 % der westlichen Goldproduktion.

Der weltweit zweitgrößte Goldproduzent ist im übrigen die Sowjetunion (s. Ostblockverkäufe), deren Produktion 1981 auf etwa die Hälfte der südafrikanischen geschätzt wurde (vgl. Tabelle 5).

---

[6] Vgl. hierzu insbesondere die jeweiligen Jahresreports „Gold" der Consolidated Gold Fields, London.

Tabelle 4: Angebots- und Nachfragestruktur der westlichen Goldmärkte in Tonnen

	ANGEBOT				NACHFRAGE	
Jahr	westliche Minenprod.	Handel mit d. Ostblock Verkäufe (+) (netto)	Währungsbehörden Verkäufe (+) (netto)	Gesamtangebot	industr. Nachfrage	Private Anlagekäufe (-) (netto)
1950	755	-	- 288	467	374	+ 93
1951	733	-	- 235	498	404	+ 94
1952	755	-	- 205	550	404	+ 146
1953	755	+ 67	- 404	418	389	+ 29
1954	795	+ 67	- 595	267	404	- 137
1955	835	+ 67	- 591	311	420	- 109
1956	871	+ 133	- 435	569	467	+ 102
1957	906	+ 231	- 614	523	529	- 6
1958	933	+ 196	- 605	524	591	- 67
1959	1000	+ 266	- 671	595	684	- 89
1960	1049	+ 177	- 262	964	778	+ 186
1961	1080	+ 266	- 538	808	871	- 63
1962	1155	+ 178	- 329	1004	933	+ 71
1963	1204	+ 489	- 729	964	1011	- 47
1964	1249	+ 400	- 631	1018	1073	- 55
1965	1280	+ 355	- 196	1439	1120	+ 319
1966	1285	- 67	+ 40	1258	1166	+ 92
1967	1250	- 5	+1404	2649	1182	+1467
1968	1245	- 29	+ 620	1836	1222	+ 614
1969	1252	- 15	- 90	1147	1201	- 54
1970	1273	- 3	- 236	1034	1376	- 342
1971	1236	+ 54	+ 96	1386	1388	- 2
1972	1182	+ 213	- 151	1244	1345	- 101
1973	1116	+ 275	+ 6	1397	860	+ 537
1974	1005	+ 220	+ 20	1245	735	+ 510
1975	953	+ 149	+ 9	1111	983	+ 128
1976	969	+ 412	+ 58	1439	1384	+ 55
1977	970	+ 401	+ 269	1640	1420	+ 220
1978	975	+ 410	+ 362	1747	1603	+ 144
1979	960	+ 199	+ 544	1703	1324	+ 379
1980	946	+ 90	- 230	806	542	+ 264
1981°	962	+ 283	- 260	985	1036	- 51

° vorläufig

Quelle: Schweizerische Kreditanstalt — Goldhandbuch, Heft 66 der Schriftenreihe der SKA 'Handbücher aus dem Bankbereich', Zürich, Dezember 1982, Manuskript S. 119; vgl. auch Consolidated Gold Fields — Gold 1982, London, Mai 1982, S. 15.

Tabelle 5: Goldproduktion in wichtigen Ländern und Gebieten in Tonnen

Jahr	Süd-afrika	Kanada	USA	Brasilien	Philippinen	Kolumbien	Australien	Ghana	übr. westl. Staaten	WESTEN TOTAL	UdSSR *	übr. Oststaaten*	OSTEN TOTAL *	WELT TOTAL
1850	-	-	3	7	-	-	-	-	4	14	10	1	11	25
1900	12	42	119	3	-	-	15	-	157	348	30	5	35	383
1920	254	24	77	2	-	-	17	-	120	494	2	8	10	504
1950	363	138	74	4	10	13	28	21	104	755	80	10	90	845
1951	358	137	59	4	12	14	28	22	99	733	88	3	91	824
1952	367	139	60	4	15	13	31	21	105	755	94	3	97	852
1953	371	127	61	4	15	14	33	23	107	755	94	3	97	852
1954	412	136	58	4	13	12	35	24	101	795	94	4	98	893
1955	454	141	58	3	13	12	33	21	100	835	92	4	96	931
1956	494	136	58	4	13	14	32	20	100	871	94	4	98	969
1957	530	138	56	4	12	10	34	25	97	906	100	4	104	1010
1958	549	142	55	4	13	12	34	27	97	933	104	4	108	1041
1959	624	140	51	3	13	12	34	28	95	1000	110	6	116	1116
1960	665	144	52	4	13	14	34	27	96	1049	119	7	126	1175
1961	714	139	48	4	13	13	33	26	90	1080	127	7	134	1214
1962	793	130	48	4	13	12	33	28	94	1155	135	7	142	1297
1963	853	125	45	4	12	10	32	29	94	1204	145	7	152	1356
1964	905	119	45	4	13	11	30	27	95	1249	155	7	162	1411
1965	950	112	53	5	14	10	27	23	86	1280	166	7	173	1453
1966	960	103	56	5	14	9	29	21	88	1285	177	7	184	1469
1967	943	93	49	5	15	8	25	24	88	1250	185	7	192	1442
1968	967	85	46	5	16	7	25	23	71	1245	194	7	201	1446
1969	969	76	53	5	18	7	22	22	80	1252	205	7	212	1464
1970	1000	75	54	9	19	7	20	22	67	1273	218	22	240	1513
1971	976	69	46	9	20	6	21	22	67	1236	224	22	246	1482
1972	910	65	45	10	19	6	24	23	80	1182	243	22	265	1447
1973	855	60	36	11	18	7	17	25	87	1116	250	22	272	1388
1974	759	52	35	14	17	8	16	19	85	1005	262	22	284	1289
1975	713	51	32	13	16	11	16	16	85	953	258	22	280	1233
1976	713	52	32	14	16	10	15	17	100	969	276	54	330	1299
1977	700	54	32	16	19	9	19	17	104	970	286	53	339	1309
1978	706	54	30	22	20	9	20	14	100	975	297	52	349	1324
1979	705	51	30	25	19	10	18	12	90	960	307	52	359	1319
1980	675	51	28	35	22	17	17	13	88	946	311	55	366	1312
1981°	658	50	41	35	25	18	16	14	105	962	328	65	393	1355

° vorläufig/* seit 1950 geschätzt

Quelle: modifiziert entnommen aus: Schweizerische Kreditanstalt — Goldhandbuch, a.a.O., S. 102.

2. Die bedeutendsten Komponenten der Nachfrage nach physischem Gold

Entsprechend Tabelle 4 lassen sich drei Nachfragekomponenten unterscheiden: 1. Käufe durch Währungsbehörden[7], 2. industrielle Nachfrage sowie 3. private Käufe zu Hortungs-, Anlage- und Spekulationszwecken.

[7] Auf Details dieses Bereichs kann hier verzichtet werden; vgl. dazu u.a. Schweizerische Kreditanstalt — Goldhandbuch, a.a.O., S. 110, u. Consolidated Gold Fields — Gold (diverse Jahre), a.a.O.

Consolidated Gold Fields unterscheidet bei der statistischen Erfassung der industriellen Nachfrage die Bereiche Karatschmuck, Elektronik, Zahnmedizin, andere industrielle und dekorative Verwendungen, Medaillen/Münzprägungen/Kleinbarren (bis 50 gr.) sowie offizielle Münzen.

Tabelle 6 liefert einen konzentrierten Überblick über die Entwicklung der industriellen Goldnachfrage. Daraus wird ersichtlich, daß Schmuckherstellung und Münzprägung/Medaillenherstellung die industrielle Nachfrage dominieren.

Tabelle 6: Entwicklung der industriellen Goldnachfrage in Tonnen

Jahr	Schmuck	Elektronik	Zahnmedizin	Münzen u. Medaillen	Sonstiges	Total
1950	332	-	19	-	23	374
1960	686	-	13	-	59	778
1970	1066	89	59	100	62	1376
1971	1064	86	63	107	68	1388
1972	999	105	66	105	70	1345
1973	518	127	68	76	71	860
1974	224	92	57	295	67	735
1975	523	67	62	272	59	983
1976	935	76	77	233	63	1384
1977	1003	77	82	194	64	1420
1978	1008	90	89	338	78	1603
1979	738	99	86	324	77	1324
1980	123	86	62	201	70	542
1981*	594	85	65	229	63	1036

* vorläufig

Quelle: Schweizerische Kreditanstalt — Goldhandbuch, a.a.O., S. 116.

Die drittgenannte Nachfragekomponente, die investiven Käufe zu Hortungs- (Sicherheitsmotiv), Anlage- und Spekulationszwecken (Ertragsmotiv) erscheint in der Goldmarktstatistik lediglich als Residualgröße. Zu ihr werden alle Goldbarren gezählt, die in einer bestimmten Periode keinem anderen Verwendungszweck zugeführt wurden. Eine exakte Trennlinie zur industriellen Nachfrage läßt sich nicht ziehen, da zum einen mit Berechtigung Münzen- und Medaillenprägungen sowie teilweise auch Karatschmuck (kulturbedingt — vor allem in den Entwicklungsländern) zum investiven Bereich gerechnet werden könnten und zum anderen nicht alle statistisch als „investiv" ausgewiesenen Käufe Hortungs-, Anlage- oder Spekulationszwecken dienen.[8]

[8] Ein Beispiel ist die Verwendung von Barren zur Herstellung von Uhrengehäusen, vgl. Schweizerische Kreditanstalt — Goldhandbuch, a.a.O., S. 124.

Unter Berücksichtigung von Münz- und Medaillenprägungen beliefen sich die investiven Käufe im Jahre 1980 bereits auf mehr als 40 % der Gesamtnachfrage.[9] Ohne Münzen und Medaillen machte der investive Nachfrageanteil 1980 immer noch mehr als 25 % aus.[10]

Die Ergebnisse der angestellten Input-Output-Betrachtung für physisches Gold lassen indes noch keine Schlußfolgerungen bezüglich der Wirkungen einzelner Nachfrage-/Angebotsfaktoren auf die Spotpreise zu; vgl. hierzu den folgenden Abschnitt II.II.

II. Die wichtigsten makroökonomischen Determinanten des Preises für physisches Gold

Der Preis physischen Goldes wird durch mehrere maßgebliche makroökonomische Faktoren geprägt, die u.a. durch ein — mittlerweile in verbesserter Form vorliegendes — Regressionsmodell der International Gold Corporation, New York,[11] quantifiziert wurden. Die in diesem Modell enthaltenen Regressionsvariablen erklären etwa 80 %[12] der Schwankungen monatlicher Goldkassapreise von 1972 bis Mai 1981.

Der Einfluß der Goldfutures ist im Modell nicht berücksichtigt worden. Das gleiche gilt für das Angebot an und die Nachfrage nach physischem Gold. Allerdings schlagen sich letztere Größen in einzelnen Modellvariablen (z. B. industrielle(s) Nachfrage/Angebot im Weltbruttosozialprodukt, private(s) Nachfrage/Angebot im politischen Spannungsindex) implizit nieder.

Negative Korrelationskoeffizienten weisen im Intergold-Modell der gewichtete U.S.-$-Wechselkurs sowie der verwendete reale 90-Tage-Eurodollarzinssatz auf.

---

[9] Vgl. auch ebenda, S. 124.

[10] Quelle: Appendix, Tab. 3a — Gross Gold Fabrication and Net Changes in Investment Holdings, in: Consolidated Gold Fields — Gold 1982, a.a.O., S. 61 und eigene Berechnungen.

[11] Vgl. International Gold Corporation — A Gold Pricing Model, New York, August 1981 sowie ... A Gold Pricing Model, Enhancements and Update, New York, Februar 1982.

Vgl. auch die Arbeiten von *Brock*, Horace W. — „The Future World Price of Gold", Supplement to Optima, Vol. 30, No. 2, 1981, sowie *Lipschitz*, L. u. I. *Otani* — „A Simple Model of the Private Gold Market, 1968-74. An Exploratory Econometric Exercise, in: IMF-Staff-Papers, Washington, Vol. 24, 1977, No. 1, S. 36-63.

[12] 91 % vor bzw. 80 % nach Anpassung für serielle Korrelation; vgl. ebenda, S. 2.

Positiv mit dem Goldpreis korreliert sind die Näherungswerte für das reale Weltbruttosozialprodukt, die Werte des vom Hudson-Institute entwickelten „political tension index" sowie die Größe „excess liquidity"[13] (näherungsweise Bestimmung der Differenz zwischen Welt-Geldmengenentwicklung und realer Weltbruttosozialproduktentwicklung).

Die negative Korrelation des weltweit in U.S.-$ notierten Goldpreises mit dem Außenwert des Dollar ergibt sich dadurch, daß, wenn der Maßstab (U.S.-$) an Wert verliert (gewinnt) der Wert des Goldes aber konstant bleiben soll, sein $-Preis um das Ausmaß des $-Außenwertverlusts(-gewinns) steigen (fallen) muß.

Es handelt sich somit um einen theoretischen Trade-off-Zusammenhang, der am Markt auch mehr oder weniger stetig zu beobachten ist. Zeitweilige Phasen eines nicht derart direkten Zusammenhangs zwischen $-Außenwert und $-Goldpreises sollten nicht, wie dies einige Marktkommentatoren tun, als Aufhebung der Trade-off-Beziehung gewertet werden, bevor nicht sichergestellt ist, daß nicht durch andere überlagernde Marktfaktoren der Anschein der Beziehungsstörung erweckt wird.

Der negative Korrelationskoeffizient des Eurodollarzinssatzes bestätigt die Überlegung, daß der Goldpreis opportunitätskostenabhängig ist. Je höher das reale[14] Zinsniveau, desto größer sind die Opportunitätskosten eines Engagements in Gold. Daher strömen in (beginnenden) Hochzinsphasen Anlagegelder vermehrt von Gold zu zinsbringenden Vermögenswerten, alte Goldanlagen werden aufgelöst, potentiell neue unterbleiben, der Goldpreis sinkt.

Positiv korreliert ist der Goldpreis dagegen mit dem (Welt)-bruttosozialprodukt, da steigende (fallende) reale ökonomische Aktivität steigende (fallende) industrielle Nachfrage nach Gold bedingt. Dabei weisen die einzelnen industriellen Verbrauchsbereiche durchaus recht unterschiedliche Nachfrage-/Preiselastizitäten auf.[15]

Statistischen Beleg für den „Krisenbarometer"-Charakter des Goldpreises[16] gibt die positive Korrelation mit dem auf Initiative der International

---

[13] Zu den Begriffsabgrenzungen und verwendeten Datenmaterialien vgl. ebenda.

[14] Die Berücksichtigung inflationärer Erwartungen (Nominalbetrachtung) schlägt sich analytisch getrennt in der „Excess-liquidity"-Variablen nieder.

[15] Während z. B. der Elektronik-Bereich aufgrund der Tatsache, daß Gold nur einen sehr geringen Bruchteil des(r) gesamten Gerätewerts/Wertschöpfung ausmacht, relativ preisunelastisch ist, verhält sich die Schmucknachfrage weit preiselastischer.

[16] Vgl. insbesondere die spekulativen Preisausschläge 1979/80 zur Zeit des russischen Einmarschs in Afghanistan sowie während der Zeit der iranischen U.S.-Geiselaffäre.

Gold Corporation vom Hudson Institute entwickelten monatlichen politischen Spannungsindex.

Die ebenfalls positive Korrelation des Goldpreises mit der Näherungsgröße „Weltüberschußliquidität" schließlich bestätigt, daß in den Goldpreis auch inflationäre Erwartungen eingehen.

Kapitel III: Goldhandelsgeschäfte — Systematik und technische Abwicklung

Goldhandelsgeschäfte können nach dem Kriterium des zeitlichen Abstands zwischen Vertragsabschluß und beiderseitiger Erfüllung durch die Kontrahenten in *Kassa-* und *Termingeschäfte* unterteilt werden.[1]

Innerhalb der Termingeschäfte unterscheidet man wiederum zwischen *bedingten* und *festen Termingeschäften.*

Beim *bedingten* Termingeschäft, zu dem der Handel in *Goldoptionen* (Optionen auf Bezug/Lieferung physischen Goldes, aber auch von Futureskontrakten) zählt, besteht im Gegensatz zum festen Termingeschäft für einen der beiden Geschäftspartner, den „Wähler", *keine* Verpflichtung zur Abnahme oder Lieferung des Vertragsgegenstandes.

Zu den *festen* Termingeschäften zählen *„Cash-forward-"Kontrakte* („Kassageschäfte auf später") sowie die im Mittelpunkt dieser Arbeit stehenden *Futureskontrakte.*[2]

I. Goldkassahandel

Bei Kassa-, „Spot-" oder „Comptant-"[3]geschäften handelt es sich um Abschlüsse, die kurzfristig erfüllt werden müssen und bei denen das Wertpapier, die Ware etc. dem Verkäufer tatsächlich zur Verfügung steht. Erfolgen Umsätze in einer Ware (Gold), so spricht man auch von einem „Effektiv"- oder „Lokogeschäft".

Die an einer Goldkassatransaktion Beteiligten gehen die Verpflichtung ein, Lieferung und Bezahlung innerhalb von 2 Werktagen nach Abschluß des Geschäfts zu vollziehen.

Bestehende Unterschiede in Organisationsstruktur, Teilnehmerkreis sowie Ablauf und Regeln des Goldkassahandels werden durch die weiter

---

[1] Vgl. Krümmel, Hans-Jacob — „Börsen und Börsengeschäfte", in: Handwörterbuch der Betriebswirtschaft, Stuttgart, 4. Aufl., 1974, Bd. 1, Sp. 969-986, hier 979.

[2] Bzgl. der Unterscheidungskriterien vgl. die folgenden Abschnitte.

[3] Comptant = bar; au comptant = in bar, per Kasse, zur sofortigen Lieferung.

unten folgende Darstellung der einzelnen Märkte deutlich (vgl. insbesondere die weltweit größten Goldkassamärkte in London und Zürich, S. 46 ff.).

Schaubild 3: Typisierung der Goldhandelsgeschäfte
Besonderheiten des Goldes als Commodity, Kassa- und Futureshandelsware

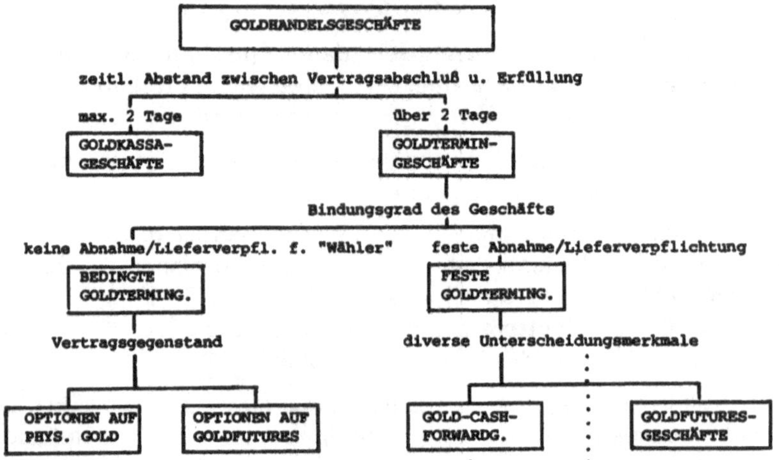

außerbörslich	Handelsorganis.	börslich
Abrechnung b. Fälligkeit	Abrechnungsmodus	tägl. 'marking-to-market'
hoch	Anteil phys. Lieferung	niedrig
hoch	Einschußhöhe	niedrig
gegeben	Preisgewißheit b. Ordererteilg.	nicht gegeben
gegeben	Wählbarkeit v. Goldmenge, -qualität, Stückelg. u. Zahlgsmodus	nicht gegeben (normiert)
Fälligk.tag	Fälligk.zeitraum	Fälligk.monat
bis ca. 1 Jahr	Terminspanne	bis ca. 2 Jahre
hoch	Diskretion	niedrig
jederzeit	Marktaustritt	bei Limit-up/down nicht möglich
niedrig	Öffentl.keitseffekt v. Transakt.	hoch
langfr. gegeb.	Konstanz d. Handelsbestimmungen	kurzfristige Änderungen möglich
hoch	Spanne An-/Verkauf	niedrig

Besonderheiten des Goldes im Vergleich zu anderen an Kassa- u. Futuresmärkten gehandelten Commodities[1)]

Gold als Commodity:

- o Ware und Geldsubstitut
- o hohe above-ground-stocks
- o keine Saisonalitäten, unbegrenzte Lagerfähigkeit

Goldkassamärkte:

- o internat. 24-Std-Handel
- o Schwerpkt. in Europa
- o bereits vor Gründung d. Goldfuturesmärkte hoch entwickelt u. integriert

Goldfuturesmärkte:

- o internat. 24-Std-Handel
- o Schwerpunkt in den USA
- o Größe u. Aktivität (hohe Umsätze u. Zahl off. Pos.)
- o breite Publikumsbeteilig.

1) vgl. insbes. Abschnitt VI. IV. 1.c), S. 133 ff.

II. Goldterminhandel

1. Bedingte Goldtermingeschäfte

Unter bedingten Termingeschäften versteht man allgemein Geschäfte, „bei denen einer der Kontrahenten (der sog. *Wähler*) am Erfüllungstermin (Erklärungstermin) eine Option hat, ob er erfüllen oder vom Vertrage zurücktreten (abandonnieren) will oder ein Wahlrecht unter verschiedenen vertraglich fixierten Formen der Erfüllung."[4] Der andere Kontraktpartner heißt *Stillhalter.*

Die Optionsausübung ist bei sog. 'amerikanischen' Optionen während der gesamten Optionslaufzeit möglich, bei sog. 'europäischen' Optionen hingegen nur am Endfälligkeitstag bzw. den 5 vorangehenden Banktagen.

a) Optionen auf Bezug/Lieferung physischen Goldes[5]

Der Käufer einer Kaufoption (call option) erwirbt das Recht, eine vereinbarte Menge physischen Goldes zum Basispreis zu beziehen. Sein Verlustrisiko ist auf die dem Stillhalter gezahlte Optionsprämie beschränkt. Gewinn kann er als Spekulant à la hausse erzielen, wenn der Preis physischen Goldes während der Optionsfrist (bzw. am Endfälligkeitsdatum oder an einem der 5 vorangehenden Banktage beim 'europäischen' Optionstyp) über Basispreis + Optionsprämie steigt.[6]

Analoge Betrachtungen lassen sich leicht für den Käufer einer Verkaufsoption (put option) (Baissier) sowie den Verkäufer von Kaufoptionen (Baissier) und den Verkäufer von Verkaufsoptionen (Haussier) durchführen.

Zusätzlich gibt es Kombinationsformen des Optionsgeschäfts wie den Straddle, Spread, Strap und Strip, die an dieser Stelle jedoch nicht näher dargestellt werden sollen.[7]

---

[4] Aus: Krümmel, Hans- Jacob — „Börsen und Börsengeschäfte", a.a.O., Spalte 979.

[5] Im folgenden abgekürzt: Optionen für (auf) physisches Gold.

[6] Vgl. auch Jarecki, Henry — „Commodity Options — The Birth of the Market", in: Euromoney, September 1978, S. 140-149.

[7] Vgl. hierzu: Krümmel, Hans-Jacob — „Börsen und Börsengeschäfte", a.a.O., Spalte 981 f.

b) Optionen auf Bezug/Lieferung von Goldfutureskontrakten[8]

Der Käufer einer Goldfutures-Kaufoption erwirbt das Recht, eine vereinbarte Zahl von Goldfutureskontrakten (vgl. Abschnitt III. II. 2.b), S. 36 ff.) während der Optionslaufzeit zum Basispreis zu beziehen. Analoges gilt wie im Falle der Optionen auf physisches Gold für den Verkauf von Kaufoptionen sowie den Kauf und Verkauf von Verkaufsoptionen.

Teilweise besteht auch die Möglichkeit zum Handel in 'Double Options', die dem Käufer das Recht einräumen, zum Basispreis zu kaufen *oder* zu verkaufen.

Im Vergleich zu den unter a) genannten Optionen auf physisches Gold weisen die Optionen auf Futureskontrakte neben dem anderen Optionsgegenstand auch grundsätzliche theoretische Unterschiede auf. So ergibt sich durch das an den Futuresbörsen täglich durchgeführte 'marking to market' (vgl. S. 37 f.) für Futuresoptionen eine andere Cash-Flow-Risiko-/Chancenstruktur als bei den Optionen für physisches Gold (vgl. hierzu die Darstellung des theoretischen Zusammenhangs zwischen Cash-forward- und Futureskontrakten in Abschnitt VI. II. 2.).

An dieser Stelle kann indes auf eine Darstellung der Options(preis)theorie, sowohl für Optionen auf physisches Gold als auch Goldfuturesoptionen, verzichtet werden, da die möglichen Wirkungen beider Arten des Optionsgeschäfts auf den Goldkassapreis aufgrund der geringen Umsatzvolumina (vgl. Tabellen 9, 10 und 13) im Vergleich zu den Wirkungen des Goldfutureshandels als vernachlässigbar gering angesehen werden müssen.[9]

2. Feste Goldtermingeschäfte

a) Gold-Cash-forwardgeschäfte

Gold-Cash-forwardgeschäfte ('Kassageschäfte auf später') beinhalten die feste Vereinbarung[10] über Lieferung und Bezahlung einer bestimmten Menge physischen Goldes zu einem zukünftigen Termin. Gold-Cash-forwardgeschäfte werden außerbörslich zwischen Banken und anderen meist professionellen goldbesitzenden Finanzinstitutionen abgeschlossen und dienen letzteren als Finanzierungsinstrument.

---

[8] Im folgenden abgekürzt: Optionen für (auf) Futureskontrakte; Goldfuturesoptionen.

[9] Der Handel in Goldfuturesoptionen ist zudem bei Abschluß der Arbeit erst wenige Monate alt.

[10] Obwohl Gold-Cash-forwardgeschäfte auf zukünftigen physischen Besitzwechsel hin angelegt sind, werden i.d.R. Rücktrittsklauseln vereinbart.

Obwohl es sich bei Cash-forwardgeschäften um Abschlüsse für einen zukünftigen Termin handelt, trifft die Bezeichnung „Termingeschäft" streng genommen nicht zu. So ist „London., aber auch Zürich kein Terminmarkt im eigentlichen Sinne des Wortes. Die im Terminkurs enthaltene Prämie richtet sich nicht nach Angebot und Nachfrage für den entsprechenden Liefertermin, sondern stellt ein reines Zinsentgelt für die Finanzierung des Goldes vom Zeitpunkt des Abschlusses bis zur Lieferung und Zahlung dar. Der Zinssatz richtet sich nach den Euromarktsätzen für die Kontraktwährung und die entsprechende Laufzeit."[11]

Theoretisch[12] [13] setzen sich die Prämienaufschläge zusammen aus: Zins für die entsprechende Laufzeit und die zugrundeliegende Währung (i) sowie Lager- und Versicherungskosten (c') abzüglich der Größe „convenience yield"[14] (q). Für den Terminkurs (TK) gilt daher: $TK = KK + i + c' - q$, wobei KK = Kassakurs.

Die angebotenen Fristigkeiten der nahezu ausschließlich in US-$-abgewickelten Cash-forwardabschlüsse erstrecken sich bis zu einem Jahr. In der Regel muß der Cash-forwardkunde der Bank Einschuß leisten, falls ihm keine gesonderte Kreditlinie eingeräumt wird oder Beleihungen deponierter Anlagewerte vorgenommen werden (können).

Die Umsätze an den weltweit größten Cash-forward-Märkten in London und Zürich (vgl. S. 143) sind im Vergleich zu den Umsätzen in Goldfutureskontrakten (vgl. Tabellenübersicht) marginal. Potentielle Auswirkungen der Cash-forward-Märkte auf den Kassapreis können daher im Vergleich zu denen der Goldfuturesmärkte als vernachlässigbar gering eingestuft werden.

Hiervon unberührt verbleibt die Notwendigkeit zur näheren Analyse und zum Vergleich des Cash-forward-Handels mit dem Futureshandel[15], da beide Handelsformen teilweise Substitute darstellen.

---

[11] Aus: Schweizerischer Bankverein — Gold, Zürich Januar 1981, S. 49.

[12] Vgl. die detaillierten diesbezüglichen Ausführungen S. 99 ff.

[13] Vgl. Abschnitt VI. I. 2., S.104 ff. über die Beziehung zwischen Cash-forward- und Futureskontrakten; vgl. auch Abschnitt VI. IV. 2.a), S.141 ff., in dem ein Struktur- und Konditionenvergleich zwischen Gold-Cash-forward- und -futuresmärkten angestellt wird.

[14] Vgl. hierzu S. 99 f.

[15] Vgl. Abschnitt VI. I. 2., S. 104 ff. sowie VI. IV. 2.a), S. 141 ff.

b) Goldfuturesgeschäfte

aa) Definitionen

Zentraler Gegenstand dieser Arbeit sind die ebenso wie Cash-forward-Kontrakte zu den festen Goldtermingeschäften zählenden und an organisierten Börsen gehandelten Goldfutureskontrakte.[16] Der Commodity Exchange Act, USA, von 1974[17] verbietet den Handel in Futureskontrakten außerhalb der dafür vorgesehenen, lizensierten und überwachten Börsen.

Unter einem Futureskontrakt versteht man einen standardisierten Vertrag, eine bestimmte Menge einer Ware von festgelegter(n) Qualität(en) während einer vereinbarten Zeit in der Zukunft zu kaufen (verkaufen). Frei wähl- bzw. aushandelbar sind je Kontrakt lediglich Kontraktmonat und -preis.

Ein Futureskontraktgeschäft muß, um rechtlich gültig zu sein, durch das Mitglied einer Warenbörse („Commodity Exchange" oder „Board of Trade") ausgeführt werden, die von der Commodity Futures Trading Commission als Kontraktmarkt („Contract Market") bestimmt worden ist.[18]

Die Preisbildung erfolgt durch offene, konkurrierende Gebote („open and competitive bidding") in einem dafür bestimmten Bereich (genannt „pit" oder „ring") der Warenbörse. Sobald die Kauf- („bids") und Verkaufsgebote („offers") zweier Händler übereinstimmen, kommt ein Kontraktabschluß zustande.

Der Kontraktpartner, der damit das Versprechen eingegangen ist, die Ware zu liefern, wird als „Short" bezeichnet; die Gegenseite übernimmt der „Long", der sich dazu verpflichtet, die Ware zum vereinbarten Preis abzunehmen und zu bezahlen.

Gewöhnlich werden Futuresmarkttransaktionen jedoch nicht zum Zwecke des Besitzwechsels physischer Ware benutzt; sie sind Differenzgeschäfte. Im Durchschnitt enden nur etwa 1-3 % aller Futurestransaktionen in physischer Warenlieferung; die überwiegende Zahl wird durch die Tätigung von Gegengeschäften kompensiert (liquidiert).[19] Zu den beiden genannten Möglichkeiten, sich „glatt zu stellen", kommt noch eine dritte hinzu, die man „EFP" oder „Exchange of Futures for Physicals" bezeichnet. Hierbei erhält

---

[16] Die für amerikanische Märkte geltenden Gesetze und Usancen werden im folgenden repräsentativ berücksichtigt.

[17] Commodity Exchange Act — As Amended And Regulations Thereunder, Chicago, Ill., Revised edition, Juni 1981.

[18] Vgl. Commodity Exchange Act, a.a.O.

[19] Kontraktliquidation durch die Tätigung eines Gegengeschäfts erfolgt, indem man eine gleiche Zahl von Futureskontrakten desselben Monats wie die bestehenden Long-Kontrakte verkauft, bzw. gegen bestehende Short-Kontrakte kauft.

der Inhaber eines Futureskontrakts für die Hergabe seines Long- (Short-Kontraktes vor Termin von seinem Handelspartner physische Ware, bzw. liefert diese.

Individuelle Personen wie auch Firmen müssen ihre Futurestransaktionen über einen „Futures Commission Merchant" (FCM)[20] ausführen lassen, der entweder selbst Mitglied einer Futuresbörse ist oder durch ein Börsenmitglied, bei dem er einen sog. „Omnibus-account" unterhält.[21]

Mit dem Erwerb eines Futureskontrakts ist die Hinterlegung eines bestimmten Einschusses („margin") bei dem die Order ausführenden FCM verbunden. Die minimale Höhe der Margins für verschiedene Positionsarten in einer Ware werden durch die Börse je nach Marktlage festgesetzt. Margin-Anforderungen sind unterschiedlich hoch bemessen, je nachdem, ob es sich um eine spekulative Position, einen sog. „bona-fide-Hedge" oder um einen Spread handelt (vgl. dazu den folgenden Abschnitt III. II. 2.b)bb)).

Die Bezahlung des Margin ist in bar oder — wie in den USA möglich — in Form amerikanischer Treasury Bills (Schatzwechsel), zu leisten. Margins können durch den FCM oder aufgrund seiner Vermittlung auch durch Kredite finanziert werden, die zu diesem Zweck unter Verwendung physischer Ware oder anderer Werte als Beleihungsgrundlage vergeben werden.

Zu unterscheiden ist zwischen dem sog. „Initial Margin" und dem „Maintenance Margin". Der „Initial Margin" ist der Geldbetrag, den der Kunde bei Eröffnung seiner Position zu hinterlegen hat. Der „Maintenance Margin" liegt unter dem „Initial Margin" und ist der Betrag, der sich ständig mindestens auf dem Kundenkonto befinden muß.

Börsentäglich findet, jeweils am Ende der Börsensitzung, das sog. „marking to market" durch die Börse statt: Jede Futuresposition wird 'auf dem Papier' liquidiert und entstandene Gewinne (Verluste) werden dem Marginkonto des Positionsinhabers zugerechnet (belastet). Läuft der Warenpreis zuungunsten eines Kontrakthalters und sinkt aufgrunddessen das hinterlegte Kundenkapital bis auf die Höhe des „Maintenance Margin" oder darunter, so tätigt der FCM in der Regel am Ende eines Börsentages einen sog. „Margin Call", durch den der Kunde aufgefordert wird, Kapital bis zur Höhe des

---

[20] Futures Commission Merchant können sein „an individual, association, partnership, corporation, or trust engaged in soliciting or accepting orders for the purchase or sale of any commodity for future delivery on or subject to the rules of any contract market and that, in or in connection with such solicitation or acceptance of orders, accepts money, securities, or property (or extends credit in lieu thereof) to margin, guarantee, or secure any trades or contracts that result or may result therefrom . . ."; aus: Commodity Exchange Act, a.a.O., Section 2 (a) (1).

[21] Mit Ausnahme von Firmen oder Personen, die Clearing-member (Mitglied der Clearing-Stelle) einer Futuresbörse sind und ohne Umweg über einen FCM für eigene Rechnung handeln können.

„Initial Margin" nachzuschießen. Ist der Kunde nicht willens oder in der Lage dies zu tun, so ist der FCM verpflichtet, die Position des Kunden, möglicherweise auch unter Verlust, unverzüglich zu liquidieren. In der Institution des täglichen „marking to market" bei Futureskontrakten liegt der hauptsächliche theoretische Unterschied zu den o.g. Cash-forward-Kontrakten begründet, da sich hierdurch eine andere Cash-flow-Risiko/Chancenstruktur als bei den Cash-forward-Kontrakten ergibt (vgl. Abschnitt VI. I. 2., S.104 ff.).

Der Zweck des Margin liegt einmal darin, den FCM vor Verlusten des Kunden, für die ersterer eintritt, zu schützen, aber andererseits vor allem darin, die finanzielle Integrität des Futuresmarktes zu sichern.

Darüberhinaus stellt der Margin ein wichtiges Steuerungsinstrument bei der Vermeidung des Auftretens oft so genannter „exzessiver Spekulation" dar. Über die absolute und relative Gestaltung der Marginanforderungen für spekulative Positionen, „bona-fide-Hedges" und Spreads lassen sich Umsatz, Open Interest (vgl. im folgenden) und Marktzusammensetzung beeinflussen (vgl. Abschnitte VI. III., VI. IV. 2.c) und VI. IV. 3.).

Nach Abschluß eines Futuresgeschäfts übernimmt die sog. „Clearing Organization"[22] die jeweilige Gegenseite jedes einzelnen Kontraktes. Sie wird damit zum Short (Long)-Kontraktpartner jedes Inhabers einer Long (Short)-Position und garantiert die vertragsgemäße Erfüllung aller sich daraus ergebender Verpflichtungen (Minderung des Kontraktpartnerrisikos).

Als „Nearby"- oder „Dominant-" Monat bezeichnet man den jeweils nächsten Liefermonat eines Futureskontrakts. Die Preisunterschiede zwischen den einzelnen Kontraktmonaten nennt man „Contango", wenn weiter in der Zukunft liegende Monate relativ teurer als dem Lieferzeitraum näherliegende sind, was der Normalfall ist.

In der Praxis stimmen die Contangos an Goldfuturesmärkten mit denen des Cash-forward-Handels überein; sie richten sich nach den Eurozinssätzen für die entsprechende Laufzeit und die zugrundeliegende Währung (fast ausschließlich U.S.-$).

Falls sich aus bestimmten, später zu diskutierenden Gründen eine inverse Futurespreisstruktur ergibt, d. h. weiter in der Zukunft liegende Monate relativ billiger sind, nennt man eine solche Konstellation „Backwardation" (negatives Contango).

Der Begriff „Basis" bezeichnet in der Regel den Preisunterschied (Contango) zwischen dem Kassapreis für die physische Ware und dem „Nearby-" oder „Dominant-" Monat. „Basis" kann allerdings auch die Preisdifferenz

---

[22] Der Clearing Organization einer Futuresbörse gehören nicht alle, sondern nur bestimmte Börsenmitglieder an. Alle Transaktionen müssen jedoch letztlich über ein Clearing-Mitglied abgewickelt werden.

zwischen dem physischen Warenpreis und weiter entfernten Futuresmonaten beziffern, je nach der Problemstellung, die sich aus dem Handel sowohl mit physischer wie mit Futuresware ergibt. Das Handelsvolumen („volume") gibt die Anzahl aller während eines Zeitraums gehandelten Kontrakte an, während die Zahl offener Positionen („open interest") wiedergibt, wieviele Kontrakte zu einem bestimmten Zeitpunkt noch nicht durch die Tätigung eines Gegengeschäfts oder durch Lieferung aufgehoben (liquidiert) worden sind.

Tabelle 7: Zusammenhang zwischen Umsatz und der Zahl offener Positionen*

i-te Transaktion	Händler A	Händler B	Händler C	kumulierter Umsatz nach der i-ten Transaktion	Zahl u. Art offener Positionen nach der i-ten Transaktion
1	long	short		1	1 (1 lg., 1 sh.)
2	long		short	2	2 (2 lg., 2 sh.)
3	short	long		3	1 (1 lg., 1 sh.)
4	short		long	4	0 (0 lg., 0 sh.)

* Der Einfachheit halber wird angenommen, daß nur ein Handel in *einem* Termin*monat* stattfindet.

Der Zusammenhang zwischen der Stromgröße Umsatz und der Bestandsgröße 'offene Positionen' kann anhand des in Tabelle 7 gewählten einfachen Beispiels verdeutlicht werden:

In einem bestimmten Zeitraum werden von drei Marktteilnehmern vier Transaktionen durchgeführt. Bei der ersten Transaktion übernimmt A die Long-, B die Short-Seite des Futureskontrakts. Resultat ist ein Umsatz von einem Kontrakt und ein bestehendes „open interest" von eins *vor* Beginn der 2. Transaktion. In der zweiten Transaktion sind A und C Marktpartner. Das „open interest" beträgt danach 2, da 2 die Anzahl der Positionen angibt, die noch nicht durch das Eingehen einer Gegenposition liquidiert wurden. Nach der 3. Transaktion hat A durch den Kauf einer Short-Position einen Kontrakt liquidiert; dasselbe gilt für B. Der kumulierte Umsatz ist auf 3 Kontrakte angewachsen, während das „open interest" vor der 4. Transaktion nur noch 1 beträgt. In der letzten Transaktion „stellen" sich auch A und C wie vorher schon B gänzlich „glatt", so daß keiner mehr eine offene Position hält.

bb) Marktteilnehmer

Handelsteilnehmer an Futuresbörsen lassen sich börsenrechtlich in die drei großen Gruppen: Hedger, Spekulanten und (Differenz-) arbitrageure (Spreader) einteilen.

Je nachdem, in welche Kategorie ein Händler fällt, muß er nach Maßgabe der einzelnen Futuresbörse mehr oder weniger Mindesteinschuß leisten. Die absolute und relative „margin"-Gestaltung der Futuresbörsen hat damit Einfluß auf die zahlenmäßige Stärke jeder der drei genannten Händlergruppen (vgl. Abschnitt VI. IV. 3.a)).

Der typische Hedger befaßt sich mit der Produktion, dem Verbrauch, der Verarbeitung und/oder der Verteilung der betreffenden Ware. Als Goldproduzent z. B. wird er sich am Futuresmarkt als Short-Hedger engagieren, d. h. er verkauft im Vorgriff auf zukünftige Produktion Gold auf Termin. Man sagt dann, er sei „long cash"[23] und „short futures". Ein Goldschmuckfabrikant wird demgegenüber als Long-Hedger am Goldfuturesmarkt teilnehmen. Seine Kassa- oder Cash-Position ist short, da er einen ständigen Bedarf an Gold hat. Um das zukünftige Kaufpreisrisiko einzuschränken betätigt er sich als Long-Hedger am Futuresmarkt, indem er Futureskontrakte kauft. Er ist dann „short cash" und „long futures".

Die Bestimmung, welche Arten von Transaktionen als Hedging anzusehen sind, obliegt in den USA der CFTC nach Section 4a (3) des CFTC-Act[24]. Diese hat mittlerweile in einer umfangreichen Definition spezifiziert, welche Transaktionsarten als „bona-fide-Hedge" anzusehen und als solche von den ein Geschäft ausführenden Futures Commission Merchants (FCMs) zu klassifizieren sind.[25]

---

[23] „long cash" sein = über eine physische Position am Kassamarkt gegenwärtig verfügen; „short cash" sein = in Zukunft einen (ständigen) Bedarf an physischer Ware haben.

[24] Vgl. Commodity Exchange Act, a.a.O.

[25] „(z) Bona Fide Hedging Transactions and Positions.

(1) General Definition. Bona fide hedging transactions and positions shall mean transactions or positions in a contract for future delivery on any contract market, where such transactions or positions normally represent a substitute for transactions to be made or positions to be taken at a later time in a physical marketing channel, and where they are economically appropriate to the reduction of risks in the conduct and management of a commercial enterprise, and where they arise from:

(i) The potential change in the value of assets which a person owns, produces, manufactures, processes, or merchandises or anticipates owning, producing, manufacturing, processing, or merchandising,

(ii) The potential change in the value of liabilities which a person ownes or anticipates incurring, or

(iii) The potential change in the value of services which a person provides, purchases or anticipates providing or purchasing.

Länge und Detailgrad der „bona-fide-Hedge"-Definitionen spiegeln die Schwierigkeit der Aufgabe wider, den Hedging-Begriff operational zu fassen und insbesondere Hedging- von spekulativen Positionen abzugrenzen. Eine klare Trennung beider Begriffe würde implizieren, daß Spekulation und Hedging zumindest zwei verschiedene, wenn nicht sogar gegensätzliche Positionsarten sind. Es trifft jedoch zu, daß „all hedges are more or less speculative and all speculative positions are more or less hedged."[26]

Notwithstanding the foregoing, no transactions or positions shall be classified as bona fide hedging for purposes of section 4a of the Act unless their purpose is to offset price risks incidental to commercial cash or spot operations and such positions are established and liquidated in an orderly manner in accordance with sound commercial practices and unless the provisions of paragraphs (z) (2) and (3) of this section and sections 1.47 and 1.48 of the regulations have been satisfied.

(2) Enumerated Hedging Transactions. The definition of bona fide hedging transactions and positions in paragraph (1) of this section includes, but is not limited to, the following specific transactions and positions:

(i) Sales of any commodity for future delivery on a contract market which do not exceed in quantity:

(A) Ownership of fixed-price purchase of the same cash commodity by the same person; and

(B) Twelve months' unsold anticipated production of the same commodity by the same person provided that no such position is maintained in any future during the five last trading days of the future.

(ii) Purchases of any commodity for future delivery on a contract market which do not exceed in quantity:

(A) The fixed-price sale of the same cash commodity by the same person;

(B) The quantity equivalent of fixed-price sales of the cash products and by-products of such commodity by the same person; and

(C) Twelve months' unfilled anticipated requirements of the same cash commodity for processing, manufacturing, or feeding by the same person, provided that such transactions and positions in the five last trading days of any one future do not exceed the person's unfilled anticipated requirements of the same cash commodity for that month and for the next succeeding month.

(iii) Sales and purchases for future delivery described in paragraphs z (2) (i) and z (2) (ii) of this section may also be offset other than by the same quantity of the same cash commodity, provided that the fluctuations in value of the position for future delivery are substantially related to the fluctuations in value of the actual or anticipated cash position, and provided that the positions in any one future shall not be maintained during the five last trading days of that future.

(3) Non-Enumerated cases. Upon specific request made in accordance with section 1.47 of the regulations, the Commission may recognize transactions and positions other than those enumerated in paragraph (2) of this section as bona fide hedging in such amounts and under such terms and conditions as it may specify in accordance with the provisions of § 1.47. Such transactions and positions may include, but are not limited to, purchases or sales for future delivery on any contract market by an agent who does not own or who has not contracted to sell or purchase the offsetting cash commodity at a fixed price, provided that the person is responsible for the merchandising of the cash position which is being offset."

aus: Commodity Exchange Act, a.a.O., Part 1 — General Regulations Under the Commodity Exchange Act, Reg. § 1.3. Definitions.

So entscheidet ein potentieller Hedger z. B. je nach gegenwärtig vorherrschendem und von ihm für die Zukunft erwarteten Goldpreis, ob er seine Kassaposition vollständig, nur teilweise oder überhaupt nicht 'hedged'. Jeder Hedge beinhaltet zudem eine Spekulation in Preisrelationen (Spreads), da das Risiko von Basisveränderungen gegeben ist.

Bei der Beantwortung der Frage, was unter Hedging zu verstehen ist, sind 3 Theorien zu unterscheiden: die traditionelle —, die Workingsche — sowie die Portfoliotheorie.

Die traditionelle Theorie[27] sieht den Hedger als reinen Risikominimierer, der eine Futuresposition eingeht, die gleich hoch ist, aber das entgegengesetzte Vorzeichen wie seine Kassaposition hat.

Der Hedge wird als perfekt angesehen, wenn die Basisänderung gleich Null ist. Die traditionelle Theorie geht davon aus, daß das der Fall ist, bzw. daß eine eventuelle Veränderung gering ausfällt.

Working[28] stellte die Sicht der traditionellen Theorie hinsichtlich des Hedgers als reinem Risikominimierer infrage und betonte stattdessen dessen Streben nach Maximierung des erwarteten Gewinns. Der Hedger macht nach Workings Auffassung die Entscheidung (seine gesamte Kassaposition) zu hedgen oder nicht zu hedgen davon abhängig, wie er die zukünftige Veränderung (Anstieg oder Fall) der Basis einschätzt.

Durch Anwendung der Portfoliotheorie waren Johnson[29] und Stein[30] in der Lage, „to integrate the risk avoidance of traditional theory with Working's expected profit maximization."[31]

Johnson und Stein argumentieren, daß Futures aus den gleichen Risiko-Gewinnerwartungen gekauft/verkauft werden wie alle anderen 'securities'

---

[26] Aus: Hieronymus, Thomas A. — Economics . . ., a.a.O., S. 328. Die meisten Quellen vernachlässigen dieses Problem, indem sie den Eindruck klarer Trennbarkeit der Begriffe Hedging und Spekulation erwecken. Vgl. hierzu auch Kawai, Masahiro — „Price Volatility of Storable Commodities Under Rational Expectations in Spot and Futures Markets", in: International Economic Review, Vol. 24 (1983), S. 435 ff., hier S. 438.

[27] Vgl. Ederington, Louis H. — „The Hedging Performance of the New Futures Markets", in: The Journal of Finance, Vol. 34, März 1979, S. 157-170, hier S. 159 f.

[28] Vgl. Working, Holbrook — „Futures Trading and Hedging", in: American Economic Review, Vol. 43, Juni 1983, S. 314-343 sowie derselbe — „New Concepts Concerning Futures Markets and Prices", in: American Economic Review, Vol. 52, Juni 1962, S. 431-459.

[29] Vgl. Johnson, L.L. — „The Theory of Hedging and Speculation in Commodity Futures", in: Review of Economic Studies, Vol. 27, No. 3, S. 139-151.

[30] Vgl. Stein, J. L. — „The Simultaneous Determination of Spot and Futures Prices", in: American Economic Review, Vol. 51, Mai 1961, S. 1012-25.

[31] Ederington, Louis H. — „The Hedging . . .", a.a.O., S. 161.

und Hedger sowohl gehedgte als auch ungehedgte Kassapositionen innehaben können. Der Betrag der Kassaposition kann den der Futuresposition übersteigen und umgekehrt. Ederington weist darauf hin, daß Kassa- und Futuresposition sogar das gleiche Vorzeichen aufweisen können.[32]

Einer der ökonomischen Hauptzwecke des Futuresmarkts liegt in der Befriedigung des sich aus Risikomanagementüberlegungen [33] ergebenden Risikotransferbedarfs der Gruppe der Hedger. Dementsprechend ist in den USA gemäß den Bestimmungen der Section 5 (g) des Commodity Exchange Act 1974[34] vor der Einführung eines neuen Futureskontrakts ein „economic purpose-test" durchzuführen:

Die Börse, die den Kontrakt einführen möchte, hat den Nachweis zu erbringen, daß dieser mehr als nur gelegentlich als Hedging-Medium Verwendung finden und als Preisbasis dienen wird.

Wie quantitativ relevant die Gruppe der Hedger für den Gesamtmarkt, gemessen am Umsatz und der Zahl offener Positionen, tatsächlich ist, enthält die Analyse in Abschnitt VI. IV. 2.a), S. 141 ff.

Im Gegensatz zum Hedger geht es dem Spekulanten nicht darum, das Risiko einer Kassaposition zu reduzieren, sondern vielmehr Gewinn aus der Antizipation eines zukünftigen Warenpreises zu ziehen, indem er eine Position am Futuresmarkt erwirbt. Der Spekulant übernimmt dabei bewußt das Risiko absoluter Preisbewegungen. Kawai[35] spricht (insbesondere zum Zwecke der Unterscheidung vom Hedger) vom „pure speculator", dessen Futuresmarktengagement auf keinerlei irgendwie gearteten physischen Transaktionen basiert. — Erst die Teilnahme von Spekulanten führt zu der für einen operablen Futuresmarkt notwendigen Liquidität (Handelsvolumen), wodurch die Risikotransfer- und Preisbildungsfunktion des Markts ermöglicht werden (vgl. Abschnitt VI. III. 4.c) u. d), S. 121 u. S. 122 ff.).

Neben Hedgern und Spekulanten bilden die Arbitrageure (Spreader)[36] die dritte Marktteilnehmerkategorie. Das Handelsmotiv der Arbitrageure liegt in der Ausnutzung zeitweise vorhandener Unterschiede in den Preisen-/Preisspannen für Futures- (bzw. Kassa- und Cash-forward-)gold an ein und derselben oder verschiedenen Börsen in ein und demselben oder verschiedenen Kontraktmonaten.[37]

---

[32] Vgl. ebenda, S. 161.

[33] Vgl. Greene, Mark R. und Oscar N. Serbein — Risk Management: Text and Cases, Reston, Va., 1978, S. 324 ff.

[34] Vgl. Commodity Exchange Act 1974, a.a.O.

[35] Vgl. Kawai, Masahiro — „Price Volatility . . .", a.a.O., S. 435 f.

[36] Vgl. die Definition inländischer Arbitrage als gleichbedeutend mit einem „Spread" oder „Straddle", in: Commodity Exchange Act, a.a.O., Section 4a (1).

[37] Entsprechend der großen Zahl an Börsen, Waren und Futuresmonaten gibt es stets eine Vielzahl denkbarer Spreadmöglichkeiten.

Ziel des Arbitrageurs ist die Erzielung eines sicheren Gewinns, dessen Höhe „is normally known at the time the transaction is undertaken."[38] Teilweise akzeptiert der Arbitrageur das Risiko von Preisrelationsveränderungen, wodurch auch seine Aktivität spekulativen Charakter erhält. So kann sich die Spanne zwischen Kassa- und Futurespreisen (bzw. Futurespreisen untereinander) ändern, „as a result of heterogeneity in the grade and location of the cheapest deliverable commodity, constraints on warehouse space, and the short-run availability of arbitrage capital. Thus, cash-futures arbitrage is often referred to as basis speculation and is best represented as a type of 'risk arbitrage' ".[39]

Im Unterschied zum Spekulanten, der sich jeweils durch eine netto long- oder netto short-Position auszeichnet, geht der Arbitrageur möglichst parallel sowohl eine short als auch eine long-Position ein.

Arbitrage (Spreading) führt durch die so geartete Reduzierung zeitweiliger Preisdivergenzen zu einer Festigung des ökonomischen Zusammenhangs verschiedener Futuresbörsen, -märkte und -monate. Da sich die Arbitrage nicht nur auf Goldfutures-, sondern u.a. auch auf Goldkassa- und Cashforwardmärkte erstreckt (vgl. dazu den Abschnitt über Arbitrage VI.I., S. 95 ff.), ist sie der Garant für einen engen preislichen Zusammenhang aller genannten Märkte.

---

[38] Goss, B. A. — The Theory of Futures Trading, London, Boston 1972, S. 8.

[39] Garbade, Kenneth D. u. William L. Silber — „Price Movements and Price Discovery in Futures and Cash Markets", in: Review of Economics and Statistics, 2 (1983), S. 289-297, hier: S. 291.

Kapitel IV: Die wichtigsten internationalen Märkte für Kassa- und Cash-forward-Gold sowie Optionen auf physisches Gold

Kapitel IV gibt einen Überblick über die bedeutendsten Weltmärkte für Kassa- und Cash-forward-Gold sowie Optionen für physisches Gold. Darüberhinaus liefern die Darstellungen des Kapitels IV folgende Grundlagen für den argumentativen Hauptteil der Arbeit in Kapitel VI:

1. Goldkassa-, bzw. Cash-forwardmärkte sind national wie international nicht isoliert und bieten daher vielfältige Möglichkeiten zur Arbitrage untereinander und mit Goldfuturesmärkten.

2. Es wird deutlich, daß, obgleich der Handel in physischem Gold weltweit betrieben wird (und sich auch in New York ein kleinerer Kassamarkt entwickeln konnte), das internationale Handelszentrum für physisches Gold nach wie vor in Europa (Zürich und London) liegt. Daraus ergibt sich eine geographisch-zeitzonenbedingte Trennung zwischen dem Schwerpunkt im Handel mit physischem Gold (in Europa) einerseits und dem Handel in Goldfutures (in Nordamerika) andererseits (vgl. Kapitel V). Die Implikationen der Markttrennung für den Goldspotpreis werden in Kapitel VI (Abschnitte VI. IV. 2.b) u. d) analysiert.

3. Die Darstellung der Konditionen des europäischen Gold-Cash-forwardhandels bietet die Grundlage zu einem Marktvergleich mit Goldfuturesmärkten zur Beantwortung der Frage, ob letztere den Risikotransfer für Hedger nennenswert erleichtert haben (vgl. Abschnitt VI. IV. 2.a)).

4. Potentielle Wirkungen des Cash-forward- bzw. des Handels in Optionen für physisches Gold auf die Schwankungen des Goldspotpreises sind aufgrund der niedrigen Umsätze in Relation zu den Wirkungen des Goldfutureshandels als vernachlässigbar gering einzustufen.

5. Die Teilnahme des breiten Publikums am Handel mit physischem Gold wird — im Vergleich zu den Goldfuturesmärkten (vgl. Kapitel V) — durch hohe Mindestkommissionen, Nicht-Ermöglichung von Leerverkäufen u.ä. erschwert; entsprechend ist der Kassahandel (gleichfalls der Cash-forwardhandel) von 'Professionellen' (vgl. S. 144) geprägt. Der u.a. daraus resultierende Unterschied in der Marktteilnehmerstruktur zwi-

schen Goldkassa- und -futuresmärkten wird hinsichtlich seiner Auswirkungen auf die Schwankungen des Goldkassapreises in Kapitel VI (Abschnitt VI. III. u. VI. IV. 2.c) untersucht.

I. Die europäischen Märkte

Weltweit führend als Zentren des Goldkassa- und Cash-forwardhandels sind die Plätze London und Zürich. Daneben wird nennenswerter Kassagoldhandel in Europa auch in Frankfurt, Paris[1] und Luxemburg betrieben. Gemessen am Umsatz und damit auch im Hinblick auf ihren (weltweiten) Goldmarkteinfluß rangieren jedoch sowohl Frankfurt und Paris als auch Luxemburg weit hinter den beiden erstgenannten Goldhandelszentren. Ergänzend sind schließlich noch die Märkte für Optionen auf Bezug/Lieferung physischen Goldes in der Schweiz und in Amsterdam zu nennen.

Nach Schätzungen Ende 1981[2] flossen im Jahre 1981 etwa 40 % des physischen Goldangebots der Republik Südafrika über den Zürcher Markt (verglichen mit 55-60 % im Jahr zuvor), 25 % über den Londoner Markt, 15 % über Frankfurt, 10-15 % über New York sowie 5-10 % über den Fernen Osten.

Sowohl Südafrika als auch die UdSSR scheinen zu Beginn der 80er Jahre aus mehreren Gründen einen Teil ihres Geschäfts von Zürich nach London verlagert zu haben: zum einen wird angeführt, daß „in a market becoming more dominated by short-term speculative trading, it has simply become convenient to locate physical trading increasingly in one place."[3]

Ein weiterer Faktor, der aus dem Blickwinkel der UdSSR zugunsten Londons wirkte, war die — mittlerweile eingestellte — umstrittene Publizierung von Goldexport- und -importstatistiken durch das Schweizer Zollamt.

Daß London gegen Ende des Jahre 1981 wieder bis zu mehr als 50 % des russischen Goldes vermarktete, lag schließlich auch an der Einschätzung, daß „a published price set twice-daily offers a more certain basis for the sale, when large amounts have to be unloaded."[4]

Nach dem Ende des 2. Weltkrieges wurde der Londoner Goldmarkt am 15. März 1954 wieder eröffnet. Vom Ende des 2. Weltkrieges bis dahin war Zürich „a gold trading centre through which the speculative pressure from private investors on the official gold price expressed itself. It was partly

[1] Paris ist ein isolierter Markt, da Goldanlegern die Goldein- und -ausfuhr nicht erlaubt ist.

[2] Vgl. David Marsh, in: Financial Times, 20. November 1981.

[3] David Marsh, in: Financial Times, 20. November 1981.

[4] Derselbe.

because Zurich was trading gold at premium prices that the London market was reopened in 1954."[5]

In den Jahren ab 1954 besaß London eine konkurrenzlose Stellung als Goldhandelsplatz.[6] Unter zeitweiliger Intervention der Bank of England gelang es, südafrikanisches Goldangebot und die Nachfrage privater Investoren so auszugleichen, daß der Goldpreis in der Höhe des offiziellen Preises von $ 35,-/oz. gehalten werden konnte. Inländer durften im übrigen aufgrund der Vorschriften des „Exchange Control Act" seit der Wiedereröffnung des Londoner Markts im März 1954 keine Barrengoldkäufe tätigen. Erst unter der Regierung Thatcher wurde im Oktober 1979 die Freiheit sowohl des Kapitalverkehrs mit dem Ausland als auch des Goldhandels wieder hergestellt.

Eine Verstärkung der Londoner Goldhandelsstellung ergab sich im Jahre 1961 mit dem Zusammenschluß von England, Deutschland, Italien, Frankreich, Holland, Belgien, der Schweiz und der USA zum sog. „Goldpool", der über mehrere Jahre den Goldpreis auf der Höhe von $ 35,- je Feinunze hielt. Der zunehmende spekulative Druck wurde jedoch schließlich so stark, daß er zum Zusammenbruch des Goldpools am 15. März 1968 und einer Zweiteilung des Marktes in einen „offiziellen" Goldmarkt für Zentralbanktransaktionen und einen „freien" Goldmarkt führte.

Die Auflösung des Goldpools der Industrieländerzentralbanken war mit einer 14-tägigen Schließung des Londoner Goldmarktes verbunden. Darin sahen die Schweizer Großbanken eine Marktchance und gründeten am 16./17. März 1968 den Schweizer Goldpool (Schweizer Bankgesellschaft, — Bankverein und — Kreditanstalt).

Nach der Londoner Marktschließung im März 1968 entwickelte sich eine Arbeitsteilung zwischen London und Zürich dergestalt, daß London vermehrt in Großisten-Funktion die Weltmarktversorgung und Zürich die internationale Verteilerfunktion übernahm.

Südafrika begann in zunehmendem Maße, sein Gold über Zürich zu vermarkten. Der Zürcher Goldpool baute seine Stellung als führender Platz für physischen Goldtransfer bis zum Ende der Siebziger Jahre stetig aus, obgleich London einen Teil des „alten" Südafrikageschäfts wieder zurückgewinnen konnte.

Seit Beginn der 80er Jahre konnte sich London, wie oben angeführt, wieder einen steigenden Teil des Geschäfts mit den beiden weltweit führenden Goldproduzenten sichern.

---

[5] Nicholas Colchester, in: Financial Times, 20. November 1979.

[6] Beim täglichen Fixing spielten die Schweizer Goldhandelsbanken in den Jahren ab 1954 allerdings eine bedeutende Rolle: Sie vertraten bis zu 75 % der zum täglichen Fixing auftretenden Nachfrage; vgl. Schweizerischer Bankverein — Gold, Zürich, Januar 1981, S. 28.

1. Der Londoner Goldkassa- und Cash-forwardmarkt

Die 5 Goldhandelshäuser Mocatta und Goldsmid Ltd., Sharps Pixley Ltd., N.M. Rothschild & Sons Ltd., Johnson Matthey Bankers Ltd. sowie Samuel Montagu & Co. Ltd. bilden den Londoner Goldmarkt, der auch als „Händlermarkt", „Bullion dealer" — oder „Principal-to-principal"-Markt bezeichnet wird und in der heutigen Form seit 1919 existiert.

Charakteristisch für einen derartigen Händlermarkt ist die ständige Telefonkommunikation sowohl zwischen quotierenden Händlern und 'Nicht-Händlern' (wie Produzenten, Verarbeitern und Investoren/Spekulanten) als auch zwischen Händlern untereinander, die 'Geld'- („bid") und 'Brief'- („offer") Gebote voneinander erhalten und zu diesen kaufen bzw. verkaufen.[7]

Der Handel findet an Werktagen ohne innertägliche Unterbrechung statt. Die beiden täglichen Fixings, auf die im folgenden näher einzugehen sein wird, erfolgen jeweils um 10:30 und 15:00 Uhr Londoner Ortszeit. Als Handelseinheit üblich sind Goldbarren von etwa 400 Feinunzen (circa 12,5 kg) Gewicht, mit einer Toleranzspanne von 350-430 Feinunzen. Um als „good-delivery-bars"[8] zu gelten, müssen sie weiterhin mindestens 995 ‰ Feingoldgehalt besitzen sowie die Seriennummer und den Stempel einer vom Londoner Goldmarkt akzeptierten Schmelz- oder Prüfanstalt[9] aufweisen. Entsprechend den Kundenanforderungen stellen die Goldhandelshäuser neben dem handelsüblichen 400-Feinunzen-Barren eine Vielzahl weiterer Barrengrößen und -qualitäten zur Verfügung, die in Tabelle 8 zusammengefaßt sind. Darunter sind die gängigeren die Barren zu 1 Kilo, 500 und 100 gr., 100 Feinunzen und 10 Tolas, die gewöhnlich in den 3 angegebenen Feinheitsgraden 0,995, 0,999 oder 0,9999 angeboten werden. Kauf- und Verkaufspreise werden normalerweise in U.S.-$ pro Feinunze, loco London, in seltenen Fällen auf Wunsch auch in anderen konvertiblen Währungen, angegeben.

---

[7] Vgl. auch Jarecki, Henry G. — „Bullion Dealing, Commodity Exchange Trading and the London Gold Fixing: Three Forms of Commodity Auctions", in: Bidding and Auctioning for Procurement and Allocation, Proceedings of a Conference at the Center for Applied Economics, New York University, ed. by Yakov Amihud, New York 1976, S. 173-186, hier S. 177.

[8] Vgl. The London Gold Market, o. V., London, Februar 1982, S. 6.

[9] Der Londoner Good-delivery-Liste gehören folgende deutsche Häuser an: Degussa AG, Frankfurt, W. C. Heraeus GmbH, Hanau sowie die Norddeutsche Affinerie AG, Hamburg; vgl. die vollständige Liste in: The London Gold Market, a.a.O., S. 10 ff.

Tabelle 8[1]: Andere Barrengewichte und ihr Goldgehalt nach Feinheitsgrad

Gesamtgewicht	Reingoldgehalt in Feinunzen		
	995.0-Barren	999.0-Barren	999.9-Barren
1 Kilo	31,990	32,119	32,148
1/2 Kilo	15,995	16,059	16,074
1/4 Kilo	7,998	8,030	8,037
200 Gramm	6,398	6,424	6,430
100 Gramm	3,199	3,212	3,215
50 Gramm	1,600	1,607	1,608
20 Gramm	0,640	0,643	0,643
10 Gramm	0,321	0,322	0,322
5 Gramm	0,161	0,161	0,161
100 Unzen	99,500	99,900	99,990
50 Unzen	49,750	49,950	49,995
25 Unzen	24,875	24,975	24,998
10 Unzen	9,950	9,990	9,999
5 Unzen	4,975	4,995	5,000
1 Unze	0,995	0,999	1,000
10 tolas	3,731	3,746	3,750
5 taels	5,987	6,011	6,017

[1] Entnommen aus: The London Gold Market, a.a.O., S. 15.
Im Nahen Osten und in Indien bildet das Tola die traditionelle Maßeinheit für Gold. Handelsüblich sind Barren zu 10 Tolas; 1 Tola = 11,6638 gr. = 0,375 oz;
im Fernen Osten wird Gold per Tael gehandelt. Am verbreitetsten sind Barren zu 5 und 10 Taels; 1 Tael = 37,429 gr. = 1,20337 oz.

Zweimal täglich[10], vor- und nachmittags, treffen sich je ein Vertreter der 5 Goldhandelshäuser im Hause von N. M. Rothschild & Sons Ltd. zum sog. „Goldfixing".[11]

Das Fixing ermöglicht es den Kunden der Goldhandelshäuser zu einem einheitlichen Preis zu kaufen oder zu verkaufen, statt während der Zeit außerhalb des Fixing auf einer Geld/Brief-Basis (vgl. oben: „Principal-to-principal"-Markt) und hat die Abwicklung des größtmöglichen Volumens der vorliegenden Orders aller Beteiligten zum Ziel.[12]

[10] Vom 8. September 1919, dem ersten Tag eines offiziellen Goldfixings bis zum 16. März 1968 *einmal* täglich.

[11] Das erste Goldfixing fand nach der Abschaffung des Goldstandards (1914) und der Abwertung des britischen Pfundes gegenüber dem U.S.-$ (1919) am 8. September 1919 statt (s. o.).

[12] Außerhalb des Fixings treten die Londoner Goldhäuser wie solche in Zürich als Selbstkontrahenten auf, während sie beim Fixing Brokerfunktionen ausüben.

Die Vertreter der 5 Goldhandelshäuser stehen während der gesamten Zeit des Fixings mit ihren Stammhäusern und diese wiederum mit Kunden in aller Welt in Verbindung. Das Fixing, das im Durchschnitt in 3 - 5 Minuten durchgeführt ist[13], in schwieriger Marktlage aber auch länger als eine Stunde dauern kann, wird in der Regel vom Vertreter des Hauses Rothschild geleitet und mit einem Startpreis eröffnet. Letzterer wird an die anderen Goldhandelshäuser und deren Kunden übermittelt, und die Vertreter der Goldhandelshäuser werden instruiert, Kauf- oder Verkaufsabsicht zu diesem Preis zu bekunden.

Nach Erklärung der Kauf-/Verkaufsabsicht jedes einzelnen Teilnehmers geben diese die Barrenzahl an, die sie zum vorgegebenen Preis zu handeln wünschen. Weist sich zum Eröffnungspreis niemand als Käufer oder Verkäufer aus oder überwiegt das Kauf- bzw. Verkaufsvolumen, so wiederholt sich das obige Vorgehen unter Nennung eines höheren bzw. niedrigeren Preises bis der Ausgleich zwischen Kauf- und Verkaufsvolumen, bzw. ein größtmöglicher Umsatz, erzielt ist. In diesem Falle erklärt der Vorsitzende den Preis als „fixiert". Unter Umständen wird der Preis auch dann fixiert, wenn nur ein „pro-rata-settlement", eine anteilig teilweise Erledigung der vorliegenden Orders, erfolgen kann.

Jeder der 5 Goldhandelsvertreter ist mit einer kleinen britischen Flagge ausgestattet um zu signalisieren, ob in diesem Moment alle seine Orders befriedigt sind (Flagge nach unten) oder ob er seine zu handelnde Goldmenge bzw. Marktattitude (Kauf statt Verkauf und umgekehrt) zu ändern beabsichtigt (Flagge nach oben). Die Verwendung der Flaggen ist deswegen angebracht, weil die Kunden der Goldhandelshäuser ihre Orders während des Goldfixings ständig ändern können und der am Fixing beteiligte Goldhandelsvertreter in der Lage sein muß, derartige Wechsel seinen 4 Partnern möglichst schnell und irrtumssicher mitzuteilen. Der Preis wird erst dann fixiert, wenn alle 5 Flaggen nach unten zeigen.

Die Kosten des Handelns zum Fixing setzen sich für den Kunden eines Goldhandelshauses, sofern er Käufer ist (beim Verkauf fallen keine Kommissionen an), zusammen aus: dem Fixing-Preis, zuzüglich 0,25 % des gesamten Goldwertes als Kommission, mindestens jedoch $ 100,—.[14] Ein Mindestkauf in Höhe von $ 40.000,— ist daher erforderlich, um — bezogen auf den Kaufwert — nicht mehr als 1/4 % an Kommission zu zahlen. Dieser kommissionsbedingte Mindestanlagebetrag stellt eine im Vergleich zu Goldfuturesmärkten (vgl. die Abschnitte III.2.b)aa) sowie V. I.) nicht unerhebliche Marktzutrittsschranke für das breite Publikum dar (vgl. Abschnitt VI. III. 2.).

[13] Vgl. Jarecki, Henry G. — „Bullion Dealing . . .", a.a.O., S. 185.

[14] Vgl. The London Gold Market, a.a.O., S. 5.

Als Vorzüge[15] des Goldhandels zum Fixing sind zu nennen:

— die relativ enge Spanne zwischen Kauf- und Verkaufspreis,
— die Verwendbarkeit und Verwendung der Fixing-Preise als Referenzpreise für zahlreiche Geschäfte sowie schließlich
— das Zusammentreffen bedeutender Ordervolumen[16] (hohe Marktliquidität).

Stillschweigendes Übereinkommen herrscht unter den Mitgliedern des Londoner Goldmarkts darüber, möglichst wenig über die Identität von Kunden und die gehandelten Goldmengen verlauten zu lassen. Daten über das Volumen des Londoner Goldkassahandels werden daher nicht publiziert. Selbst den Goldhandelshäusern ist unbekannt, wie hoch die tatsächlichen Goldtransaktionen sind, die auf Basis der Fixing-Preise abgewickelt werden.

Neben dem Goldkassageschäft gibt es in London schließlich noch die Möglichkeit zum Cash-forwardhandel, dessen Volumen ebenfalls nicht publiziert wird[17] (hinsichtlich der Konditionen vgl. die Ausführungen zum Zürcher Cash-forwardmarkt).

2. Der Zürcher Goldkassa- und Cash-forwardmarkt

Den Zürcher Goldmarkt bilden die 3 Schweizer Großbanken Bankgesellschaft, Bankverein und Kreditanstalt sowie die Bank Leu in Zürich und die Handels- und Entwicklungsbank, Genf. Allerdings gehören nur die 3 Großbanken dem bereits im März 1968 gegründeten Schweizer Goldpool an.

Im Gegensatz zu den Mitgliedern des Londoner Goldmarktes, die mit dem Ziel des Ausgleichs von Angebot und Nachfrage mehr die Funktion von Brokern ausüben, treten die Zürcher Goldhandelsbanken als Händler am Markt auf, die beträchtliche Positionen auf eigene Rechnung übernehmen.[18]

Der Zürcher Goldmarkt kennt keinen einheitlichen Kauf- und Verkaufspreis in Form des Londoner Fixings, sondern ausschließlich Marktnotierungen auf 'Geld-' und 'Brief'-Basis.

Der Pool fungiert als Clearingstelle der 3 auf eigene Rechnung handelnden Teilnehmerbanken; ausschließlich über ihn erfolgen der Goldankauf von Goldproduzenten[19] sowie die An- und Verkaufstransaktionen mit anderen

[15] Vgl. ebenda, S. 4.

[16] Nach Informationen des Verfassers aus Schweizer Goldhandelskreisen betragen Goldangebot/Nachfrage beim Londoner Fixing bei durchschnittlichen Marktverhältnissen derzeit etwa 2 to.

[17] Vgl. jedoch S. 52 und 143.

[18] Vgl. Nicholas Colchester in: Financial Times, 20. November 1979.

[19] Der Pool versteht sich dabei als „nicht-konkurrierender Engros-Händler", vgl. Heinz Brestel, in: Frankfurter Allgemeine Zeitung, 6. Oktober 1979.

Marktteilnehmern, ohne daß jedoch die anderen Poolbanken Einblick in das Geschäft der einzelnen Bank erhalten.

Die Poolbanken stehen über ein Konferenztelefon in ständiger Verbindung und sind so in der Lage, den Preis jeweils gemeinsam neu festzulegen. Der Handel findet in U.S.-$ je Feinunze, bzw. in Schweizer Franken je Kilogramm statt.[20]

Handelsübliche Barrengröße ist der 400-Feinunzen-Barren[21] (etwa 12,5 kg.) mit den gleichen „good-delivery-"Anforderungen wie in London (vgl. oben, S. 48). Abschlüsse werden im Normalfall zu mindestens 250 kg. zusammengefaßt. Als Usance[22] gilt ein Minimum von 125 kg., für das eine Bank „gut" sein muß.[23]

Ähnlich wie in London bieten die Poolbanken ihren Kunden neben dem 400-Feinunzen-Standardbarren eine Reihe von Barrenspezialitäten, wie beispielsweise 1 oz.-, 10 Tola- (= 3,731 oz. = 116 gr.) oder 5 Tael- (= 5,987 oz. = 186 gr.) Barren an. Sie bedienen sich dabei eigener Verfeinerungsanstalten.[24] Als führende Bank im Goldmünzenhandel gilt die Bank Leu AG, Zürich.

Die Spanne zwischen Goldan- und -verkaufspreis („Spread") beträgt gewöhnlich etwa 2 ‰. Um kurzfristige Spekulationen zu dämpfen ist diese Spanne allerdings, beispielsweise im Frühherbst 1979, auch schon verdoppelt worden.[25]

Neben dem Goldkassahandel besteht auch in Zürich ein volumensmäßig kleinerer Handel in Cash-forwardgold.[26]

„Die hohen Einschußforderungen limitieren das Volumen . auf 5 bis 10 % am Gesamthandel."[27] Absolute Umsatzziffern des Goldpools werden, wie auch in London praktiziert, weder für den Kassa- noch den Cashforwardhandel veröffentlicht.[28]

---

[20] Die Nomination in zwei verschiedenen Währungen ergibt sich dadurch, daß der 1-Kilo-Feingoldbarren eine bedeutende Rolle im privaten Schalterhandel einnimmt, der Standardbarren hingegen für den professionellen Handel bestimmt ist.

[21] Mit einem Feingoldgehalt von 999,9/1000 wird dieser auch als „Russenbarren" bezeichnet.

[22] Usancen sind ungeschriebene Vorschriften und Regeln, die sich u.a. im internationalen Goldhandel im Laufe der Zeit herausgebildet haben.

[23] Vgl. Der Goldhandel in der Bank Leu, unveröffentlichtes Manuskript, Zürich 1981.

[24] Metaux Precieux (SBG), Valcambi (SKA), und Argor (SBV).

[25] Vgl. Heinz Brestel, in: Frankfurter Allgemeine Zeitung, 6. Oktober 1979, S. 14; vgl. auch Schweizerischer Bankverein — Gold, a.a.O., S. 49.

[26] Vgl. S. 143.

[27] Neue Zürcher Zeitung, (Fdr), 13. August 1981.

[28] Einen Eindruck von der Größe des täglich abgewickelten Geschäftsvolumens einer der 5 großen am Zürcher Goldmarkt beteiligten Banken vermitteln folgende

Die zu leistenden Einschüsse schwankten in den letzten Jahren (ähnlich wie in London) zwischen 25 und derzeit 50 %[29]; die Mindestabschlüsse betragen 100 Feinunzen (3,11035 kg).

Aufgrund der Strukturverschiebungen im internationalen Goldgeschäft während der letzten Jahre hat der Zürcher Platz Abstriche bei seiner historisch herausragenden Stellung im internationalen Goldhandel hinnehmen müssen. Hierzu trugen die wachsende Bedeutung der U.S.-Goldfuturesmärkte, die Goldmarktneugründungen in Hongkong, Singapur, Tokio und London, fallende Umsätze mit den führenden Goldproduzenten Südafrika und UdSSR, die Ausdehnung der Warenumsatzsteuern zum 1. Januar 1980 auf das Goldgeschäft sowie die Geschäftsaufnahme eines großen Londoner Brokerhauses (Astley & Pearce) in Zürich bei.[30]

Um die Stellung Zürichs im internationalen Goldhandel zu stärken, gaben die 3 Goldpoolbanken SBG, SBV und SKA im April 1982 die Gründung eines Edelmetallbrokerhauses, der PREMEX, bekannt, die im Oktober 1982 ihre Geschäfte aufnahm. Zweck der PREMEX-Gründung war die Senkung der Informationskosten für professionelle Goldhändler, die Erzielung „marktnäherer Preise" (die noch derzeit im Publikumsverkehr gewöhnlichen Spreads von $ 3,— oder etwas darunter bei den Großbanken konnten im professionellen Handel auf etwa 25 ¢ reduziert werden)[31] sowie die Nutzungsmöglichkeit zahlreicher neuer Telefonlinien, durch die auch Spitzenbelastungen aufgrund einlaufender Orders bewältigt werden können.[32]

Die PREMEX AG, die eine von den Edelmetallabteilungen der Goldpoolbanken unabhängige Stellung einnimmt (aber zu diesen nicht in einer Konkurrenzbeziehung steht), tritt als Vermittler zwischen ausgewählten professionellen Gegenparteien auf (u.a. Produzenten, große Goldhandelsbanken und Goldbroker) und baut selbst keine eigenen Positionen auf.

Für die Anbahnung der Goldhandelsabschlüsse erhebt die PREMEX eine Brokerage- oder Vermittlungsgebühr. Durch die bessere Marktübersicht (zwischen 5 und 7 Händler konzentrieren sich simultan auf eine begrenzte

---

Zahlen der letzten Jahreshälfte 1981: höchste Anzahl Geschäfte circa 500-700 pro Tag mit einem Umsatz von etwa 14 Tonnen (ca. 450 000 oz.). Dies entspricht bei einer mittleren Geschäftsspitze von 600 Abschlüssen pro Tag einer Durchschnittsmenge pro Geschäft von etwa 750 Feinunzen (etwas weniger als 2 Standardbarren); nach Angaben eines Schweizer Goldhändlers.

[29] Vgl. IMF-Survey, 4. Juni 1979, S. 167 (25 %); vgl. auch Heinz Brestel, in: Blick durch die Wirtschaft, 13. August 1981 (35 %); Neue Zürcher Zeitung, 24. Januar 1980 (40 %) sowie: Der Goldhandel in der Bank Leu, a.a.O., (1981) (50 %).

[30] Vgl. auch Tagesanzeiger Zürich, (o. V.), 23. November 1982.

[31] Vgl. Financial Times (o. V.), 26. November 1982.

[32] Die Schweizer Handelszeitung berichtet, daß Banken des öfteren mit Kauf-/Verkaufsorders nicht zu den Goldpoolbanken durchdringen konnten und aufgrunddessen ins Ausland auswichen; vgl. Schweizer Handelszeitung, (o. V.), 29. April 1982.

Zahl ausgewählter professioneller Geschäftspartner, wodurch für diese ein „Shopping-around" nach den günstigsten Konditionen unnötig wird) hat der Zürcher Goldmarkt insgesamt eine via Senkung von Informationskosten bedingte Steigerung seiner Effizienz erfahren.

3. Andere europäische Märkte

Neben den Zentren des europäischen Goldkassa- sowie -Cash-forwardhandels, London und Zürich, wird Kassagold in erwähnenswertem Umfang auch in Paris, Frankfurt und Luxemburg gehandelt. Daneben besteht die Möglichkeit, an der European Options Exchange (EOE) in Amsterdam sowie über die Schweizer Firma Valeurs White Weld S.A., Genf[33], Optionen auf physisches Gold zu handeln.

Während der Luxemburger Markt in den letzten Jahren an übergeordneter Bedeutung gewann, sind die Märkte in Paris (der wegen seines isolierten Charakters im folgenden nicht näher dargestellt werden soll)[34] und Frankfurt nach wie vor nur von regionaler Bedeutung.

a) Der Frankfurter Goldkassamarkt

Seit dem 18. Juni 1968 erfolgt die offizielle Festlegung des Goldpreises an der Frankfurter Devisenbörse[35] durch jeweils einen der beiden amtlich bestellten Devisenkursmakler, die sich monatlich abwechseln und gegenseitig vertreten.[36]

Gegen 12:00 Uhr tritt der mit der amtlichen Goldpreisfeststellung betraute Makler mit den größten Frankfurter Goldhandelsbanken in telefonische Verbindung, um die amtliche Feststellung des Goldpreises vorzunehmen.

---

[33] Die Schweizer Aktiengesellschaft Valeurs White Weld S. A. besteht seit 1973 und ist eine 100%-ige Tochtergesellschaft der Financière Crédit Suisse-First Boston, deren Anteile wiederum zu 49 % von der SKA, Zürich und zu 34 % von der First Boston Corp., New York, gehalten werden.

[34] Vgl. u.a. David Marsh — „Paris Gold Market Loses Its Shine", in: Financial Times, 9. September 1982.

[35] Die Frankfurter Devisenbörse ist gemäß § 1 der Börsenordnung ein Teil der Frankfurter Wertpapierbörse; sie kennt daher keine gesonderte Zulassung. Alle vom Börsenvorstand zum Börsenhandel zugelassenen Unternehmen bzw. Personen können sowohl am Wertpapier- und Devisengeschäft wie auch am Goldhandel teilnehmen.

[36] Vgl. Frankfurter Wertpapierbörse — Die Frankfurter Devisenbörse, April 1982, S. 9.

Diese erfolgt (nach demselben Schema wie die Feststellung des Einheitskurses der Wertpapiere) meist innerhalb von Sekunden auf der Grundlage der dem Kursmakler erteilten Aufträge.

Übliche Handelseinheit ist der 1-kg.-Barren; als gängiger Mindestabschluß werden 25 kg. angesehen. Falls kleinere Kreditinstitute Aufträge in geringeren Mengen erteilen, werden allerdings auch diese in die amtliche Kursfeststellung einbezogen.[37]

Die wie im Falle Londons und Zürichs nicht veröffentlichten Umsätze sind gering.[38]

b) Der Luxemburger Goldkassamarkt

Am 17. März 1981 fand das erste offizielle Goldfixing an der Luxemburg Stock Exchange statt. Vorausgegangen war das Haushaltsgesetz vom 17.12.1977, das mit Wirkung ab 1978 alle nicht zur industriellen Bedarfsdeckung bestimmten Goldtransaktionen von der Mehrwertsteuer befreite.

Als Initiatoren des Luxemburger Fixings gelten die folgenden 5 Banken: Banque Internationale à Luxembourg, Banque National de Paris/Luxemburg, Caisse d'Epargne de l'Etat, Compagnie Luxembourgeoise de la Dresdner Bank International/Luxemburg und die Kredietbank S.A. Luxembourgeoise. Neben den genannten Instituten haben auch alle anderen Mitglieder der Luxembourg Stock Exchange, einschließlich Devisenhändlern ohne Bankenstatus, das Recht zur Teilnahme am Handel, die Eigenmittel von mindestens 50 Mio. Luxemburger Franken (etwa 1 Mio. U.S.-$) nachweisen können. Derzeit beträgt die Zahl der zum Intervenieren am Markt zugelassenen Zwischenhändler mehr als 20.[39]

Börsentäglich findet das Goldfixing[40] um 10:30 Uhr Luxemburger Lokalzeit, d. h. eine Stunde vor dem Londoner Vormittagsfixing, statt. Fixingpreise werden für den 12,5-kg-Standardbarren (400 Feinunzen) in U.S.-$ je Fein-

---

[37] Nach Angaben der Frankfurter Wertpapierbörse sowie der zuständigen amtlichen Kursmakler.

[38] Angesichts der historisch führenden Rolle Londons im physischen Weltgoldhandel und (seit 1968 anläßlich der 14-tägigen Schließung des Londoner Markts) auch Zürichs hat sich Frankfurt u.a. aufgrund des Fehlens der traditionellen Lieferverbindungen nicht als ein dritter bedeutungsvoller Platz europäischen Goldhandels etablieren können.

[39] Vgl. Dondelinger, Albert — „Das Goldgeschäft in Luxemburg", in: Börsenzeitung, 8. Mai 1982.

[40] Zu den einzelnen Bestimmungen des Goldfixings vgl. hier und im folgenden: Société de la Bourse de Luxembourg — Gold Fixing at the Luxembourg Stock Exchange, Luxemburg, Mai 1981.

unze[41] sowie den 0,9999-feinen 1-kg-Barren in SFr. je Kilo[41] festgestellt und veröffentlicht. Die Mindest-Preisspreads zu Fixingzwecken betragen 50 SFr. je 1-kg-Barren sowie U.S.-$ 0,05 je Feinunze.

In der Regel erfolgt die Erfüllung loco Luxemburg. Clearing-Stelle ist die CEDEL S.A., Luxemburg, als deren Treuhänder die Staatsbank Caisse d'Epargne de l'Etat auftritt. Die Kommissionen für professionelle Zwischenhändler betragen bei Käufen[42]: U.S.-$ 0,25 je Feinunze bzw. 250 SFr. je 1-kg-Barren, die Börsengebühren: U.S.-$ 0,05 je Feinunze bzw. 50 SFr. je 1-kg-Barren.

Die Vitalität des internationalen Goldhandels mit den damit verbundenen — oft innerhalb einer oder weniger Minuten — stark schwankenden Preisen führt für den Nicht-Professionellen[43] zu einer nur begrenzten Markt-Preis-Transparenz. Der Vorteil des Goldfixings für die Kunden der Luxemburger Goldhandelsbanken wird daher darin gesehen, daß erstere zu einem festen, nachprüfbaren Preis Gold kaufen und verkaufen können.

Zahlen über das Luxemburger Goldhandelsvolumen existieren nur in Form vager institutsinterner Schätzungen. Abgesehen vom Diskretionsaspekt spielt wie an anderen Goldkassahandelsplätzen das Problem der Gesamtvolumensschätzung — selbst für Marktinsider — eine Rolle. Hierzu trägt bei, daß der Goldhandel zum einen von mehreren Instituten bestritten wird und zum anderen ein Großteil der Goldgeschäfte über direkte telefonische Edelmetallkonten-Transaktionen zwischen Kunde und Bank durchgeführt wird.

Obgleich Luxemburg im Bereich privater Investitionen eine international beachtliche Rolle spielt, sind die Umsätze im Vergleich zum Londoner Fixing minimal. Dies zeigt sich auch daran, daß in Luxemburg der Goldpreis bereits dann fixiert ist, wenn nur zwei Parteien zu einem bestimmten Preis einen Umsatz von einem 400-Unzen-Barren tätigen.[44]

c) Optionen für physisches Gold der Valeurs White Weld S.A., Genf

Seit Januar 1976 besteht für industrielle Verbraucher, Investoren, Goldbesitzer und Goldproduzenten die Möglichkeit, Optionen auf Bezug/Lieferung physischen Goldes über die Valeurs White Weld S.A., Genf, zu handeln.

---

[41] Die Nomination in zwei verschiedenen Währungen ergibt sich aus den bereits beim Zürcher Markt dargelegten Gründen.

[42] Verkäufe sind kommissions- und gebührenfrei.

[43] Er besitzt nicht die Möglichkeit zum ständigen simultanen Vergleich der Preisstellung einer größeren Zahl von Instituten.

[44] Sogenanntes „Gebotspreis-System" im Unterschied zu dem umfassenden Fixingprozeß am Londoner Markt (vgl. oben, S. 49 ff.); nach Informationen der Commerzbank International S. A., Luxembourg.

Valeurs bietet sowohl Goldkauf- wie -verkaufsoptionen zu je 100 Unzen (Metallkonto) an. Verkaufsoptionen werden im Gegensatz zu Kaufoptionen von Valeurs nur offeriert; d. h. der Kunde kann keine Verkaufsoptionen als Eröffnungstransaktion verkaufen. Es besteht jedoch die Möglichkeit zum Rückverkauf aller bestehenden Positionsarten.[45] Derzeit werden die Fälligkeitsmonate Februar, Mai, August und November angeboten.[46] Endfälligkeitstag ist der letzte Arbeitstag des betreffenden Monats; zur während der gesamten Optionslaufzeit möglichen Ausübung der Option („amerikanische Option")[47] muß der Inhaber spätestens bis 11:00 Uhr Genfer Zeit, 5 Tage vor dem Endfälligkeitstag, Notiz geben.

Wird — als Beispiel — eine Kaufoption ausgeübt, dann erhält der Wähler 100 Unzen Gold 995/1000 oder feiner auf ein Metallkonto. Kostenlose physische Lieferung von mindestens 995/1000 feinen Standardbarren durch die SKA in Genf oder Zürich ist ebenso möglich. Hierbei fallen allerdings Schweizer Warenumsatzsteuern von derzeit 5,6 % an.

Die Prämiennotierungen erfolgen in U.S.-$ je Feinunze auf Netto-„Geld"-/„Brief"-Basis[48]. Zu einem angegebenen Kurs ist Valeurs bereit, mindestens 20 Optionen (2000 Unzen) zu handeln. Während Banken und Finanzinstitute auf Nettobasis, d. h. ohne Kommissionen, handeln, wird anderen Kunden sowohl bei An- als auch bei Verkauf jeweils 1/8 Prozent des Basispreises in Rechnung gestellt. Der Handel findet montags bis freitags von 9:00 bis 19:20 Uhr statt. Während der Dauer des Londoner Goldfixing werden, übereinstimmend mit internationaler Usance, keine Optionen umgesetzt.

Tabelle 9: Umsätze in Valeurs-Optionen für physisches Gold

Jahr	durchschnittlicher Umsatz je Woche in Feinunzen
1976	28.000
1977	64.000
1978	25.700
1979	412.000
1980	316.000

Quelle: Valeurs White Weld S.A., Genf.

[45] Mitgeteilt von Valeurs White Weld S. A., Genf.

[46] Vgl. hierzu und im folgenden: Valeurs White Weld — Goldoptionen, September 1980.

[47] Vgl. Tabelle 11: Systematik der Welt-Goldoptionsmärkte nach Optionsart und Vertragsgegenstand.

[48] Notiert eine Mai-Option mit Basispreis $ 600,—/oz. beispielsweise für $ 30/35, so bedeutet dies, daß Valeurs eine Kaufoption über 100 Unzen zu $ 30 ($ 35) kauft (verkauft).

Tabelle 9 gibt die durchschnittlichen Umsätze in Valeurs-Goldoptionen pro Woche in Unzen für die Jahre 1976 — 1980 wieder.

d) Optionen für physisches Gold der European Options Exchange, Amsterdam

Am 2. April 1981 nahm die drei Jahre früher gegründete European Options Exchange (EOE), Amsterdam, den Handel in Optionen für physisches Gold auf.

Die in U.S.-$ je Feinunze notierten Kauf- bzw. Verkaufsoptionen lauten über je 10 Feinunzen. Die üblichen Intervalle zwischen den Basispreisen betragen $ 25,—. Als erste Optionsserie mit den Laufzeiten 3, 6 und 9 Monate wurden Basispreise von 500, 525 und 550 $ je Unze festgelegt.[49]

Die Erfüllung der Handelsverpflichtungen wird von der International Options Clearing Corporation garantiert; die Transaktionskosten betragen („round trip")[50] bei mehr als 10 Kontrakten $ 10,— pro Kontrakt.

Obgleich der Markt im Vergleich zu amerikanischen Verhältnissen nicht als breit bzw. aktiv bezeichnet werden kann, hat das Umsatzvolumen beeindruckende Steigerungen erfahren. Tabelle 10 gibt Aufschluß über die Anzahl gehandelter Kontrakte und getätigter Transaktionen im Jahre 1981 (vgl. auch Tabelle 11 mit der Übersicht über Weltgoldoptionsmärkte).

Das Goldoptionsgeschäft an der Europäischen Optionsbörse in Amsterdam, das vormittags um 10:30 Uhr beginnt, findet von 16:30 - 22:00 Uhr MEZ in Montreal (seit Februar 1982) und ab 22:00 - 24:00 Uhr MEZ in Vancouver (seit August 1982) seine Fortsetzung, so daß täglich 15 1/2 Stunden börsennotierte Optionen für physisches Gold gehandelt werden können.[51]

---

[49] Vgl. Neue Zürcher Zeitung, (pmr), 2. April 1981.

[50] Round-trip-Gebühren schließen Eröffnungskauf (verkauf) und Glattstellungsverkauf (kauf) ein.

[51] Seit April 1979 gibt es einen Handel in Gold*futuresoptionen* an der Commodity Exchange in Winnipeg, Kanada. Im Oktober 1982 bzw. März 1983 folgten dann die COMEX und der London Gold Futures Market (vgl. Abschnitt V. II.).

Tabelle 10: Optionen für physisches Gold an der European Options Exchange, Amsterdam, im Jahre 1981 (189 Handelstage)

	Call-Optionen	Put-Optionen
Anzahl Kontrakte:	34024	12454
Anzahl Transaktionen:	5560	2771
Kontrakte pro Transakt.:	6,1	4,5
Kontrakte pro Handelstag:	180	66
Kontrakte nach Marktteilnehmern in Prozent:		
Publikum:	49,7	51,8
"Floorbroker":[1]	0,2	0,2
"Marketmaker":[1]	50,1	50,1

[1] „A *floor broker* is entitled to execute orders on the floor of the EOE on behalf of public order members, other floor brokers, off-floor traders and market makers."
„A *market maker* is entitled to trade on the floor of the EOE, but only for his own account. He is obliged to 'make a market' in one or more option classes to which he has been assigned. A market maker is also allowed to act in the capacity of floor brokers and in option classes for which he has not been assigned." aus: European Options Exchange, Annual Report 1981, S. 2.

Quelle: Beckers, Stan: „On the Efficiency of the Gold Options Market", Working Paper 82-84 des European Institute for Advanced Studies in Management, Brüssel, Mai 1982, S. 3.

II. Die nordamerikanischen Märkte

Seit wenigen Jahren hat sich neben dem bestehenden Goldfuturesmarkt in New York auch ein Kassamarkt (vgl. Abschnitt IV. II. 1.) für Gold entwickelt. Daneben gibt es in den USA seit den frühen 70er Jahren die Möglichkeit, Optionen der Mocatta Metals Corporation, New York, für physisches Gold zu handeln (vgl. Abschnitt IV. II. 2.). Es folgten mit Optionen auf physisches Gold die Montreal Exchange im Februar 1982 sowie die Vancouver Stock Exchange im August 1982 (vgl. Abschnitt IV. II. 3.; vgl. auch die Systematik der Welt-Goldoptionsmärkte in Tabelle 11).[52]

[52] Die U.S.-Märkte für Goldfuturesoptionen sind in Abschnitt V. II. beschrieben.

Tabelle 11: Systematik der Welt-Goldoptionsmärkte nach Optionsart und Vertragsgegenstand

OPTIONS-ART	VERTRAGSGEGENSTAND	
	Futureskontrakte	physisches Gold
"Amerikanische"[1] Option	- Winnipeg Commodity Exchange - New York Commodity Exchange - London Gold Futures Market	- Valeurs White Weld S.A., Genf - EOE=European Options Exchange - VSE=Vancouver Stock Exchange - ME=Montreal Exchange
"Europäische"[2] Option	-------	- Mocatta, New York/London

1) Optionsausübung während der gesamten Optionslaufzeit möglich. — 2) Optionsausübung nur am Endfälligkeitstag bzw. den 5 vorangehenden Banktagen möglich.

1. Der New Yorker Goldkassamarkt

Nach der Aufhebung des Goldbesitzverbots für U.S.-Bürger zum Jahresende 1974 zeigte sich zunächst eine langsam steigende Nachfrage nach „Bullion Coins", vornehmlich dem Krügerrand.

Als Folge der starken Goldpreissteigerungen zum Jahreswechsel 1979/80 nahm auch das Anlegerinteresse an Goldbarren zu, und so entwickelte sich New York in den letzten Jahren zu einem Platz u. a. für physischen Goldtransfer.[53]

Hauptteilnehmer des New Yorker Goldkassamarkts sind[54]: Mocatta & Goldsmid, Mocatta Metals Corporation, Johnson Matthey & Co., Samuel Montagu, Sharps Pixley, N. M. Rothschild, J. Aron, Phillip Brothers, Derby Metals, Morgan Guaranty, Republic National Bank, Schweizer Bankgesellschaft und Dresdner Bank.

[53] Vgl. Hinweise auf den Beginn der Entwicklung eines ansehnlichen U.S.-Kassamarkts in: Blick durch die Wirtschaft, (hi), 31. August 1979 sowie Neue Zürcher Zeitung, (H. Kaufmann), 24. Oktober 1978.

[54] Die folgenden Angaben beruhen auf Informationen von Herrn Dr. Henry Jarecki, dem der Verfasser an dieser Stelle noch einmal verbindlichst danken möchte.

Folgende Charakteristika zeichnen das New Yorker Goldkassageschäft aus: Preisquotierungen gelten für eine Menge von 2000-4000 Unzen; ein 400-Unzen-Barren ist die kleinste handelbare Menge; Bezahlung und Lieferung haben innerhalb von 2 Geschäftstagen zu erfolgen; ein Händler räumt jedem seiner Geschäftspartner ein bestimmtes Kreditlimit ein, das von Zeit zu Zeit verändert werden kann (wird).

Kassageschäfte machen in den Büchern des einzelnen Händlers zwischen etwa 30 und 70 % seines gesamten Goldhandelsvolumens (einschließlich Goldfuturesgeschäften) aus.

Exakte Daten über die Relation Kassa- zu Futuresmarktumsatz sind nicht verfügbar, da die Zahl der Teilnehmer am Goldkassamarkt groß ist und jeder Händler seine Abschlüsse vertraulich behandelt.

2. Mocatta-Optionen für physisches Gold

Zu Beginn der Siebziger Jahre begann Mocatta[55] Warenoptionen für Gold, Silber, Kupfer und Platin anzubieten. Mocatta betreibt das Goldoptionsgeschäft als „wholesaler", d. h. die Gesellschaft handelt ausschließlich mit Brokern, die wiederum von ihren Kunden Aufträge entgegennehmen.[56] Mocatta verkauft nicht nur Optionen, sondern betreibt den Optionshandel, obwohl gesetzlich nicht dazu verpflichtet, als „two-way-market", so daß jederzeit die Möglichkeit zum Rückverkauf einer Option an Mocatta gegeben ist.[57]

Gehandelt werden Goldkauf- und -verkaufsoptionen[58] über je 100 Unzen, 50 Krügerrand oder 10 kanadische Maple-Leafs (vgl. Tabelle 12). Die Optionsausübung ist nur am Endfälligkeitstag oder an einem der vorangehenden 5 Banktage möglich („europäische Option")[59].

[55] Mocatta Metals Corporation (Gold und Silber) und die Metals Quality Corporation (Kupfer und Platin), New York.

[56] Der „retail purchase price" für den Kunden setzt sich aus der Optionsprämie und der an den Broker gezahlten Kommission zusammen.

[57] Mocatta behält sich das Recht vor, die Rückkaufsmöglichkeit aufzuheben, falls extreme Preisschwankungen und/oder illiquide Marktkonditionen in der betreffenden Ware dies erforderlich machen; vgl. Mocatta Metals Corporation — A Short Course in Mocatta Options, New York, September 1981, S. 20.

[58] Vgl. Mocatta Metals Corporation — 12 Advantages of Investing in Mocatta Options, New York, Juli 1980, S. 8, sowie Mocatta Metals Corporation — Granting Mocatta Options, New York, 1982.

[59] Vgl. Tabelle 11: Systematik der Welt-Goldoptionsmärkte nach Optionsart und Vertragsgegenstand.

Tabelle 12: Mocatta-Optionen für physisches Gold

Ware	Handelbare Optionen	Menge	Äquivalent	Basispreis-abstände	Fälligkeits-monate 1)
a)	"traditionelle" Goldoption				
Gold	Kauf-, Verkaufsopt.; Kauf u. Verkauf	100 oz. 995/1000 Feingold (+/-5%)	ein IMM- od. COMEX-Gold-Futures-Kontrakt	$ 25.-	1,3,4,6,7, 9,10,12
Gold-Krugerrands	Kaufopt.; Kauf u. Verkauf	50 südafrikan. K.rands	50 oz. Feingold	$ 25.-	1,2,4,5,7, 8,10,11
Gold-Maple-Leafs	Kaufopt.; Kauf u. Verkauf	10 kanadische M.-Leafs	10 oz. Feingold	$ 25.-	2,3,5,6,8, 9,11,12
b)	Mocatta - "Look - back" - Goldoption				
Gold	Calls, Puts nur Verkauf durch Mocatta	100 oz. 995/1000 Feingold (+/-5%)	ein IMM- od. COMEX-Gold-Futures-kontrakt	$ 25.-	2,4,6,8,10, 12

[1] Bei „traditionellen" Goldoptionen bis zu 7 Monaten im voraus; bei „Look-back"-Goldoptionen bis zu 10 Monaten im voraus; Endfälligkeitstag = 1. Geschäftstag des jeweiligen Auslaufmonats.

Quelle: Mocatta Metals Corporation — A Short Course, a.a.O., S. 9 und Mocatta Metals Corporation — Mocatta Lookback Options, New York, 1982, S. 5.

Endfälligkeitstag ist jeweils der erste Geschäftstag der Monate Januar, März, April, Juni, Juli, September, Oktober oder Dezember. Zur Zeit offeriert Mocatta die Möglichkeit zum Handel in Goldoptionen mit 10 verschiedenen Basispreisen und Fristigkeiten bis zu 7 Monaten.[60]

Die Optionspreise sind als fair anzusehen, da Mocatta bei Kontaktierung durch einen Broker nicht weiß, ob dieser Kauf- oder Verkaufsintentionen hat und die Preisstellung stets eine verbindliche bid- wie auch offer-Angabe beinhaltet.

Bis 1982 bestand ausschließlich die Möglichkeit, Kauf- und Verkaufsoptionen von Mocatta zu *kaufen*. Nunmehr ist es Mocatta-Kunden auch möglich, als Stillhalter aufzutreten.[61] Fristigkeit, Auslaufmonate etc. stimmen mit o.g.

[60] Vgl. Tabelle 12.

[61] Vgl. Mocatta Metals Corporation — Granting Mocatta Options,a.a.O.

Gegebenheiten überein. Mocatta entrichtet die Prämie zu einem Zeitpunkt, der von der Deckung der durch den Kunden geschriebenen Goldoption abhängt: Verfügt der Kunde über 100 % der Goldmenge, über die die Option lautet, zahlt Mocatta die Prämie innerhalb zweier Tage nach Geschäftsabschluß, anderenfalls bei Erfüllung der Vertragspflichten durch den Kunden (bei Rückkauf der Option von Mocatta, Ausübung der Option durch Mocatta oder Auslaufen der Option).

Seit Juni 1982 vertreibt Mocatta neben den bisher behandelten „traditionellen" Goldoptionen auch sog. „Lookback-Optionen"[62]. Dies sind Goldoptionen, die dem Inhaber das Recht einräumen, im Falle einer Lookback-Kaufoption 100 oz. Gold zum Kassaperiodentiefstpreis der Optionsgültigkeit von Mocatta zu beziehen bzw. im Falle einer Lookback-Verkaufsoption dieselbe Menge Gold zum Periodenhöchstpreis an Mocatta zu verkaufen.

Der Unterschied zu den traditionellen Goldoptionen besteht somit darin, daß der Basispreis erst zum Zeitpunkt der Optionsausübung oder des Optionsrückverkaufs an Mocatta bestimmt wird. Die Lookback-Periode beginnt am ersten Banktag, der dem gewählten „effective date"[63] der Option folgt und dauert bis zu dem Tag, an dem die Option an Mocatta zurückverkauft, ausgeübt wird oder ausläuft.

In Nordamerika besteht die Möglichkeit, noch bis 22:00 Uhr New Yorker Zeit mit Mocatta Goldoptionen zu handeln. Zusätzlich quotiert Mocatta & Goldsmid, London, während Londoner Handelsstunden Goldoptionen für den europäischen Bedarf.

3. Optionen für physisches Gold der Montreal Exchange und der Vancouver Stock Exchange

Am 22. Februar bzw. am 9. August 1982 eröffneten die Montreal Exchange (ME) und die Vancouver Stock Exchange (VSE) den Handel in Optionen für physisches Gold. Vorangegangen war die Aufnahme des Goldoptionshandels an der European Options Exchange (EOE) in Amsterdam im April 1981 (vgl. Abschnitt IV. I. 3.d)).

---

[62] Vgl. auch Financial Times (Carla Rapoport), 12. Juni 1982.

[63] Der Kunde kann als „effective date" jeden Tag wählen, der zwischen dem ersten Tag des Handels im betreffenden Optionsmonat und dem ersten Banktag nach Kauf der Option liegt. Gewöhnlicherweise wird als „effective date" der dem Kauftag der Option folgende Banktag vereinbart. Vgl. Mocatta Metals Corporation — Mocatta Lookback Options, New York 1982, S. 4, Index.

Mittlerweile bilden die drei Börsen ME, VSE und EOE eine weltweite Handelsassoziierung für Optionen auf physisches Gold mit der International Options Clearing Corporation, Amsterdam, als gemeinsamer Clearing-Stelle[64] (vgl. Abschnitt IV. I. 3.d)).

Eine Option lautet über 10 oz. von mindestens 995/1000 Feinheitsgrad, die den Londoner Anforderungen für acceptable delivery entsprechen. Gehandelt werden die Auslaufmonate Februar, Mai, August und November mit 3, 6 und 9 Monaten Laufzeit, mit Mindestpreisbewegungen von U.S.-$ 0,10/oz. (d.h. $ 1,00/Option) und Basispreisen, die Intervalle von mindestens $ 25,—/oz. aufweisen.[65]

Tabelle 13: Zahl der an der EOE, ME und VSE gehandelten Optionen für physisches Gold im Jahre 1982

Monate	Amsterdam	Montreal	Vancouver	Summe
Januar	16.538	-	-	16.538
Februar	13.963	1.131	-	15.094
März	24.500	4.656	-	29.156
April	20.716	13.556	-	34.272
Mai	12.802	7.436	-	20.238
Juni	14.996	13.560	-	28.556
Juli	20.245	11.013	-	31.258
August	26.643	11.957	-	38.600
September	43.605	15.385	112	59.102
Oktober	32.942	14.772	1.158	48.872
November	35.758	13.518	958	50.234
Dezember	30.936	24.304	564	55.804
Summe	293.644	131.288 1)	2.792 2)	427.724

1) Beginn des Handels in Montreal am 22. Februar 1982
2) Beginn des Handels in Vancouver am 9. August 1982

Quelle: European Options Exchange, Amsterdam.

[64] Zu vertiefenden Einzelinformationen vgl.: The Canadian Financial Futures Market — Gold Futures and Options, By-Laws and Regulations, Winnipeg, Januar 1981 sowie die jeweils aktuelle Ausgabe von : derselbe, — Basis for trading, contract quantities, margin and commission schedule.

[65] Hinsichtlich Kommissionen und sonstigen Transaktionskosten vgl.: Vancouver Stock Exchange — Option Circular, 19.7.1982, bzw. die jeweils neueste Ausgabe.

Als Positionslimits gelten z. Zt. 5000 Optionen auf der gleichen Marktseite.[66] Die Option kann vom Wähler während der gesamten Optionslaufzeit einschließlich des Endfälligkeitstages ausgeübt werden[67] („amerikanische" Option).[68] Auslaufzeitpunkt ist jeweils 17:00 Uhr in Montreal- und Vancouver-Ortszeit am dritten Freitag des Fälligkeitsmonats.

Der Handel in einer Option endet um 16:00 Uhr Montreal Ortszeit bzw. 17:00 Uhr Vancouver- und 14:00 Uhr Amsterdam-Ortszeit an dem Donnerstag, der dem dritten Freitag im Auslaufmonat vorangeht.

Gemäß Absprache sind die Börsenzeiten an EOE, ME und VSE sukzessive hintereinander geschaltet: Die EOE nimmt um 10:30 Uhr MEZ (oder 4:30 Uhr EST) den Goldoptionshandel auf, um 16:30 Uhr MEZ setzt sich der Handel an der ME, sowie ab 22:00 Uhr bis 24:00 Uhr MEZ an der VSE fort.

Der so begründete '16-Stunden-Markt' weist folgende Vorteile auf: Eine an einer der drei Börsen eingegangene Optionsposition kann an einer anderen der drei Börsen wieder glattgestellt werden. Limit-Orders bleiben aufgrund des Weiterreichens des Limit-Order-Buches an die jeweils öffnende Börse über den gesamten Zeitraum im Markt. Der Handel an 3 Börsen sorgt für eine größere Marktliquidität (Handelsvolumen) als bei einem einzelnen Markt zu erwarten wäre, und schließlich liefert die Beobachtung des Marktgeschehens durch Entscheidungsträger in einer späteren Zeitzone wichtige Grundlagen für deren Handelsaktivitäten („Carry-over-Effekt")[69].

III. Die Märkte außerhalb Europas und Nordamerikas

Im außereuropäischen und -nordamerikanischen Raum gibt es zahlreiche kleinere Goldmärkte mit unterschiedlicher, jedoch nur nationaler Bedeutung wie Kuwait, Abu Dhabi und Dubai, Manila, Panama und Caracas.[70] Die

[66] Der Käufer einer Kaufoption und der Verkäufer einer Verkaufsoption sind ebenso auf der gleichen Marktseite wie der Verkäufer einer Kaufoption und der Käufer einer Verkaufsoption.

[67] Die Lieferung erfolgt als „deposit of good London deliverable gold in an account with one of the five full members of the London Gold Market". aus: International Options Clearing Corporation B. V. — Summary Disclosure Statement for Options on Commodities, Vancouver, Montreal, Amsterdam, November 1982, S. 7.

[68] Vgl. Tabelle 11.

[69] Vgl. The Montreal Exchange — Understanding Gold Options, Montreal, Juni 1982, S. 35.

[70] Vgl. Schweizerische Kreditanstalt — Goldhandbuch, Heft 66 der Schriftenreihe Handbücher aus dem Bankbereich, Zürich, Dezember 1982, S. 127 des Manuskripts.

folgenden Darstellungen widmen sich daher ausschließlich den drei großen asiatischen Goldmärkten in Hongkong, Singapur und Tokio.

1. Der Hongkonger Goldmarkt

Hinter den USA und Europa hat sich Hongkong zum weltweit drittgrößten Goldmarkt entwickelt. Neben den beiden in Kapitel V näher beschriebenen Futuresmärkten mit nur geringen Umsätzen, dem „Loco COMEX"-Markt sowie der Hongkong Commodity Exchange gibt es in Hongkong 2 Goldkassa- bzw. -Cash-forwardmärkte, den „Loco London"-Markt sowie die „Chinese Gold and Silver Exchange" („Kam N'gan"), die beide im Jahre 1980 etwa 90 % des gesamten Hongkonger Goldhandelsvolumens auf sich vereinigten.[71]

Der „Loco London"-Markt entwickelte sich ab Anfang 1974, nachdem die im Jahre 1947 verhängten Goldimport- und -exportrestriktionen aufgehoben wurden. Er stellt einen Kassa- und Cash-forwardmarkt dar, der hauptsächlich von internationalen Firmen und Institutionen benutzt wird und als Ausdehnung des Londoner Handelstages auf die Hongkonger Zeitzone betrachtet werden kann (Greenwich Meantime + 8 Std., bzw. MEZ + 7 Std.). Die mit dem chinesischen Markt (Sprache, Handelseinheit und Handelsregeln) nicht oder nur wenig vertrauten ausländischen Händler, Investoren und Bullionhäuser können via „Loco London"-Markt am Hongkonger Goldmarkt teilnehmen. Der „Loco London"-Markt ist, vergleichbar mit dem Devisenhandel, ein reiner Telefonhandel von Händlern untereinander und ist während 18 Stunden (von 9:30 Uhr bis 3:00 Uhr Ortszeit nachts) aktiv. Die üblicherweise gehandelte Feinheit beträgt 1,000 (das physisch gelieferte Gold muß mindestens 0,995 fein sein). Gehandelt werden (in U.S.-$ notiert) jeweils 2000 Unzen oder ein Vielfaches. Die Tagesumsätze machen zwischen 500 000 und 1 Million Unzen aus.[72]

Parallel zum Loco-London-Markt und diesen ergänzend besteht die Chinese Gold and Silver Exchange (auch „Kam N'gan" genannt), die 1904 gegründet wurde und an der ein großer Teil des gesamten fernöstlichen Goldbarrenhandels abgewickelt wird. Die dort geltenden Handelsregeln und -usancen unterscheiden sich grundlegend von denen anderer Kassa- und Cash-forwardmärkte: Die Goldhandelseinheit „Tael" (= 37,78 gr. od. 1,20337 oz.) wird in Hongkong-Dollar notiert. Die Feinheit des in Mengen von je 100 Tael gehandelten Goldes beträgt 0,990. Transaktionen der 194 Börsenmit-

---

[71] Vgl. Yeung, Kenneth B. K. — „The Hong Kong Market", in: World Gold Markets 1981/82 — An Edited Report of Proceedings at the Conference held at Guildhall, City of London on 18th and 19th May 1981, S. 92 ff. hier S. 93.

[72] Vgl. Neue Zürcher Zeitung, (SC), 7. April 1983.

glieder finden auf „Principal-to-principal"-Basis statt. Es sind sowohl Kassa- als auch Cash-forwardabschlüsse mit täglicher Neufestlegung der Kontraktbedingungen auf Roll-over-Basis möglich. Die Cash-forwardkontrakte werden, weltweit einmalig, ohne festen Verfall abgeschlossen. Die Beendigung eines Kontraktverhältnisses erfolgt durch kurzfristige Einigung der Vertragspartner. Auf einen laufenden Kontrakt wird durch die Börse täglich, je nach Marktlage ein positiver oder negativer Zins (Finanzierungspreis für offene Positionen) verrechnet, der entsprechend entweder vom Käufer oder vom Verkäufer zu entrichten ist.

Werktäglich um 11:00 Uhr, samstags um 10:30 Uhr Ortszeit, findet ein Fixing statt, in dessen Verlauf sowohl der genannte 1-Tages-Roll-Over-Zinssatz als auch der Kassagold-Fixingpreis ermittelt werden. Eine weitere Besonderheit stellt die „Limit and out"-Regel dar: Bei Erreichen eines festgelegten auf- oder abwärtigen Limitausschlages (vom vortäglichen Fixingpreis aus gerechnet) stoppt der Handel und alle offenen Positionen werden zum Limit-Preis liquidiert.

Nach Schätzungen Anfang 1983 betrug der tägliche Umsatz zwischen 150 000 Tael (an ruhigen Tagen) bis zu 1 Million Tael an hektischen Tagen; die Chinese Gold and Silver Exchange gibt den durchschnittlichen Tagesumsatz mit 1 Million Unzen an.[73]

2. Der Goldmarkt in Singapur

Im April 1968 verfügte die Regierung Singapurs die teilweise Aufhebung der bis dahin gültigen Goldhandelsrestriktionen: 7 Banken und 3 Handelsfirmen konnten fortan An- und Verkäufe mit nicht in Singapur Ansässigen sowie mit Goldschmieden tätigen.[74]

Damit begann die Entwicklung eines Marktes für physisches Gold, der sich in den Folgejahren zunehmend ausweitete.[75] So behielt zwar Hongkong auch nach der völligen Goldmarktliberalisierung im Juni 1973 (Goldhandelserlaubnis auch für Inlandsansässige) seine beherrschende Stellung im physischen Goldgeschäft des Fernen Ostens, mußte jedoch Einbußen hinnehmen.[76] Hauptsächlich die Länder Indonesien, Malaysia, Thailand und

[73] Vgl. Neue Zürcher Zeitung, (SC), 7. April 1983; vgl. auch Yeung, Kenneth B. K. —„The Hong Kong Market", a.a.O., S. 94.

[74] Vgl. Juay, Lim Chiap — „The Convenience and Advantages of Gold Trading in Singapore", in: Gold Exchange of Singapore — Annual Report 1981, Singapur 1981, S. 52-54, hier S. 52.

[75] Nicht zuletzt deswegen, weil der Markt das bedeutende Hortungsbedürfnis der Region sowie den Bedarf der Schmuckindustrie befriedigt.

[76] Vgl. Yeung, Kenneth B. K. — „The Hong Kong Market", a.a.O., S. 94.

Philippinen sowie andere naheliegende Länder werden durch den physischen Goldmarkt in Singapur beliefert.

Die völlige Liberalisierung aller Devisengeschäfte in Singapur im Juni 1978 begünstigte nicht nur den physischen Goldhandel „Loco-Hongkong" auf Tael-Basis sowie den „Loco-London"-Handel, sondern auch die Gründung der Gold Exchange of Singapore (GES), an der seit November 1978 in Abschnitt V. I. 2.b) näher beschriebene Goldfutureskontrakte gehandelt werden.

3. Der Tokioter Goldmarkt

Freier Goldimport, -besitz und -vertrieb wurde natürlichen wie juristischen Personen (zunächst mit Ausnahme der Banken) in Japan im April 1973 wieder ermöglicht. Fünf Jahre nach der Aufhebung des Goldimportverbots wurde im April 1978 auch wieder der Export von Gold erlaubt. Im März 1982 erfolgte die Gründung eines Goldfuturesmarkts (vgl. Abschnitt V. I. 2.c)); zum 1. April 1982 erhielten auch die Banken die Erlaubnis, Goldbarren und -münzen im Schalterverkauf zu vertreiben. Schon 1973 wuchsen aufgrund der Marktliberalisierung die primär industriell bedingten[77] Goldimporte auf eine Höhe von 127 Tonnen; 1981 wurde diese Zahl mit 167 Tonnen noch übertroffen.[78]

Aufgrund der Tatsache, daß nun auch Banken Gold vertreiben dürfen, rechnet man für die Zukunft mit weiteren Volumenszuwächsen des physischen Handels, primär bedingt durch zunehmende Aktivitäten privater Investoren.

---

[77] Vgl. Schweizerische Bankgesellschaft — Gold, a.a.O., S. 60.

[78] Zahlenangaben aus: Consolidated Gold Fields — Gold 1982, London, Mai 1982, S. 42.

Kapitel V: Internationale Märkte für Goldfutures und Goldfuturesoptionen

Kapitel V gibt einen Überblick über die internationalen Märkte für Goldfutures und Goldfuturesoptionen. Darüber hinaus liefern die Darstellungen des Kapitels V folgende Grundlagen für den argumentativen Hauptteil der Arbeit in Kapitel VI:

1. Goldfuturesmärkte sind mit der Ausnahme Brasiliens und Australiens (inter)national nicht isoliert; sie bieten vielmehr zahlreiche Möglichkeiten zur Arbitrage untereinander und mit Kassa- bzw. Cash-forwardmärkten.
2. Die U.S.-Goldfuturesmärkte und unter ihnen in erster Linie die COMEX, New York, sowie der IMM, Chicago, sind nach Umsatz bzw. Open Interest die mit Abstand führenden Goldfuturesmärkte weltweit. Ihr Umsatz beträgt zudem ein Vielfaches des Umsatzes der Weltkassamarktzentren London und Zürich.
3. Potentielle Wirkungen der erst seit wenigen Monaten gehandelten Goldfuturesoptionen auf die Schwankungen des Goldkassapreises sind aufgrund der bisher erheblich unter den Umsätzen der Goldfuturesmärkte liegenden Handelsvolumina zu vernachlässigen.
4. Aufgrund der spezifischen Ausgestaltung der Handelskonditionen an den Goldfuturesmärkten ergibt sich ein einfacher Markteintritt für das breite Publikum. Dies hat über Veränderungen der Marktgröße und Marktteilnehmerstruktur Einflüsse auf den Goldspotpreis, die in den Abschnitten VI. III., VI. IV. 2.c) und VI. IV. 3. analysiert werden.
5. Futuresmarkttypische Handelskonditionen wie das tägliche 'marking to market' und damit verbundene eventuelle Margin-Calls bzw. Deckungskäufe/-verkäufe oder Zwangsliquidationen sowie die bei Maximalpreisschwankungslimits bestehenden Unterschiede zwischen Hongkong, London, Singapur einerseits und den übrigen Goldfuturesmärkten andererseits, üben Wirkungen auf den Spotgoldpreis aus, die in den Abschnitten VI. IV. 2.d) u. 3.b) untersucht werden.
6. Hohe Mindestmargins, wie sie z. Z. an der Tokyo Gold Exchange (vgl. Tabelle 27,S. 87) gefordert werden, wirken dämpfend auf die Teilnahme des breiten Publikums und schalten dadurch — bewußt gesteuert — den Hauptfaktor destabilisierenden Einflusses weitgehend aus.

I. Goldfuturesmärkte

Obgleich der International Monetary Market in Chicago im Jahre 1975 noch einen um 3,4 % höheren Goldfuturesumsatz als die COMEX erzielte, tauschten die beiden Börsen die Führungsrolle in den Folgejahren. Im Jahre 1981 wurden an der COMEX 78 %, am IMM im Vergleich dazu nur noch 18 % des gesamten U.S.-Goldfuturesvolumens abgewickelt (vgl. Tabelle 1, S. 18).

Der Markt für Goldfutures an der Commodity Exchange New York hat sich somit seit Handelsbeginn am 31. Dezember 1974 zum weltweit größten seiner Art entwickelt.

Die Umsatzvolumina anderer ausländischer Futuresmärkte nehmen sich im Vergleich zum Jahresumsatz der COMEX und des IMM (1981: etwa 40 100 Tonnen mit einem Marktwert von über 500 Mrd. U.S.-$)[1] verschwindend gering aus. So erreichte der weltweit drittbedeutendste Goldfuturesmarkt, Hongkong Commodity Exchange, im Jahre 1981 „nur" einen Umsatz von 101,8 Tonnen[2] mit einem Marktwert von U.S.-$ 1,619 Mrd.[3]

Teilweise noch beträchtlich darunter liegen die Umsätze der übrigen Welt-Goldfuturesbörsen wie beispielsweise am ältesten Goldfuturesmarkt in Winnipeg (1981: 1,27 Tonnen)[4].

Tabelle 14 bietet einen Überblick über alle Goldfuturesmärkte weltweit und die dort gehandelten Kontraktgrößen und -monate. Weiterhin enthält sie Angaben über die Notationswährungen, den Handelsbeginn einzelner Börsen sowie die Handelszeiten in MEZ.

Nähere Einzelheiten zu Handelsregeln und -usancen können den nachfolgenden Beschreibungen der einzelnen Märkte entnommen werden.

---

[1] Vgl. Commodity Exchange — Options on COMEX Gold Futures, a.a.O., S. 13.

[2] 32.740 Kontrakte à 100 oz., Quelle: Hongkong Commodity Exchange und eigene Berechnungen.

[3] Quelle: Hongkong Commodity Exchange.

[4] Quelle: Winnipeg Commodity Exchange und eigene Berechnungen: Der Gold-Futuresumsatz setzt sich wie folgt zusammen: Vom 1.1. - 6.2. (letzter Handelstag) 127 100-oz.-Kontrakte, vom 9.2. - 31.12.81 1 407 20-oz.-Kontrakte, zusammen 40 840 oz. = 1,27 Tonnen.

Tabelle 14: Internationale Goldfuturesbörsen[1]

Land	Abweichung von GMT / MEZ in Std.	Börse	Kontraktgröße	Handelsmonate	Notationswährung	Handelsbeginn	Handelszeiten in M E-Z
USA	-6 / -7	Chicago Board of Trade (CBOT)	1 Kilo[2)] 100 oz.	Spot + 2,4,6,8,10,12	US-$/gr. US-$/oz.	Apr. 1983 Dez. 1974	15:00-20:30
	-6 / -7	International Monetary Market (IMM)	100 oz.	Spot + 1,3,4,6,7,9,10,12	US-$/oz.	Dez. 1974	15:05-21:00
	-6 / -7	MidAmerica Commodity Exchange (MACE)	33,2oz.	Spot + ff. Monate bis zu Ø 1 Jahr	US-$/oz.	Dez. 1974	15:00-20:40
	-5 / -6	Commodity Exchange N.Y. (COMEX)	100 oz.	Spot + ff. 2 Mon. + 2,4,6,8,10,12	US-$/oz.	Dez. 1974	15:00-21:00
KANADA	-6 / -7	Winnipeg Commodity Exchange (WCE)	20 oz.	3,6,9,12	US-$/oz.	Nov. 1972	15:25-20:30
BRASILIEN	-3 / -4	Bolsa de Mercadorias de Sao Paulo	1 Kilo[3)] 250 gr.	2,4,6,8,10,12	Cr$/gr.	Jul. 1981 Dez. 1982	15:30-16:20 18:30-19:40
ENGLAND	0 / -1	London Gold Futures Market (LGFM)	100 oz.	Spot + ff. 6 Mon.	US-$/oz.	Apr. 1982	10:30-13:10 15:00-17:40
SINGAPUR	+7 / +6	Gold Exchange of Singapore (GES)	100 oz. 1 Kilo	Spot + Folgemon.+ 2,4,6,8,10,12	US-$/oz. US-$/gr.	Nov. 1978 Jun. 1980	4:00-06:30 10:30-12:30
HONGKONG	+8 / +7	Hong Kong Commodity Exchange (HKCE)	100 oz.	Spot + 2,4,6,8,10,12	US-$/oz.	Aug. 1980	2:00-05:30 7:30-10:30
JAPAN	+9 / +8	Tokyo Gold Exchange (TGE)	1 Kilo	Spot + ff. 5 Mon.	Yen/gr.	Mär. 1982	1:10, 2:30, 3:30 5:10, 6:30, 7:45
AUSTRALIEN	+10 / +9	Sydney Futures Exchange (SFE)	50 oz.	Spot + 3,6,9,12	A-$/oz.	Apr. 1978	1:30-03:30 5:00-07:00

Quellen: diverse; vgl. Text. — 1) Stand: Frühjahr 1983. — 2) noch bis einschließlich Juni 1983. — 3) noch bis einschließlich Dezember 1983.

1. Die nordamerikanischen Goldfuturesmärkte

a) Commodity Exchange New York

Zum 31. 12. 1974 nahm die Commodity Exchange New York den Handel in 100-oz.-Goldfutureskontrakten in mindestens 995/1000 feinem Gold[5] auf, der bis heute fortbesteht. Von 9.00 bis 15.00 Uhr[6] New Yorker Ortszeit werden börsentäglich folgende Kontraktmonate gehandelt: laufender Monat, die folgenden 2 Monate sowie die Monate Februar, April, Juni, August, Oktober und Dezember bis zu 23 Monaten in die Zukunft. — Zeitweilig war es möglich, Goldfutureskontrakte bis zu 30 Monaten im voraus zu handeln. Die COMEX beschränkte diese Frist indes auf z. Z. 23 Monate um die Handelsaktivität auf weniger Monate zu konzentrieren, "which improves market liquidity and avoids price distortions".[7]

Die Mindestpreisfluktuation beträgt 10 Cent/oz. oder $ 10,-/Kontrakt, das tägliche Preisschwankungslimit $ 25,-, jeweils bezogen auf den Settlementpreis eines bestimmten Kontraktmonats vom Vortag. Wird in einem oder mehreren Kontraktmonaten das $ 25,-Limit erreicht („Limit-Tag"), pausiert der Handel bis zur nächsten Börsensitzung. Falls auch am darauffolgenden (2.) Tag das $ 25,-Limit erreicht wird, tritt ab dem 3. Tag ein variables Limit-System mit zunächst 150 % des normalen Limits in Kraft. Wird dieses am 3. Tag durch die Preisbewegung voll ausgeschöpft, gilt am 4. Tag ein 200 %-iges Normallimit ($ 50,-), das im Falle ständiger Erreichung erhalten bleibt. Entsprechend vollzieht sich bei geringer werdenden Preisausschlägen eine graduelle Rückführung zum Normallimit.[8]

Mit Ausnahme der Futuresbörsenplätze London, Singapur und Hongkong wenden alle Goldfuturesmärkte das gleiche variable Limitsystem an.

Der jeweils laufende Handelsmonat ist wie allgemein üblich von den Limitbestimmungen ausgenommen:

Dies rührt daher, daß theoretisch während sämtlicher Handelstage des Spotmonats die Lieferung physischer Ware durch und auf Initiative des Short angedient werden kann, so daß der Spotmonat ein ständiges potentielles Substitut für physische Ware (deren Preis keinen Limits unterliegt) darstellt.

---

[5] 100 oz. + /- 5 % in 1 Barren oder in 3 Kilobarren einer anerkannten Schmelzerei.

[6] Seit dem 20.11.1982; vgl. Handelsblatt gleichen Datums; die Anpassung der bis dahin geltenden Handelszeiten von 9:30-14:30 erfolgten aufgrund einer vom International Monetary Market (IMM), Chicago, ergriffenen Initiative.

[7] COMEX — Gold Futures, New York, Februar 1982, S. 6.

[8] Vgl. Rule 5 der COMEX-Rules in: COMEX — Gold By-Laws and Gold Rules, New York, o. J. (1982).

Nur bestimmte von der COMEX lizensierte Lagerhäuser sind zum Zwecke der Lieferung zugelassen. Physische Lieferungen zum Zwecke der Kontraktliquidierung machen allerdings nur einen sehr geringen Teil des Goldfuturesumsatzes aus (im Jahre 1981 betrug der Lieferanteil 1,05 %).[9] Tabelle 15 gibt die Zahl der an der COMEX gelieferten Kontrakte zu je 100 Feinunzen seit Handelsbeginn bis zum Jahre 1981 wieder.

Tabelle 15: Zahl der durch physische Lieferung liquidierten COMEX-Goldfutureskontrakte

	1975	1976	1977	1978	1979	1980	1981
Jan.	237	318	15	257	263	10.770	5.501
Feb.	334	1.099	693	5.526	4.474	16.076	16.553
Mär.	423	170	42	160	216	5.658	4.558
Apr.	1.492	1.661	1.003	6.290	8.267	9.616	15.602
Mai	117	35	15	101	1.390	2.486	3.224
Jun.	1.552	1.130	1.342	9.467	10.031	16.004	19.094
Jul.	146	62	58	263	367	3.927	4.371
Aug.	2.855	1.043	3.093	3.247	10.368	14.619	16.871
Sep.	664	58	9	73	2.077	7.598	2.373
Okt.	2.117	422	797	2.170	7.810	11.658	7.766
Nov.	26	2	6	1.015	130	4.274	2.356
Dez.	1.279	1.446	9.257	9.959	9.042	31.589	11.046
Summe	11.242	7.446	16.330	38.528	54.435	134.315	109.315

Quelle: Commodity Exchange New York.

Seit dem 6. März 1978 wurden alle fixen Kommissionen abgeschafft; letztere sind seitdem zwischen Kunde und Broker frei vereinbar. Dies gilt auch für die beim Broker vom Kunden zu hinterlegenden Einschüsse, wobei die COMEX allerdings, wie die anderen Goldfuturesbörsen, Mindesteinschüsse vorschreibt, die nicht unterschritten werden dürfen und laufend der Marktlage angepaßt werden (vgl. die Entwicklung vorgeschriebener Mindest-Margins für spekulative-, Arbitrage- und Hedgingpositionen in Abschnitt VI. IV. 3.a)).

[9] Quelle: Commodity Exchange New York und eigene Berechnungen.

Tabelle 16: Handelsvolumen in Goldfutureskontrakten an der Commodity Exchange New York

	1974	1975	1976	1977	1978	1979	1980	1981
Jan.	--	.	44.644	70.596	230.637	607.669	829.267	943.571
Feb.	--	.	27.072	42.100	170.931	506.821	378.290	708.666
Mär.	--	.	31.349	88.707	267.707	386.234	560.014	994.522
Apr.	--	.	18.252	57.064	176.555	335.856	316.053	695.716
Mai	--	.	38.196	49.352	176.596	557.925	391.216	782.583
Jun.	--	.	32.668	51.312	162.498	527.903	652.733	780.342
Jul.	--	.	25.835	42.840	202.637	600.972	747.225	836.462
Aug.	--	.	22.259	45.530	411.406	591.285	460.472	862.093
Sep.	--	.	37.453	61.801	374.400	594.496	839.478	1.063.449
Okt.	--	.	29.031	142.152	460.553	552.793	863.537	768.959
Nov.	--	.	85.103	184.853	550.604	565.454	938.444	886.825
Dez.	2.550	.	87.501	145.244	557.854	714.485	1.024.681	1.050.518
Summe	2.550	393.517	479.363	981.551	3.742.378	6.541.893	8.001.410	10.373.706

Quelle: Monatsdaten der Jahre 1977-81 sowie Jahresgesamtumsatzziffern für 1974-76; Commodity Exchange — Statistical Yearbooks 1977-81; Monatsdaten für 1976: Angaben der COMEX; Monatsdaten für 1975: nicht verfügbar.

b) International Monetary Market, Chicago

Handelsbeginn war wie an den anderen U.S.-Goldfuturesbörsen der 31. Dezember 1974. Handelszeiten (8.05-14.00 Uhr Chicagoer-, bzw. 9.05-15.00 Uhr New Yorker Ortszeit)[10], Kontraktgröße (100 oz.), Metallqualität (mindestens 0,995 fein) und Mindestpreisfluktuation (10 ¢) stimmen mit den Konditionen an der COMEX überein.

Seit dem 1. Mai 1980 wurde zusätzlich zu dem bis dahin gehandelten vierteljährlichen Kontraktmonatszyklus (März, Juni, September und Dezember) ein zweiter vierteljährlicher Kontraktmonatszyklus der Monate Januar, April, Juli und Oktober eingeführt. Somit sind „reguläre" Handelsmonate derzeit die Monate 1, 3, 4, 6, 7, 9, 10, 12 (bis zu 15 Monaten im voraus). Die verbleibenden („interim") Monate 2, 5, 8, 11 werden jeweils als Spotmonate ab dem ersten Geschäftstag des Vormonats zum Handel notiert.[11]

Vom 19. September 1979 bis zum 21. Januar 1980 galt ein tägliches Preisschwankungslimit von +/− $ 25,— (vorher $ 10,— bzw. $ 5,—) wie derzeit noch an der COMEX. Seit dem 21. 1. 1980 beträgt nunmehr das Limit $ 50,-. Zusätzlich gibt es das gleiche variable Limitsystem wie an der COMEX (maximal 200 %iges Normallimit), so daß unter entsprechenden Bedingungen die maximalen täglichen Preisausschläge in einem bestimmten Kontraktmonat +/− $ 100,—, gerechnet vom Settlement-Preis des Vortages, ausmachen dürfen.

Tabelle 17: Zahl der durch physische Lieferung liquidierten IMM-Goldfutureskontrakte

	1975	1976	1977	1978	1979	1980	1981
Jan.	44	-	-	-	-	1.504	41
Feb.	15	-	-	-	-	171	-
Mär.	743	599	1.300	5.075	7.503	5.340	3.652
Apr.	7	4	-	-	-	137	126
Mai	-	-	-	-	5	178	-
Jun.	647	261	2.860	6.854	3.876	4.706	3.120
Jul.	7	2	-	-	-	78	156
Aug.	1	-	-	2	-	7	351
Sep.	1.307	656	557	4.688	5.998	4.718	2.989
Okt.	60	16	-	-	6	247	592
Nov.	-	-	-	1	-	207	54
Dez.	618	240	4.209	4.752	4.395	5.253	1.046
Summe	3.449	1.778	8.926	21.372	21.783	22.546	12.127

Quelle: International Monetary Market — 1981 Yearbook, a.a.O., S. 323.

[10] Seit dem 22.11.1982; vgl. Handelsblatt vom 22.11.1982.

[11] Vgl. International Monetary Market — 1981 Yearbook, Chicago 1982, S. 49.

Tabelle 18: Handelsvolumen in Goldfutureskontrakten am International Monetary Market Chicago

	1974	1975	1976	1977	1978	1979	1980	1981	1982
Jan.	--	36.042	41.961	34.762	191.096	374.564	215.806	266.646	128.655
Feb.	--	26.113	28.772	38.355	143.693	397.232	141.565	210.301	103.369
Mär.	--	21.243	22.269	83.142	227.074	273.821	136.396	244.564	174.103
Apr.	--	27.884	18.250	58.047	167.546	267.034	104.419	192.145	153.407
Mai	--	33.824	18.817	42.586	152.556	372.691	108.955	228.628	84.307
Jun.	--	28.450	20.466	47.770	176.425	297.740	195.639	231.108	122.228
Jul.	--	35.046	21.857	42.551	189.676	319.124	226.988	231.494	117.956
Aug.	--	39.285	23.924	50.432	370.903	391.126	175.672	207.900	122.613
Sep.	--	43.631	35.470	64.494	293.021	238.048	340.128	242.219	147.931
Okt.	--	40.556	22.901	159.839	328.663	228.422	300.813	158.279	150.655
Nov.	--	40.608	47.430	173.053	307.346	170.925	275.682	157.831	135.828
Dez.	2.131	34.286	38.804	113.149	264.871	228.233	321.356	147.320	92.414
Summe	2.131	406.968	340.921	908.180	2.812.870	3.558.960	2.543.419	2.518.435	1.533.466

Quelle: International Monetary Market — Yearbook 1981, S. 323 sowie Angaben des IMM (Daten für 1982).

Schaubild 4: Monatsendstände offener Goldfuturespositionen sowie monatliche Umsätze am IMM, Chicago

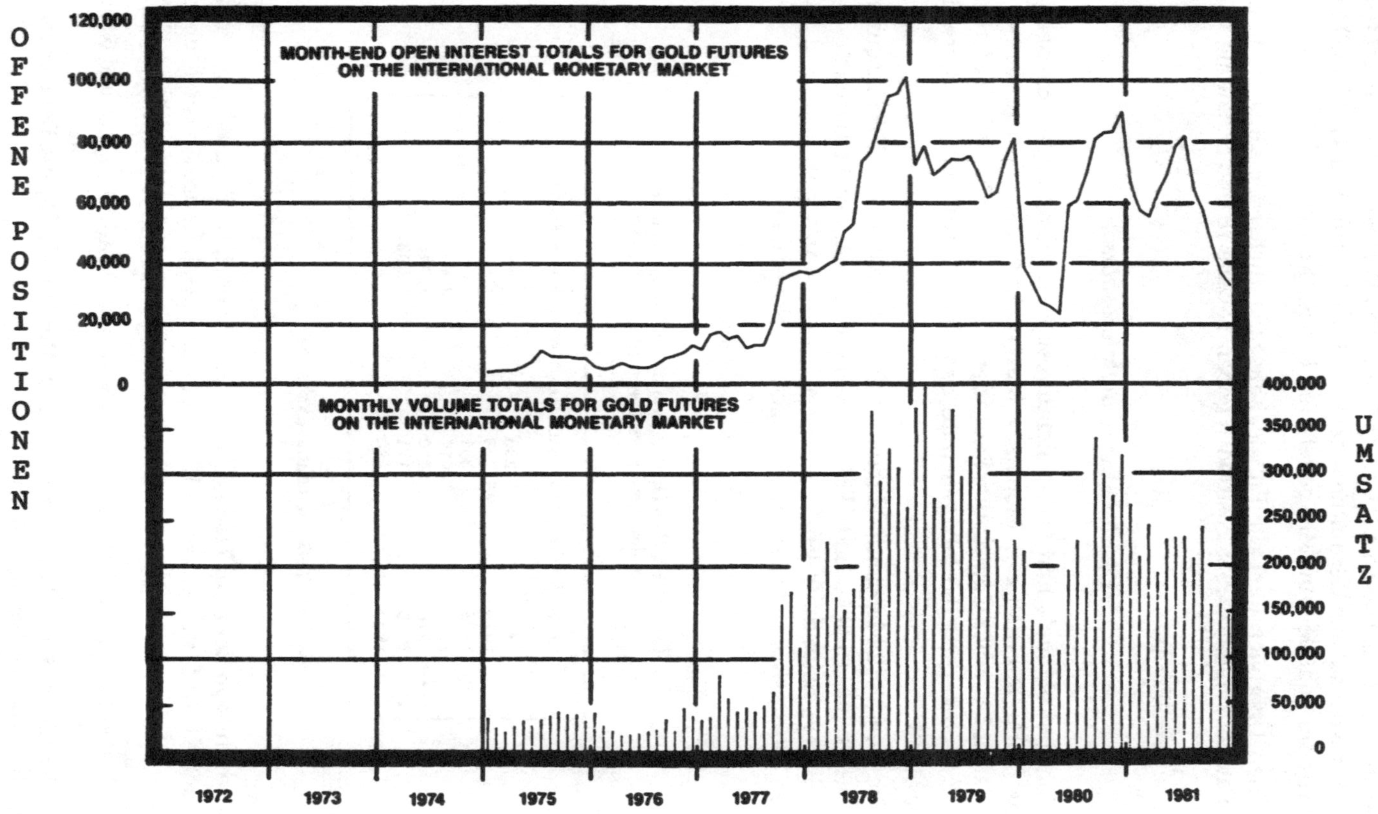

Quelle: entnommen aus: International Monetary Market — 1981 Yearbook, a.a.O., S. 553.

Ähnlich niedrig wie an der COMEX liegt das Verhältnis effektiver Lieferung bezogen auf den Gesamtumsatz (1981: 0,48 %, 1980: 0,89 %).[12] Tabelle 17 enthält die Zahl der am IMM gelieferten 100-oz.-Kontrakte.

Einen Überblick über die Entwicklung monatlicher Umsätze sowie der Monatsendzahlen offener Positionen geben Tabelle 18 und Schaubild 4.

c) Andere U.S.-Goldfuturesbörsen

Von den ehemals fünf U.S.-Goldfuturesbörsen (Commodity Exchange/ New York, International Monetary Market/Chicago, Chicago Board of Trade, MidAmerica Commodity Exchange/Chicago und New York Mercantile Exchange) hat die letztgenannte den Goldfutureshandel mittlerweile eingestellt.

Die New York Mercantile Exchange (NYME), die bereits 1979 insgesamt nur noch 704, 1980 10 und 1981 gar keine Kontrakte mehr umsetzte (vgl. Tabelle 19), hatte Ende 1974 mit einem 1-Kg-Kontrakt begonnen und 1977 einen 400-oz.-Kontrakt hinzugefügt (seit 14. November).[13]

Tabelle 19: Handelsvolumen in Goldfutureskontrakten an der New York Mercantile Exchange

Jahr	1-Kilo-Kontrakt	400-oz.-Kontrakt
1974	1.230	--
1975	36.733	--
1976	2.351	--
1977	1.017	2.633
1978	620	2.748
1979	171	533
1980	10	--

Quelle: New York Mercantile Exchange.

Die Chicago Board of Trade (CBOT), an der noch heute Gold auf Termin gehandelt wird, startete Ende 1974 mit einem Goldfutureskontrakt über 3 Kg.

[12] Quelle: International Monetary Market — 1981 Yearbook, a.a.O. und eigene Berechnungen.

[13] Der 400-oz.-Kontrakt lief als erster, Ende Dezember 1979, aus. Der Handel im 1-Kg.-Kontrakt endete Ende Januar 1980.

Tabelle 20: Handelsvolumen in Goldfutureskontrakten an der Chicago Board of Trade

Jahr	3-Kilo-Kontrakt	100-oz.-Kontrakt
1974	1.143	--
1975	55.304	--
1976	10.940	--
1977	13.758	--
1978	56.470	--
1979	12.844	97.509
1980	78	71.401
1981	--	14.749.

Quelle: Chicago Board of Trade.

Diesem fügte sie ab 20. Februar 1979 den noch bis einschließlich Juni 1983 gehandelten 100-oz.-Kontrakt hinzu. Der „alte" 3-Kg.-Kontrakt lief bereits vorher, im Jahre 1980, aus (vgl. die Umsätze in „alten" und „neuen" Kontrakten in Tabelle 20).

Seit dem 12. April 1983 gibt es nunmehr neben dem noch bis Juni 1983 gehandelten 100-oz.-Kontrakt einen 1-Kg-Kontrakt[14], der ab Juli 1983 der einzige an der CBOT gehandelte Goldfutureskontrakt sein wird. Die Rege-

Tabelle 21: Zahl der durch physische Lieferung liquidierten CBOT-Goldfutureskontrakte

	1975	1976	1977	1978	1979		1980		1981
	3 kg.	3 kg.	3 kg.	3 kg.	3 kg.	100oz.	3 kg.	100oz.	100 oz.
Jan.	72	146	39	175	263	--	18	47	--
Feb.	72	1	3	4	--	--	--	392	145
Mär.	389	99	33	542	171	--	4	122	21
Apr.	12	6	7	61	--	25	--	120	91
Mai	350	141	54	265	88	--	7	4	--
Jun.	76	7	4	317	--	158	--	311	87
Jul.	410	261	43	255	28	--	5	3	2
Aug.	42	3	2	51	--	269	--	121	106
Sep.	329	160	51	257	--	261	--	66	6
Okt.	8	--	1	3	--	67	--	54	16
Nov.	256	72	65	201	--	4	--	--	4
Dez.	74	30	28	199	--	445	--	300	24
Summe	2.090	926	330	2.330	550	1.229	34	1.540	502

Quelle: Chicago Board of Trade — Statistical Annuals und eigene Berechnungen.

[14] Vgl. Chicago Board of Trade — 1 Kilo Gold Futures, April 1983.

lungen über Metallqualität und Mindestpreisfluktuation des auslaufenden 100-oz.- und des neuen 1-Kilo-Kontrakts stimmen mit denen der COMEX, bzw. des IMM überein. Die Handelszeit erstreckt sich von 8.00-13.30 Uhr CST, das Preisschwankungslimit liegt derzeit bei $ 50,- (variables Limit maximal $ 75,-/oz.). Handelsmonate sind der jeweilige Spotmonat, die folgenden 2 Monate sowie Februar, April, Juni, August, Oktober und Dezember bis zu etwa 1 ½ Jahren im voraus.

Der Anteil physischer Lieferungen am Umsatz betrug an der CBOT in den Jahren 1980 und 1981 2,15 % bzw. 3,4 %.[15]

Neben der Chicago Board of Trade ist die zweite kleinere und drittbedeutendste der noch heute operierenden Goldfuturesbörsen der Vereinigten Staaten die MidAmerica Commodity Exchange, Chicago.

Sie begann mit einem 1-Kg-Kontrakt, der im Jahre 1978 durch den noch heute gehandelten 33,2-oz.-Kontrakt[16] ersetzt wurde (damals der kleinste weltweit handelbare Goldfutureskontrakt; die Winnipeg Commodity Exchange läßt allerdings seit Februar 1981 den Handel in 20-oz.-Kontrakten zu; vgl. unten). Die Handelszeit läuft von 8.00 bis 13.40 Uhr[17] CST, die Mindestmetallqualität beträgt wie an den anderen U.S.-Goldfuturesbörsen 0,995, die Gewichtstoleranzspanne lieferbarer Barren liegt zwischen 31 und 36,52 Feinunzen. 2 1/2 Cents/oz. (83 Cents je Kontrakt) macht die Mindestpreisfluktuation aus, $ 50,-/oz. ($ 1 660 je Kontrakt) das tägliche maximale Preisschwankungslimit (Steigerung um 50 % am dritten Tag sukzessiver Limit-up/down-Konstellationen in 3 oder mehr Handelsmonaten).

Tabelle 22: Handelsvolumen in Goldfutureskontrakten an der MidAmerica Commodity Exchange, Chicago

1974	1975	1976	1977	1978*	1979	1980	1981
421	6.872	2.573	2.650	45.153*	200.363	447.494	469.460

* = im Jahre 1978 ersetzte die MACE ihren 1-Kilo- durch den heutigen 33,2-oz.-Kontrakt

Quelle: Consolidated Gold Fields — Gold 1982, London, Mai 1982, S. 59.

[15] (100-oz.-Kontrakt); Quelle: Tabellen 20, 21 und eigene Berechnungen.

[16] Vgl. MidAmerica Commodity Exchange — MiniContracts in Precious Metals, Chicago, o.J.

[17] Am letzten Handelstag eines auslaufenden Futuresmonats endet die Handelszeit bereits um 12:40 Uhr Central Time.

Handelsmonate sind neben dem jeweiligen Spotmonat alle Monate bis zu generell 1 Jahr in die Zukunft. März, Juni, September und Dezember stellen die am häufigsten gehandelten Monate dar.

Gewöhnlich liegen die Einschußforderungen für die Gold-„Mini-kontrakte" der MACE proportional unter denen der anderen U.S.-Goldfuturesbörsen.[18]

d) Winnipeg Commodity Exchange

Zum 15. November 1972 eröffnete die Winnipeg Commodity Exchange den weltweit ersten Goldfuturesmarkt, zunächst mit einem Kontrakt über 400 Feinunzen, der jedoch Ende Juni 1980 auslief.

Tabelle 23: Handelsvolumen in Goldfutureskontrakten an der Winnipeg Commodity Exchange

Jahr	400-oz.-Kontrakt 1)	100-oz.-Kontrakt 2)	20-oz.-Kontrakt 3)
1972	686	--	--
1973	13.872	--	--
1974	81.391	28.280	--
1975	52.080	18.552	--
1976	15.220	3.679	--
1977	14.848	646	--
1978	12.128	622	--
1979	2.506	3.641	--
1980	191	1.511	--
1981	--	127	1.407

1) vom 15.11.72 - 30.6.80; 2) vom 10.6.74 - 6.2.81; 3) seit 9.2.81

Quelle: Winnipeg Commodity Exchange und eigene Berechnungen.

Parallel zum 400-oz.-Kontrakt war es vom 10. Juni 1974 bis zum 6. Februar 1981 möglich, auch Transaktionen in 100-oz.-Kontrakten abzuschließen. Seit dem 9. Februar 1981 existiert nunmehr ausschließlich der Handel in U.S.-$-notierten 20-oz.-Kontrakten. In der Handelszeit von 8.25-13.30 Uhr Central Time werden die Monate März, Juni, September und Dezember bis zu 15 Monaten in die Zukunft gehandelt. Mindestfeingoldgehalt, Preisquotierung und Mindestpreisfluktuation stimmen mit den Gegebenheiten an den großen U.S.-Börsen überein.

[18] Vgl. MidAmerica Commodity Exchange — MiniContracts . . ., a.a.O.

Die folgende Tabelle 24 faßt noch einmal alle inzwischen obsoleten Goldfutureskontrakte Nordamerikas zusammen (alle derzeitigen Goldfuturesmärkte weltweit sind dagegen in Tabelle 14, S. 71 aufgelistet).

Tabelle 24: Obsolete Goldfutureskontrakte Nordamerikas

Land	Börse	Abweichung von GMT / MEZ in Std.	Kontraktgröße	letztgültige Handelsmonate	Quotierung u. Mindestfluktuation	Einführungs-/ Einstellungsjahr
Kanada	Winnipeg Commodity Exchange	-6 / -7	400 oz.	Jan., Apr., Jul., Okt.	US-$ / 20 ¢ je Feinunze	1972/1980
			100 oz.	Feb., Mai, Aug., Nov.	US-$ / 20 ¢ je Feinunze	1974/1981
U S A	Chicago Board of Trade	-6 / -7	3 kg.	Mär., Mai, Jul., Sep., Dez.	US-$ / 10 ¢ je Feinunze	1974/1979
	Midamerica Commodity Exchange, Chicago	-6 / -7	1 kg.	Mär., Jun., Sep., Dez.	US-$ / 10 ¢ je Feinunze	1974/1978
	New York Mercantile Exchange	-5 / -6	1 kg.	Jan., Mär., Mai, Jul., Sep., Dez.	US-$ / 10 ¢ je Feinunze	1974/1980
			400 oz.	Jan., Mär., Mai, Jul., Sep., Dez.	US-$ / 10 ¢ je Feinunze	1977/1979

Quellen: diverse; vgl. Text.

2. Die Goldfuturesmärkte außerhalb Nordamerikas

a) Hongkong

Neben den beiden o. g. Kassa- und Cash-forwardmärkten für Gold, dem „Loco-London"-Markt sowie der Chinese Gold and Silver Exchange (CGSE) gibt es in Hongkong zwei Goldfuturesmärkte, den „Loco-COMEX"- sowie den Goldfuturesmarkt an der Hong Kong Commodity Exchange (HKCE).

Der „Loco-COMEX"-Markt stellt eine durch internationale Händler in Hongkong während Hongkonger Handelsstunden bereitgestellte Möglichkeit dar, Abschlüsse in den aktiven COMEX-Goldfuturesmonaten zu tätigen.[19] Die auf bid-/ask-Basis gehandelten Kontrakte können bestehende

[19] Vgl. Yeung, Kenneth B. K. — „The Hong Kong Market", a.a.O., S. 92.

COMEX-Goldfuturespositionen glattstellen, was für den Handelswilligen nicht nur unter Zeitzonenerwägungen interessant ist, sondern auch und besonders während bewegterer Marktphasen[20] mit Limit-up/down-Bewegungen an der COMEX, da der Hongkonger „Loco-COMEX"-Markt keine Limits oder sonstige regulatorische Kontrollen kennt, ansonsten aber mit den an der COMEX geltenden Handelsregeln und -praktiken übereinstimmt. Während der „Loco-COMEX"-Markt zunächst nur von Händlern im Fernen Osten genutzt wurde, engagieren sich seit einiger Zeit zunehmend auch amerikanische Marktpartizipanten.

Die im Jahre 1976 gegründete Hong Kong Commodity Exchange (HKCE) nahm am 19. August 1980 den Handel in Goldfutureskontrakten auf.[21] Wie an den großen U.S.-Goldfuturesbörsen erfolgen die Umsätze per "open outcry" in U.S.-$-notierten 100-oz.-Kontrakten. Die Handelssitzungen finden montags bis freitags von 9.00-12.30 und 14.30-17.30 Uhr Ortszeit (GMT + 8 Std., MEZ + 7 Std.) statt.

Ebenso wie die Kontraktgröße stimmen auch die Anforderungen an den Mindestfeinheitsgrad (0,995)[22] sowie die Höhe der Mindestpreisschwankungen (10 ¢) mit den Verhältnissen an der COMEX überein. Gehandelte Liefermonate sind ebenso wie an der COMEX neben dem jeweiligen Spotmonat die Monate 2, 4, 6, 8, 10 und 12. Wird das tägliche Preisschwankungslimit, das U.S.-$ 40,- beträgt, erreicht, erfolgt keine Handelsunterbrechung wie an den U.S.-Börsen für den gesamten Rest der Handelssitzung, sondern lediglich für 30 Minuten. Im Anschluß daran, setzt sich der Handel ohne weitere Limits bis zum Schluß der Börsensitzung fort.[23]

Die Lieferung physischen Goldes, loco-London, kann bei Auslaufen eines Goldfutureskontrakts — je nach Wahl des „Short" — vom 23. bis zum letzten Geschäftstag des Liefermonats erfolgen.

Für die ordentliche Abwicklung aller Transaktionen zeichnet, nach amerikanischem Muster ein Clearing-House, das International Commodities Clearing House Hong Kong, verantwortlich.

In den Jahren 1980 und 1981 wurden an der HKCE Goldfutureskontrakte im Wert von U.S.-$ 1 761,5 Mio. bzw. 1 619,5 Mio. umgesetzt.[24]

---

[20] Allerdings „it is worth noting that in an erratic market situation the dealers can decline to quote." aus : derselbe, ebenda, S. 92.

[21] Vgl. Hong Kong Commodity Exchange — „Rules for Gold" und „Administrative Procedures for Gold", o.J. (1982).

[22] Effektive Lieferung kann, abweichend von den COMEX-Bestimmungen, nicht nur in 100-oz.- oder 1-Kg.-Barren, sondern auch in 50-oz.-Barren erfolgen.

[23] Vgl. Hong Kong Commodity Exchange — „Gold Futures", Hongkong, o.J.

[24] Quelle: Hong Kong Commodity Exchange.

Tabelle 25: Handelsvolumen in Goldfutures-kontrakten an der Hong Kong Commodity Exchange

	1980	1981
Jan.	--	3.950
Feb.	--	3.513
Mär.	--	5.866
Apr.	--	3.308
Mai	--	2.890
Jun.	--	3.862
Jul.	--	2.390
Aug.	2.533[1)]	1.735
Sep.	6.492	1.945
Okt.	6.386	1.127
Nov.	5.759	920
Dez.	5.504	1.234
Summe	26.674	32.740

1) Handelsbeginn: 19. August 1980

Quelle: Hong Kong Commodity Exchange und eigene Berechnungen.

Im Verhältnis dazu sind die Schätzungen[25] zur Zeit der Aufnahme des HKCE-Goldfutureshandels interessant, nach denen der von Hongkonger Händlern verursachte Umsatzanteil am Goldgeschäft Singapurs zwischen 40 und 60 %, sowie 20 bis über 30 % des Goldfuturesgeschäfts der COMEX und des IMM ausmachte.

b) Singapur

Nach der vollen Liberalisierung des Devisengeschäfts im Juni 1978 gründeten 5 Banken und 5 Kautschukbroker die Gold Exchange of Singapore (GES), die am 22. November 1978 ihren Betrieb aufnahm und wie die Hong Kong Commodity Exchange als internationaler Handelsplatz konzipiert wurde.

Der Handel findet montags bis freitags zwischen 10.00-12.30 Uhr und 14.30-16.30 Uhr Ortszeit (GMT + 7, MEZ + 6 Std.) statt.[26] Die GES bietet derzeit Gelegenheit zum Handel in zwei Goldfutureskontrakten: Der Handelsstart erfolgte mit dem noch heute aktiven 100-oz.-Kontrakt, dem am 16.

---

25 Vgl. Blick durch die Wirtschaft vom 7. Mai (re) und 20. August 1980 (o. V.) sowie Hargreaves, Alan — „Futures: Hong Kong Goes for Gold“, in: Asian Business, Vol. 16, Juni 1980, S. 22-29, hier S. 26.

26 Vgl. Juay, Lim Chiap — „The Convenience and Advantages of Gold Trading in Singapore“, in: Gold Exchange of Singapore — Annual Report 1981, Singapore 1981, S. 52-54; vgl. auch Neue Zürcher Zeitung vom 19. April 1982.

Juni 1980 ein 1-Kg.-Kontrakt hinzugefügt wurde "to cater for those who want to invest in gold but who consider 100 troy ounce contracts too risky and expensive."[27]

Mit Ausnahme der Kontraktmenge gelten für beide Kontrakte die gleichen Handelsmechanismen: Der Mindestfeinheitsgehalt der U.S.-$-notierten Kontrakte beträgt 0,9999, die Mindestpreisschwankung 10 Cents/oz. ($ 10,-/100-oz.-Kontrakt). Gehandelte Futuresmonate sind neben dem jeweiligen Liefermonat der Folgemonat und alle geraden Monate bis zu 10 Monaten im voraus. Das tägliche Preislimit macht $ 25,- aus. Wird dies erreicht, so pausiert der Handel für 1 Std. und setzt sich danach mit neuem Limit fort.

Gegenwärtig gelten ausschließlich Goldzertifikate von 5 Banken: der Development Bank of Singapore, der Overseas Chinese Banking Corporation, der Overseas Union Bank, United Overseas Bank und der Bank of Nova Scotia, die eine bestimmte Goldqualität garantieren, als akzeptable Lieferung.

Mit Ausnahme der Zeit extremer Goldpreisschwankungen zum Jahreswechsel 1979/80 (höchster Umsatz mit 1 104 100-oz.-Kontrakten am 19. Dezember 1979) hatte die GES nur bescheidene Umsätze im 100-oz.-Kontrakt zu verzeichnen (etwa durchschnittlich 100-200 Kontrakte täglich). Das Fallen der Umsätze war der Anlaß für die o. g. Ergänzung des GES-Goldfuturesmarkts durch einen 1-Kg.-Kontrakt. In der Folgezeit stiegen an der GES dann auch die Umsätze in Goldfutureskontrakten.[28]

Nach Geschäftsschluß der GES um 16.30 Uhr Ortszeit bleiben die meisten GES-Mitglieder noch im Markt um am inoffiziellen „Loco-London"-, „Loco-COMEX"-Handel (wie in Hong Kong; vgl. oben) und am GES-Freiverkehr teilzunehmen. Diese inoffiziellen Märkte geben Brokerkunden die Möglichkeit, während der Nacht neue Positionen einzugehen und/oder bestehende zu liquidieren.

Brokertransaktionen schlagen sich nur dann in tatsächlichen (z. B. COMEX-) Engagements nieder, wenn die Brokerkunden auf Käufer und Verkäuferseite sehr unterschiedlich stark vertreten sind. Ansonsten kaufen/verkaufen die Broker COMEX-Kontrakte zu ihrem jeweiligen bid/offer-Preis ohne eine Börsentransaktion durchzuführen.

Die Bedeutung des inoffiziellen „Loco-COMEX"-Markts zeigt sich daran, daß nach Schätzungen im Frühjahr 1982 in dieser Zeit nur etwa 10 % aller in Singapur gehandelten Goldfutures an der GES abgewickelt wurden.[29]

---

[27] Juay, Lim Chiap — „The Conveniences and Advantages . . .", a.a.O., S. 52.

[28] Vgl. Davies, Kathryn — „The Gold Exchange of Singapore — Trading Volume Improves", in: Financial Times Survey — Gold Futures, vom 20. April 1982; im Jahre 1981 wurden an der GES durchschnittlich etwa 16 000 oz. pro Börsentag umgesetzt; vgl. ebenda.

[29] Vgl. Davies, Kathryn — „The Gold Exchange of Singapore . . .", a.a.O.

Tabelle 26: Handelsvolumen in Goldfutures-kontrakten an der Gold Exchange of Singapore

Jahr	100-oz.-Kontrakt	1-Kilo-Kontrakt
1978*	2.018	--
1979	72.442	--
1980	52.719	12.580
1981	35.898	12.569
1982	75.732	12.347

* November und Dezember

Quelle: Angaben der Gold Exchange of Singapore.

c) Tokio

Zum 23. März 1982 wurde ein Tokioter Goldfuturesmarkt eröffnet.[30] Die Goldfutureskontrakte der Tokyo Gold Exchange (TGE)[31] lauten über 1 Kilo (mindestens 0,9999 fein) und sind in Yen pro Gramm notiert. Die Mindestfluktuation beträgt 1 Yen/gr. Der Handel findet montags bis freitags sowie an den Vormittagen des zweiten und vierten Samstags eines jeden Monats statt. Im Gegensatz (u. a.) zu den amerikanischen Goldfuturesmärkten läuft der Handel während eines Börsentages nicht stetig ab, sondern die Preise werden während 6 täglicher Sitzungen um 9.10, 10.30, 11.30, 13.10, 14.30 und 15.45 Uhr Tokioter Ortszeit (GMT + 9 Std., MEZ + 8 Std.) festgestellt.

Abschlüsse zu bestimmten Preisen werden nicht wie an den führenden Goldfuturesbörsen per "open outcry" durchgeführt, sondern gemäß dem japanischen "group trading system"[32], bei dem ein "Call-Chairman" die Aufgabe hat (vergleichbar dem Londoner Fixing) den Preis zu finden, der den Ausgleich zwischen Kauf- und Verkaufsinteressen während der jeweiligen Sitzung erzielt. Geschäftsabschlüsse erfolgen daher je Sitzung zu einem einheitlichen Preis. Es können Kontraktmonate bis zu 6 Monaten im voraus umgesetzt werden.

Das Limit für tägliche Maximalschwankungen der Kontraktpreise beträgt +/− 10 % vom letztquotierten Preis des vorhergehenden Geschäftstages. Physische Lieferung hat grundsätzlich loco-Tokio zu erfolgen.

---

[30] Vgl. Financial Times (Richard Hanson), 4. März 1982; Handelsblatt (frob) vom 24. März 1982 sowie Neue Zürcher Zeitung vom 29. Januar (o.V.), 13. Februar (SC), 24. und 25. März 1982 (SC).

[31] Vgl. Tokyo Gold Exchange — „The Tokyo Gold Exchange", Tokio, o.J. (1982).

[32] Vgl. Hargreaves, Alan — „Futures: Hong Kong Goes For Gold", a.a.O., S. 23.

Während am ersten Handelstag, dem 23. 3. 1982, 1 026 Kilo-Kontrakte umgesetzt wurden, sank der durchschnittliche tägliche Umsatz bald danach auf etwa ein Viertel und weniger dieses Werts.[33]

Tabelle 27: Handelsvolumen in Goldfutureskontrakten sowie Einschußforderungen an der Tokyo Gold Exchange

1982	Volumen	"General Margin"	"Member Margin"
Mär.	1.444	600.000 yen	50.000 yen
Apr.	2.058	480.000	40.000
Mai	2.436	600.000	50.000
Jun.	3.749	480.000	40.000
Jul.	4.778	480.000	40.000
Aug.	6.028	480.000	40.000
Sep.	5.718	600.000	50.000
Okt.	4.884	840.000	70.000
Nov.	5.574	840.000	70.000
Dez.	5.159	840.000	70.000

Quelle: Tokyo Gold Exchange.

Das niedrige Niveau der bisher erzielten Umsatzvolumina läßt sich damit erklären, daß zum einen Goldverarbeiter, -verbraucher und -händler den Tokioter Goldfuturesmarkt kaum oder gar nicht benutz(t)en, andererseits aber vor allem die hohen Margin-Anforderungen (vgl. Tabelle 27), die zur Eindämmung des spekulativen Handelsvolumens eingeführt wurden, nationale wie internationale Spekulanten von einer Marktteilnahme fernhalten.[34]

Das Ziel, die spekulative Publikumsteilnahme gering zu halten, kommt besonders deutlich durch die Diskrepanz zwischen Margin-Anforderungen für Börsenmitglieder einerseits und handelndem Publikum andererseits ("General Margin") zum Ausdruck (vgl. Tabelle 27).

d) London

Der jüngste Goldfuturesmarkt und gleichzeitig der erste europäische ist der London Gold Futures Market (L.G.F.M.), an dem seit dem 19. April 1982 Goldfutureskontrakte über 100 oz. (Mindestfeingoldgehalt 0,995; Lieferung

[33] Vgl. Consolidated Gold Fields — Gold Futures, in: Financial Times vom 20. April 1982; vgl. auch Blick durch die Wirtschaft vom 15. Juli und 30. Dezember 1981.

[34] Vgl. Financial Times Survey — Gold Futures, in: Financial Times vom 20. April 1982; vgl. auch Blick durch die Wirtschaft vom 15. Juli und 30. Dezember 1981.

in einem 100-oz.-Barren oder in drei 1-Kg.-Barren — wie an der COMEX) gehandelt werden können. — Ursprünglich erfolgten die Notierungen in Pfund Sterling. Wie sich jedoch innerhalb der ersten Monate zeigte, konnte der L.G.F.M.-Sterling-Kontrakt nur immer geringer werdende Umsätze verzeichnen (vgl. Tabelle 28).[35]

Um diese Entwicklung zu beenden bzw. umzukehren beschloß man, den L.G.F.M.-Goldkontrakt ab dem 19. Oktober 1982 in U.S.-$ zu notieren, was sich auch bisher umsatzsteigernd auswirkte (vgl. Tabelle 28).[36]

Tabelle 28: Handelsvolumen in Goldfutureskontrakten am London Gold Futures Market

Pfund-Sterling-Notation			US-Dollar-Notation		
	Monats-volumen	Tages-durch-schnitt		Monats-volumen	Tages-durch-schnitt
1982 *			1982 **		
Apr.	12.815	1.282	Okt.	12.644	1.405
Mai	15.902	837	Nov.	22.669	1.030
Jun.	16.283	740	Dez.	22.887	1.090
Jul.	14.299	650	1983		
Aug.	5.719	272	Jan.	24.767	1.238
Sep.	6.944	316	Feb.	20.142	1.007
Okt.	2.616	125	Mär.	24.401	1.223
			***		

* seit dem 19. April 1982; ** seit dem 19. Oktober 1982;
*** Folgemonate noch nicht verfügbar

Quelle: London Gold Futures Market.

35 Dadurch, daß die Preise nicht, wie an den führenden Weltgoldfuturesbörsen üblich, in U.S.-$ notiert wurden, bestand für potentielle Marktteilnehmer ein zusätzliches Währungsrisiko; außerdem wurde die Arbitrage mit den $-notierten Märkten erschwert. Vgl. die Hinweise auf die abnehmende Marktliquidität in: Financial Times, 28. Juli 1982 sowie im Handelsblatt, 10. August und 21. Oktober 1982; vgl. auch die Beobachtung des Widerstandes gegen die geplante Umstellung des L.G.F.M. auf eine $-Basis durch die 5 Londoner Edelmetallhäuser, die in einem attraktiveren L.G.F.M. eine Beeinträchtigung der Bedeutung der täglichen Fixings sehen; vgl. weiterhin den Hinweis auf die Bedeutung des „self-feeding"-Mechanismus in der Gründungsphase eines Futuresmarktes, hier des L.G.F.M. in: The Banker, August 1981, S. 72.

36 Am ersten Tag der $-Quotierung, dem 19.10.1982, stieg der Umsatz von vorher 58 Losen à 100 oz. auf 2 148 Lose, wovon etwa 2 000 auf $-Basis umgesetzt wurden; vgl. Handelsblatt vom 21. Oktober 1982. Neben der Änderung der Notationswährung sind nunmehr auch die Mitgliedssitze frei veräußerbar — eine Möglichkeit, die bereits mehrfach genutzt wurde; vgl. Neue Zürcher Zeitung vom 5. Oktober 1982 sowie Financial Times vom 26. November 1982.

Kontraktmonate sind neben dem jeweiligen Spotmonat die folgenden 6 Monate. Der Handelstag besteht aus 2 Sitzungen von 9.30 bis 12.10 sowie von 14.00 bis 16.40 Uhr, die jeweils durch einen "Call" eröffnet und beendet werden (4 tägliche Calls).[37]

Die Closing-Preise jeder Sitzung stellen die Basis für die maximalen Preisschwankungen während der nächsten Sitzung dar. Wird ein von Zeit zu Zeit durch den Board of Directors festzulegendes Limit erreicht (derzeit $ 30,-/oz. oder $ 3 000,-/Kontrakt), setzt der Handel (wie an der Hong Kong Commodity Exchange sowie der Gold Exchange of Singapore) für 30 Minuten aus. Im Anschluß an die halbstündige "Cooling-off"-Periode[38] wird der Handel ohne weiteres Limit bis zum Ende der Handelssitzung fortgesetzt.

Das International Commodities Clearing House, London (ICCH) bürgt für die ordentliche Abwicklung aller L.G.F.M.-Transaktionen.

Folgendes sind die Gründe, die maßgeblich zur Gründung des L.G.F.M. beigetragen haben:[39]

1. Das Bestreben, die bestehende Zeitzonenlücke im internationalen Goldfuturesmarkt zwischen den Märkten in Fernost und in Nordamerika zu schließen,
2. die wachsende Besorgnis über die zunehmende Kontrolle der U.S.-Goldfuturesmärkte durch die CFTC in Form der Offenlegungspflicht ausländischer Broker und Banken hinsichtlich der Identität und Positionen ihrer Kunden sowie
3. die von U.S.-Börsen verhängten Handelsrestriktionen in Form maximaler täglicher Preisschwankungslimits ("lock-in"-Effekt für Positionsinhaber bei Limit-up/down-Preisbewegungen) sowie 'willkürliche' Veränderungen der Mindesteinschüsse und Positionslimits durch die dortigen Börsenorgane.

---

[37] Zweck der Eröffnungs- und Schluß-Calls ist es, sowohl den Markt zu stabilisieren als auch einen offiziellen Preis für jeden Liefermonat zu erhalten. Die Calls werden von einem „Call-Chairman" durchgeführt; alle Handelsabschlüsse werden von ihm genannt und registriert. Im Vergleich zur „normalen" Handelszeit außerhalb der Calls darf *während* eines Calls jeweils nur *ein* bestimmter Liefermonat gehandelt werden, was auch dann einen ordnungsgemäßen Handel gewährleistet, wenn starke Preisschwankungen auftreten. Calls können je nach Einschätzung des Chairman in der Länge variieren, entsprechend dem jeweils anfallenden Geschäftsvolumen. Bei den beiden Schluß-Calls muß der Chairman allerdings nach 20 Minuten Schlußmaßnahmen ergreifen, falls der Call solange gedauert hat.

[38] Sie dient nicht nur der Marktberuhigung, sondern auch der Möglichkeit der Kontaktaufnahme zwischen Broker und Kunde sowie der Vornahme notwendiger Margin-Anpassungen; vgl. auch London Gold Futures Market — „The London Gold Futures Market", London, o. J. (Ende 1982).

[39] Vgl. Financial Times, (John Edwards), 31. Juli 1980.

e) Sydney

Die Aufhebung des Goldbesitzverbots in Australien ab Januar 1976 schuf die Grundlage zur Errichtung eines Goldfuturesmarkts.[40]

Die im Jahre 1976 gegründete Sydney Futures Exchange eröffnete im April 1978 die Möglichkeit zum Handel in 50-oz.-Goldfutureskontrakten (Mindestfeingoldgehalt 0,995; maximal zulässige Gewichtsabweichung gelieferter Barren ebenso wie an der COMEX +/− 5 %), der allerdings seither ausschließlich australischen natürlichen und juristischen Personen offensteht und daher zeit seiner Existenz nur nationale/regionale Bedeutung besessen hat.

Der Handel findet von 10.30 bis 12.30 und von 14.00 bis 16.00 Uhr Sydney Ortszeit (GMT + 10 Std., MEZ + 9 Std.) statt.[41] Kontraktmonate sind seit Juni 1979 neben dem jeweiligen Spotmonat jeder März, Juni, September und Dezember bis zu etwa 2 Jahren im voraus.

Clearing-Fazilitäten werden durch das International Commodities Clearing House (Sydney) bereitgestellt. Die Kontraktquotierung erfolgt in Australischen Dollars, die Mindestpreisfluktuation beträgt 10 australische Cent/oz.

Tabelle 29: Handelsvolumen in Goldfutureskontrakten an der Sydney Futures Exchange

1978	1979	1980	1981
30.359	166.619	233.842	125.079
(50-oz.-Kontrakte)			

Quelle: Consolidated Gold Fields — Gold 1982, a.a.O., S. 59.

Die Umsätze an der Sydney Futures Exchange (vgl. Tabelle 29) entwickelten sich noch bis einschließlich 1980 stetig nach oben. Im Jahre 1980 wurde aufgrund der beschränkten Marktgröße und zunehmender Illiquidität in der Preisabschwungphase das "Cash and Carry"-Geschäft (Kauf physischen Goldes und Verkauf von Futureskontrakten) für australische Banken und Finanzinstitutionen zunehmend attraktiv, da Prämien bis zu 30-40 % erzielbar waren. Bei weiter sinkenden Preisen verlor der Markt im Laufe des Jahres 1980 immer mehr an Liquidität, was zusätzlich viele Marktteilnehmer dazu bewegte, sich an den Goldfuturesmärkten in den USA oder Hongkong zu engagieren.[41]

[40] Vgl. Sydney Futures Exchange — Gold Futures, Sydney, Februar 1983.

[41] Vgl. Consolidated Gold Fields — Gold 1982, a.a.O., S. 59.

f) Sao Paulo

Seit dem 30. Juli 1981 gibt es einen — wie im Falle Australiens — auf inländische natürliche und juristische Personen beschränkten Goldfuturesmarkt an der Bolsa de Mercadorias de Sao Paulo, Brasilien. Begonnen wurde zunächst mit einem 1-Kg.-Kontrakt [42] (Mindestfeingoldgehalt 0,995; maximale Gewichtsabweichung gelieferter Barren +/— 1 %) in den Kontraktmonaten Februar, April, Juni, August, Oktober und Dezember, der derzeit noch bis einschließlich Dezember 1983 werktäglich von 14.00 bis 15.30 Uhr Sao Paulo Ortszeit (GMT - 3 Std., MEZ - 4 Std.) gehandelt werden kann. Die Mindestpreisschwankungen des in Brasilianischen Cruzeiros notierten Kontrakts betragen Cr. $ 1,00/gr. (1 000,- Cr $/Kg.). Das 'normale' tägliche Preisschwankungslimit, das auf +/— 3 % des Vortages-Settlement-Preises festgelegt wurde, konnte sich gemäß einer variablen Limit-Regel über zunächst (vgl. unten) 4,5 % bis zu 6 % ausweiten. Die Umsätze von Ende Juli 1981 bis Ende 1981 im 1-Kg.-Kontrakt beliefen sich auf 4 227 Lose sowie im Jahre 1982 (bis Ende November) auf 17 732 Lose.[43]

Ab 20. Dezember 1982 werden an der Bolsa de Mercadorias de Sao Paulo auch 250-gr.-Goldfutureskontrakte gehandelt.[44]

Kontraktmonate sind dieselben wie beim o. g. 1-Kg.-Kontrakt. Die Mindestpreisschwankung beträgt allerdings Cr $ 5,-/gr. (Cr $ 1 250,-/250-gr.-Kontrakt). Die Handelszeiten wurden auf 11.30 bis 12.20 und 14.30 bis 15.40 Uhr, das Preislimit auf 5 % (bzw. 7,5 und 10 % entsprechend variabler Limit-Regel) erweitert.

II. Goldfuturesoptionsmärkte

Die Darstellung der auf den Goldfuturesmärkten aufbauenden Goldfuturesoptionsmärkte schließt im folgenden die internationale Marktübersicht ab.

Goldfuturesoptionen ergänzen zwar den Goldfutureshandel, indem sie andere Risiko-/Chancekombinationen als dieser ermöglichen; ohne die Existenz von Futuresmärkten verlören sie jedoch ihre Geschäftsgrundlage, so daß sie mit Recht als auf Goldfutureskontrakte „draufgesetzte" Optionen[45]

[42] Vgl. Bolsa de Mercadorias de Sao Paulo — Resolucoes da Diretoria Relativas ao Mercado a Termo de Ouro — 1 000 gr., Sao Paulo, o.J. (1981).

[43] Quelle: Bolsa de Mercadorias.

[44] Vgl. Bolsa de Mercadorias de Sao Paulo — Resolucoes da Diretoria Relativas ao Mercado a Termo de Ouro — 250 gr., Sao Paulo, o. J. (1982).

[45] Vgl. Blick durch die Wirtschaft, (hi), 26. Oktober 1982.

bezeichnet werden können. Potentielle Wirkungen des Goldfuturesoptionshandels auf den Goldkassapreis können im Vergleich zu denen des Goldfutureshandels als marginal eingestuft werden: Dies folgt aus den nur geringen Umsätzen, wie sie am ältesten Markt in Winnipeg bisher abgewickelt wurden; die Goldfuturesoptionsmärkte in New York und London bestehen zudem erst wenige Monate.

1. Goldfuturesoptionen der Winnipeg Commodity Exchange

Im April 1979 nahm die Commodity Exchange in Winnipeg, Kanada, als erste Börse weltweit den Handel in Goldfuturesoptionen auf. Geschäftsgrundlage ist der derzeit parallel gehandelte 20-oz.-Goldfutureskontrakt.

Von 8.25 bis 13.35 Uhr Central Time werden sowohl Kauf- als auch Verkaufsoptionen für die zugrundeliegenden Futureskontraktmonate März, Juni, September und Dezember gehandelt. Letzter Handelstag ist der Endfälligkeitstag der Option. Dieser wird zum Zeitpunkt des Handelsbeginns in einer bestimmten Optionsklasse[46] jeweils vom Board der Börse festgelegt und darf spätestens auf den 6. Geschäftstag vor dem ersten Liefertag des zugrundeliegenden Futureskontrakts fallen. Das Recht zur Optionsausübung steht dem Wähler an allen Handelstagen, einschließlich des Endfälligkeitsdatums, zu ('amerikanische' Option). Mindesteinschußvorschriften gelten nur für Optionsstillhalter, da sich der Wähler durch die Entrichtung der Optionsprämie aller weiteren Verpflichtungen entledigt.

Als Mindestschwankungseinheit sind 10 Cent/oz. (d. h. $ 2,-/20-oz.-Option), als Mindestkommission des Brokers $ 25.- je Option vorgesehen. Das maximale Preisschwankungslimit, bezogen auf den Settlement-Preis[47] des Vortages, beträgt $ 25,-/Option.[48]

---

[46] Options*typ:* Kauf- bzw. Verkaufsoption; Options*klasse:* alle Optionen des gleichen Typs, die sich auf den gleichen Futureskontrakt mit einem bestimmten Auslaufmonat beziehen; Options*serie:* Optionen der gleichen Klasse und mit gleichem Basispreis.

[47] Vgl. unten, S. 101, Index.

[48] Zu vertiefenden Einzelinformationen vgl.: The Canadian Financial Futures Market — Gold Futures and Options, By-Laws and Regulations, Winnipeg Januar 1981 sowie die jeweils aktuelle Ausgabe von: derselbe — Basis for trading, contract quantities, margin and commission schedule.

2. Goldfuturesoptionen der Commodity Exchange New York

Am 1. Oktober 1982[49] begann der Goldfuturesoptionshandel auch an der COMEX. Vertragsgegenstand ist der COMEX-Goldfutureskontrakt über je 100 oz.[50]

Die Handelssitzungen erstrecken sich parallel zu denen der COMEX-Goldfutureskontrakte von 9.00-14.00 Uhr New Yorker Ortszeit (EST). Gehandelt werden sowohl Kauf- als auch Verkaufsoptionen mit Kontraktmonaten eines 4-monatigen Optionszyklus: Gruppe A: Februar, Juni, Oktober, Gruppe B: April, August, Dezember. Der Handelszyklus schließt jeweils den nächstliegenden Monat der Gruppe A, zuzüglich aller Monate in Gruppe B ein. Die maximale Lebensspanne einer COMEX-Goldfuturesoption mißt 16 Monate.[51]

Am ersten Handelstag einer Option werden 5 verschiedene Basispreise, sowohl für Kauf- als auch für Verkaufsoptionen notiert.[52]

Zusätzliche Basispreise werden, sofern aufgrund von Futures-Preisbewegungen erforderlich, entsprechend einem vorher bestimmten Muster festgelegt.

Ausübung durch den Wähler ist jederzeit bis einschließlich des Endfälligkeitstages möglich. Als Endfälligkeitstag gilt generell der 2. Freitag in dem Monat, der dem Auslaufmonat des zugrundeliegenden Futureskontrakts vorangeht.

Die minimale Preisfluktuation beträgt 10 Cent/oz. (d. h. $ 10,-/100-oz.-Option). Preislimits gibt es nicht.

3. Goldfuturesoptionen des London Gold Futures Market

Am 21. März 1983 nahm der London Gold Futures Market den Handel in Goldfuturesoptionen[53] auf. Der L.G.F.M. ist damit nicht nur der weltweit

[49] Die Marktzulassung von seiten der CFTC gilt zunächst für eine dreijährige Testperiode; vgl. Financial Times (J. Edwards) — Gold Futures Survey, vom 1. Februar 1982.

[50] Vgl. hierzu und im folgenden: Commodity Exchange — Gold Futures & Options — Pocket Guide, New York, o. J. (Ende 1982).

[51] Vgl. Commodity Exchange — Options on COMEX Gold Futures, New York, o. J. (Ende 1982).

[52] Die Abstände der Basispreise voneinander hängen wie folgt von deren Höhe ab: $ 10.- Abstand bei Basispreisen unter $ 300,-, $ 20,- zwischen $ 300,- und 500,-, $ 30,-zwischen $ 500,- und 800,-, $ 40,- bei Basispreisen über $ 800,-.

[53] Vgl. im folgenden: London Gold Futures Market — „General Guide to Options", London, 28. Januar 1983.
Da es den Markt zum Zeitpunkt des Abschlusses der vorliegenden Arbeit erst wenige Wochen gibt, sind (noch) keine Umsatzziffern verfügbar.

jüngste, sondern auch der erste europäische Optionsmarkt auf Futures-Basis. Vertragsgegenstand ist der L.G.F.M.-Goldfutureskontrakt über je 100 oz. Die Handelszeiten des Futures- und Futuresoptionshandels stimmen überein. Es können neben Kauf- und Verkaufsoptionen auch 'Double Options' (vgl. oben, S. 34) gehandelt werden. Basispreis ist der Preis des relevanten Goldfuturesmonats am L.G.F.M. zum Zeitpunkt der Optionstransaktion. Die Optionslaufzeit wird bei der Transaktion festgelegt; sie kann nicht kürzer dauern als bis zum 17. Tag des Monats, der dem relevanten L.G.F.M.-Liefermonat unmittelbar vorangeht. Bei Einigung über den Tag der Endfälligkeit wird dieser auf der Option vermerkt. Die Ausübung der Option ist während der gesamten Handelsperiode möglich.

Ein Sekundärmarkt für Optionen (An- und Verkauf von Optionen, für die gilt: Restlaufzeit < Gesamtlaufzeit) existiert z. Zt. nicht.

Kapitel VI: Der Einfluß der Goldfuturesmärkte auf die zugrundeliegenden Kassamärkte

I. Der grundlegende theoretische und praktische Arbitragezusammenhang zwischen Goldkassa-, -Cash-forward- und -futureskontrakten/preisen

Wie der institutionelle Teil der Arbeit zeigt, sind nahezu alle dargestellten Märkte für Kassa-, Cash-forward- und Futuresgold national bzw. international nicht isoliert. Entsprechend stehen sie, bedingt durch nationale und internationale Arbitrage, in Verbindung miteinander. Dies ergibt sich aus einfachen Plausibilitätsüberlegungen[1]:

Das Handelsmotiv der Arbitrageure (Spreader) liegt, wie bereits in Abschnitt V. II. 2.b) bb) dargestellt, in der Ausnutzung zeitweise vorhandener Unterschiede in den Preisen/Preisspannen für Futures- (bzw. Kassa- und Cash-forward-)gold an ein und derselben oder verschiedenen Börsen in ein und demselben oder verschiedenen Futures- bzw. Cash-forwardmonaten. Die Arbitragemöglichkeit zwischen verschiedenen physischen Märkten ergibt sich dadurch, daß bei unterschiedlichen Spotpreisen Gold gewinnbringend aus einem Land in ein anderes transportiert werden kann. Die grundlegende Arbitragebeziehung zwischen physischen und Cash-forward- bzw. Futuresmärkten besteht darin, daß sowohl Cash-forwardkontrakte an ihrem Liefertag als auch Futureskontrakte als Spotmonat im Lieferzeitraum bei Andienung der Lieferung zu physischer Ware werden. Die einzelnen Cash-forwardkontrakte (-termine) und Futuresmonate stehen wiederum in einem intertemporären Preiszusammenhang zu physischem Gold, wie er in den Abschnitten VI. I. 1) u. 2) erläutert wird.

Die Arbitrage wird, wenn man von den maximalen täglichen Preisschwankungslimits an den nordamerikanisch geprägten Goldfuturesbörsen absieht, durch keine institutionellen Gegebenheiten oder/und staatliche

---

[1] Hinsichtlich Plausibilität und Art des Arbitragezusammenhangs vgl. auch die beiden folgenden Abschnitte sowie die Ableitungen der Gleichgewichtspreise an Kassa- und Futuresmärkten bei theoretisch unendlicher und nicht-unendlicher Arbitrageelastizität durch Garbade, Kenneth D. u. William L. Silber — „Price Movements and Price Discovery in Futures and Cash Markets", in: Review of Economics and Statistics, 2 (1983), S. 289-297, hier S. 289-292.

Vorschriften behindert oder verhindert (Grundlage für letzteres ist die Freiheit des internationalen Geld-, Kapital- und Warenverkehrs für die in Rede stehenden internationalen Goldhandelszentren). Auch wenn es theoretisch denkbar ist, daß Interessen von Marktparteien einer funktionierenden Arbitrage entgegenstehen (hierzu müßte nachgewiesen werden, daß Gewinne aus der Arbitrage geringer sind als die Gewinne aus Strategien, die die Arbitrage verhindern), so sind nach Kenntnis des Verfassers weder Hinweise darauf bisher feststellbar geworden[2], noch ist erkennbar, wie sich Arbitrageverhinderungsstrategien bei einem freien, jedermann zugänglichen Markt überhaupt realisieren ließen.

Als Ergebnis der funktionierenden Arbitrage zwischen Spot- und Futuresmärkten kann auch das Resultat einer Forschungsarbeit von Martin gewertet werden, der bereits 1977, in der Aufbauphase der U.S.-Goldfuturesmärkte, mittels statistischer Testverfahren den Nachweis erbrachte, daß "the market . . . performs efficiently (at least in a weak form[3] sense) and the recently developed futures market appears to be well integrated with the spot markets"[4].

Der Vollständigkeit halber sei angemerkt, daß Ergebnisse statistischer Untersuchungen der letzten Jahre von Zajdenweber (1974)[5], Abken (1980)[6]

[2] Gespräche mit Vertretern bedeutender New Yorker Brokerhäuser sowie Zürcher Goldhandelsbanken bestätigen diese Beobachtung.

[3] Nach Fama ist ein Kapitalmarkt effizient, „in which prices always „fully reflect" available information", aus: *Fama*, Eugene F. — „Efficient Capital Markets: A Review of Theory and Empirical Work", in: Journal of Finance, Vol. 25, 1970, S. 383-417; vgl. auch *Hellwig*, Martin — „Zur Informationseffizienz des Kapitalmarktes", in: Zeitschrift für Wirtschafts- und Sozialwissenschaften, 102. Jg., 1982, Heft 1, S. 1-27, hier S. 2f. sowie *Neumann*, Manfred J. M. und Martin *Klein* — „Probleme der Theorie effizienter Märkte und ihrer empirischen Überprüfung", in: Kredit und Kapital, 1982, Heft 2, S. 165-187.

„*Weak-form*"-*Effizienztests* beschränken sich hinsichtlich des verwendeten Informationssets auf historische Preisdaten. „Semi-strong-form"-Tests berücksichtigen auch andere öffentlich verfügbare Informationen, während schließlich bei „strong-form"-Tests auch Informationen, die nur beschränkt zugänglich sind, mit einbezogen werden.

[4] Martin, Michael G. — „The Behavior of Prices in the Futures Markets for Gold: A Test of the Random Walk Model", in: Departmental Memoranda Series des IMF, Nov. 1977, S. 15.

[5] *Zajdenweber* untersucht tägliche Preisschwankungen des Pariser Goldspotmarkts vom 1.1.1972 bis 31.3.1974; vgl. Zajdenweber, Daniel — „The Daily Variations of the Price of Gold on the Paris Gold Market", in: European Finance Association, Proceedings 1974, Amsterdam, Oxford u.a., S. 65-87.

[6] *Abken* schätzt auf monatlicher Basis mittels Regression den Anteil laufender Goldpreisbewegungen (Londoner Nachmittagsfixing), der a) durch vergangene Preise, b) durch die Höhe einer Zinsrate (Rendite 1-monatiger Treasury Bills) erklärt werden kann; vgl. Abken, Peter A. — „The Economics of Gold Price Movements", in: Federal Reserve Bank of Richmond, Bimonthly Review, Vol. 66, März/April 1980, S. 3-13.

und Tschoegl (1981)[7] die "weak-form"-Effizienzhypothese im übrigen auch für die europäischen Spotmärkte bestätigen.

Da der Weltgoldhandel täglich 24 Stunden stattfindet und sich die Handelszeiten der geographisch nebeneinanderliegenden Handelszentren teilweise überlappen erfährt der internationale Arbitragehandel keine Unterbrechungen. Das einzelne Handelszentrum agiert hingegen, sofern sich kein(e) anderes(n) in der gleichen Zeitzone befindet(n), während einer bestimmten Zeit 'losgelöst' von der internationalen Arbitrage. Das ist z. B. regelmäßig an den U.S.-Futuresbörsen der Fall: Am Anfang wie am Ende ihrer Handelszeiten stehen sie mit anderen internationalen Handelszentren in Arbitrageverbindung (vgl. Einleitung), während einer bestimmten Kernzeit betreiben nordamerikanische Handelszentren hingegen nur untereinander Arbitrage.

Insoweit sind sie sich selbst überlassen und vom Marktgeschehen in physischer Ware — weltweit geprägt von Europa — 'abgekoppelt'.

Treten einmal Nachfrage-/Angebotsüberhänge physischen Goldes an einem bestimmten Goldhandelsplatz auf, so erfolgt der Nachfrage-/ Angebotsausgleich durch sog. "switch"-Quotierungen zusätzlich zum lokalen Unzenpreis. Der "switch" auf Geld-/Briefbasis spiegelt dabei die Kosten für Transport und Versicherung wider (z. B. 10 ¢ /20 ¢ je Unze für einen "switch" London-Zürich).

Ständige nationale und internationale Arbitrage hält so Goldkassa-, Cashforward- und Futurespreise in geographisch-zeitlichen Relationen zueinander, die durch die Größen Lagerhaltungs-, Zins-, Versicherungs- und Transportkosten sowie "Convenience Yield" (vgl. dazu die folgenden Abschnitte) bestimmt werden.

1. Kassa- und Futuresgold

Der Grundzusammenhang zwischen Kassa- und Futuresgold besteht darin, daß beide Handelsgegenstände temporäre (wenn auch nicht perfekte; vgl. unten, S. 98) Substitute darstellen: Auslaufende Goldfutureskontrakte schlagen sich in ihrem Liefermonat in einer physischen Warentransaktion nieder. Obgleich nur ein geringer Prozentsatz der gehandelten Goldfutureskontrakte durch Lieferung erfüllt wird (vgl. S. 73 u. 76), verkörpert jeder Goldfutureskontrakt ein potentielles Liefer-/Abnahmeverlangen.

[7] *Tschoegl* testet 4 tägliche, aus den beiden Londoner Fixings zusammengestellte Preisreihen für die Zeit vom 2.1.1975 bis 30.6.1977; vgl. Tschoegl, Adrian, E. — „Efficiency in the Gold Market", in: Journal of Banking and Finance, Vol. 4 (1980), S. 371-379.

Aus folgenden theoretischen Überlegungen wäre zu erwarten, daß im Lieferzeitraum des Liefermonats[8] der Futurespreis gleich dem Preis für Kassaware ist: Arbitrage, so müßte man annehmen, würde dafür sorgen, daß, falls der Futurespreis höher als der Kassapreis läge, Kassagold erworben, Futures verkauft und anschließend Lieferung getätigt würde. Im umgekehrten Falle (Kassagoldpreis höher als Futuresgoldpreis(e) würden Arbitrageure Futureskontrakte mit dem Ziel des Abwartens bis zur Lieferung erwerben. — Gold zeichnet sich als lagerfähige Ware allerdings dadurch aus, daß im Liefermonat aus folgenden liefertechnischen Gründen der Kassapreis nahezu immer höher als der Futurespreis liegt:[9]

1. Der genaue Liefertermin ist unbekannt. Der Verkäufer (Short) bestimmt, wann — zwischen dem ersten und letzten Tag der Lieferperiode — er die Lieferung vornehmen will. U. a. deswegen (vgl. auch Punkt 2.) sind Kassa- und Futuresgold bis zum letzten Tag des Liefermonats (bei Gold in der Regel 3 Tage[10] nach Beendigung des Futureshandels) keine perfekten Substitute.

In Zeiten knapper Marktversorgung mit physischer Ware kann die Prämie für Kassagold beträchtlich sein. Je mehr sich die Lieferzeit eines Kontraktmonats indes ihrem Ende nähert, desto kleiner wird die Prämie für Kassagold.

2. Die genaue Warenqualität ist unbekannt. Die Kontraktmodalitäten sind zwar exakt spezifiziert; sie erlauben allerdings Abweichungen zum Beispiel hinsichtlich Stückelung und Feinheitsgrad innerhalb vorgegebener Grenzen.[11] So schreibt der Goldfutureskontrakt der COMEX vor, daß "in fulfillment of every contract of gold, the seller must deliver 100 troy ounces (5 % more or less) of refined gold, assaying not less than 995 fineness, cast either in one bar or in three one-kilogram-bars and bearing a serial number and identifying stamp of a refiner approved and listed by COMEX"[12].

---

[8] Die Bestimmungen des Goldfutureskontrakts der COMEX New York sehen als mögliche Liefertermine eines auslaufenden Kontraktmonats alle Geschäftstage des jeweiligen Liefermonats vor.Der *erste* mögliche Tag zur Anmeldung des Lieferbegehrens (delivery notice) ist der letzte Geschäftstag des dem Liefermonat vorausgehenden Monats. Der letzte mögliche Termin zur Abgabe der delivery notice ist der vorletzte Geschäftstag des Liefermonats, bzw. der dem letzten Kontrakthandelstag folgende Tag.

[9] Vgl. Hieronymus, Thomas A. — Economics . . . , a.a.O., S. 152 f.

[10] Der jeweilige Liefermonat wird an der COMEX bis 3 Geschäftstage vor Monatsende gehandelt; durch Wochenenden und Feiertage kann sich die lieferfreie Frist von 3 auf 5 Tage und mehr am Monatsende verlängern.

[11] Nach einem Differenzsystem erstellt der Börsencomputer entsprechend der genauen Unzenzahl und des exakten Feinheitsgrades die Rechnung für das gelieferte Gold.

[12] Aus: Commodity Exchange Inc. — Gold Futures, New York, o. J., S. 6.

Den Zusammenhang zwischen Kassa- und Cash-forward- bzw. Futurespreisen gibt die Lagerhaltungskostentheorie (Carrying Charge Theory)[13] wieder. Sie besagt, daß die Lagerhaltungskosten für eine bestimmte Menge einer Commodity, bestehend aus Lager-, Versicherungs- und Zinskosten zu einem Preisaufschlag bei weiter in der Zukunft liegenden Kontraktmonaten, gegenüber der Lieferzeit/dem Liefermonat näheren Monaten, führen.

Durch das tägliche 'marking to market' an den Futuresbörsen und die daraus folgende — im Vergleich zu Cash-forwardkontrakten — andere Cash-flow-Struktur bedingt (vgl. hierzu den folgenden Abschnitt) gilt der unten dargestellte Lagerhaltungskostenzusammenhang theoretisch exakt nur für die Beziehung zwischen Kassa- und Cash-forwardpreisen. In der Praxis gibt es allerdings keine Unterschiede zwischen den Contangos am Goldfutures-und am -Cash-forward-Markt; sie entsprechen in ihrer durchschnittlichen Höhe dem Eurozinssatz für die zugrundeliegende Währung (nahezu ausschließlich US-$) sowie die entsprechende Laufzeit.

Der Preisaufschlag bei weiter in der Zukunft liegenden Kontraktmonaten erklärt sich aus den beiden Alternativen, die ein Händler hat: er kauft entweder physisches Gold und hält es unter Aufwendung von Lager-, Versicherungs- und Zinskosten bis zu einem bestimmten Monat in der Zukunft oder er erwirbt am Futuresmarkt einen Short-Kontrakt desselben Monats, der ihn zum Verkauf berechtigt bzw. verpflichtet. — Zusätzlich zu den Größen Lager-, Versicherungs- und Zinskosten ist der "convenience yield"[14] zu berücksichtigen.

Darunter ist der Vorteil zu verstehen, physische Ware direkt zur Verfügung zu haben um jederzeit produzieren bzw. liefern zu können. Kaldor definiert ihn als " . . . the estimated risk of loss that would be incurred if the stock were not held and were wanted at short notice"[15]. Er weist darauf hin, daß z. B. Arbitrageure nicht in den Genuß des convenience yield kommen, wenn sie physische Bestände allein zu Arbitragezwecken kaufen.[16] Kawai stellt fest[17], daß die Existenz des convenience yield für einen kleinen Lagerbestand erklärt, warum es trotz eines negativen erwarteten Kapitalgewinns sinnvoll sein kann, einen positiven Lagerbestand zu halten. Wie hoch der convenience yield über alle Marktteilnehmer aggregiert theoretisch ausfällt,

[13] Vgl. Hieronymus, Thomas A. — Economics . . ., a.a.O., S. 154 ff.

[14] Vgl. Kaldor, Nicholas — „Speculation and Economic Stability", in: Review of Economic Studies, Vol. 7 (1939-40), S. 1-27. Vgl. auch Telser, L. G. — „Futures Trading and the Storage of Cotton and Wheat", in: Journal of Political Economy, Vol. 66, Juni 1958, S. 233-255.

[15] Vgl. Kaldor, Nicholas — „A Note on the Theory of the Forward Market", in: Review of Economic Studies, Vol. 7 (1939-40), S. 196-201, hier: S. 199.

[16] Ebenda, S. 199.

[17] Kawai, Masahiro — „Price Volatility . . .", a.a.O., S. 439.

ist indes nicht eindeutig zu beantworten: Es kann Marktteilnehmer geben, für die es keinen convenience yield gibt (vgl. obiges Beispiel); und für solche, bei denen er eine Rolle spielt, kann er z. B. aufgrund unterschiedlich hoher Produktionsausfallkosten verschieden hoch (zusätzlich noch abhängig u. U. von der subjektiven Einschätzung) bemessen sein.

Für den Gesamtmarkt ist jedoch im Hinblick auf die theoretische Obergrenze des Contangos mit Kaldor festzustellen: "The important point is that ... the futures price can never exceed the current price by more than i+c' (Zins- + Lager-/Versicherungskosten; d. Verf.) (owing to the possibility of arbitrage); though *can* exceed it by more than i + c'-q (q=convenience yield; d. Verf.)"[18].

Wäre die Differenz zwischen zwei bestimmten Kontraktmonaten größer als der erforderliche Lagerkostensatz, dann würde es sich für einen Arbitrageur lohnen, im naheliegenden Monat long und im weiter weg liegenden Monat (deferred month) short zu gehen.[19]

Denkbar wäre auch Kassakauf/Lieferannahme, ein betragsmäßig gleichhoher Hedge in einem Terminmonat und Mitnahme des Profits unter Abzug der Lagerkosten.

Entsprechendes gilt für Zeiten einer 'zu kleinen' Preisspanne zwischen verschiedenen Kontraktmonaten bzw. dem Kassagoldpreis und einem Terminmonat: Arbitrageure können dann im naheliegenden Monat short und im weiter weg liegenden Monat long gehen. Ebenso möglich ist ein Kassaverkauf (bei dieser Alternative muß man Gold besitzen oder leihen; sie ist insofern nicht völlig gleichwertig zu der ersteren) kombiniert mit einem Futureskauf. Beispiel: Im Verlaufe einer Liquidationswelle, beginnend im März 1978, kam es nach Mitte April desselben Jahres trotz einer Phase steigender kurzfristiger Zinsen zu einer Schrumpfung des Contangos am Goldfuturesmarkt. Folgerichtig verkauften Goldhändler Gold am Kassamarkt und legten das erlöste Kapital am Geldmarkt zu etwa 7 % an, gegenüber nur 5,5 bis 6 %, die am Goldfuturesmarkt erzielbar gewesen wären.[20]

Unter bestimmten Umständen (vgl. S. 101 f.) kann es kurzfristig sogar zu einer Ablösung des normalerweise vorhandenen Contangos durch eine inverse Marktsituation kommen. Eine inverse Marktsituation ist durch negative Contangos gekennzeichnet, wodurch weiter in der Zukunft liegende Monate relativ billiger als der näherliegende bzw. der Liefermonat sind. Das kann sich dann ereignen, wenn der zugrundeliegende physische Markt nahezu völlig 'ausgetrocknet' ist, d. h. wenn Ware in lieferfähiger Qualität und an

---

[18] Kaldor, Nicholas — „A Note on ...", a.a.O., S. 199.

[19] Alle derartigen Transaktionen sind Spread- (Straddle-)transaktionen.

[20] Vgl. Blick durch die Wirtschaft, 28. April 1978; zu den Gründen vgl. weiter unten.

den vorgesehenen Lieferorten u. a. aufgrund irrationalen Verhaltens bestimmter Marktteilnehmer[21] kaum mehr zu erhalten ist. Beispiel: Im Verlaufe der Entwicklung zu einem Beinahe-„Squeeze" im Dezemberkontrakt 1977 ergab sich am Montag, dem 21. November 1977 eine Notierung für den Dezemberkontrakt ($ 155,20), die unter der für Kassagold rangierte (London a. m.-Fixingpreis: $ 158,50; p. m.-Fixingpreis: $ 157,70). Diese ungewöhnliche inverse Preisrelation war hauptsächlich mit dem spürbaren Nachlassen der zuvor als unmittelbar bevorstehend eingestuften Squeeze-Gefahr zu erklären.

Im folgenden einige Beispiele für inverse Preisrelationen, die sich aus limit-up/down-Bewegungen an den Futuresmärkten ergaben. Bei diesen Situationen kann nicht von einem klassisch inversen Markt gesprochen werden, da sich die Invertierung börsenregelbedingt lediglich auf die Umkehrung des 'normalen' Preisverhältnisses zwischen Liefermonat und den anderen Futuresmonaten bezieht. Die Nicht-Liefermonate wiesen an den genannten Tagen (positive) Contangos auf:

Erstmalig kam es am Montag, dem 30. 10. 1978 an der COMEX zu zeitweiligen Preisanstiegen um das damalige Tageslimit von $ 10,-/Unze, ein zum damaligen Zeitpunkt noch spektakuläres Ereignis.

Bereits Ende Januar, Anfang Februar 1979 wiederholten sich limit-up-Bewegungen bei Gold, Silber und Platin, die in der Tagesberichterstattung als „Reizwort" bezeichnet wurden, das die Spekulanten „zum Einstieg geradezu zwingt und zwar nicht zuletzt deshalb, weil damit gerechnet werden kann, daß viele Baissiers in Schwierigkeiten kommen und zwangsweise zur Abdeckung ihrer Engagements schreiten müssen, um nicht noch höhere Verluste zu erleiden"[22].

Mehrere Male kam es auch zu Beginn des Jahres 1980 zu Goldfuturespreisen, die unter denen des Liefermonats lagen. Der Monat mit den meisten solcher Tage (7) war der Januar.

Geht man von den Settlement-Preisen[23] [24] der COMEX aus, so zeigten sich am 2. und 3. sowie am 11. und vom 14.-17. Januar 1980 inverse Preisverhältnisse. An diesen

---

[21] Die Irrationalität bestünde in der Unterlassung des Verkaufs physischer Ware und des gleichzeitigen Rückkaufs von long-Futureskontrakten bei einer inversen Marktlage, es sei denn man würde manipulative Absichten unterstellen.

[22] Aus: Blick durch die Wirtschaft (hi), 9. Februar 1979.

[23] Zu unterscheiden sind Closing- und Settlement-Preise. Die COMEX definiert den *Closing-Preis* als „the price for a commodity futures contract generated by trading through open outcry at the close of a trading session." aus: COMEX — Glossary of Commodity Terminology, New York, o.J., S. 2. — Demgegenüber gibt der *Settlement-Preis* den Durchschnittspreis während des 'Close' (etwa der letzten 5 Handelsminuten) eines Handelstages, bzw. den Preis, der auf der Linie der Preise tatsächlicher Closing-Umsätze liegt, wieder. Settlement-Preise werden der Festlegung des täglichen Preisfluktuationslimits für den nächsten Handelstag sowie der Festlegung der Mindestmargins durch die Börse(n) zugrunde gelegt.

[24] Quelle der Preisangaben: COMEX-Statistical Yearbook 1980, N.Y. 1981.

Tagen war ein starker Preisanstieg gegenüber dem Vortag zu verzeichnen, der dazu führte, daß alle die Futuresmonate, die nicht Liefermonat waren, 'limit-up' notierten, während der Januarkontrakt, für den als Liefermonat kein tägliches Preisschwankungslimit galt, ungehindert dem Preisanstieg am Kassamarkt folgen konnte.

Am 21. Januar 1980 erreichte der Goldpreis im Tageshoch des Liefermonats Januar schließlich den bisherigen historischen Höchststand von $ 875,-/Unze. Den größten Preisabschlag gegenüber der Notierung des Liefermonats Januar verzeichnete dabei der Februarkontrakt.

Die höchste Differenz zwischen den beiden Kontraktmonaten betrug $ 34,-/Unze am 3. 1. 1980. Das war auch der einzige Tag, an dem selbst noch der Juni-Kontrakt, gemessen am Settlement-Preis, unter der Januar-Notierung lag.

Aufgrund der beiden aufeinander folgenden Limit-up-Notierungen von je $ 25,-/Unze und Tag vom 10. auf den 11. und vom 11. auf den 14. Januar erweiterte sich das zulässige tägliche Preisschwankungslimit auf $ 50,-/Unze gemäß den variablen Limitvorschriften der COMEX.

Das ermöglichte die Rückkehr zu einer 'normalen' Terminpreisstruktur[25] zum 18. Januar 1980.

Zwei weitere limit-up-Bewegungen mit der Folge relativ höherer Preise für den Liefermonat fanden am 19. März und 7. April 1980 statt.

Nach einer Erklärung des damaligen U.S.-Finanzministers G. William Miller im Juli 1980, die USA hätten beschlossen, Gold zu verkaufen, wenn die Preise attraktiv seien, wurden zahlreiche Haussepositionen am Futuresmarkt liquidiert (14. 7.) *Das führte zunächst beim Augustkontrakt zu einem Preisrückgang um das zulässige* $ 25,- *Limit (limit-down), woraufhin die Liquidationen auf den Kassamarkt übergriffen, was den dortigen Druck auf die Preise nach Händlerangaben verstärkte.*[26]

Abschließend sei auf eine der Besonderheiten[27] der Kassa-Futuresbeziehung bei Gold (im Vergleich z. B. zu saisonal produzierten landwirtschaftlichen Commodities) eingegangen:

Gold zeichnet sich u. a. dadurch aus, daß seine Lagerbestände etwa das 60-70-fache (vgl. S. 23 ff.) der jährlichen Goldproduktion ausmachen und keinen regelmäßigen saisonalen Einflüssen unterliegen. Produktion und Produzentenangebot sind zudem auf das ganze Jahr verteilt und fallen nicht wie bei landwirtschaftlichen Produkten nur in der Zeit der Ernte schwerpunktmäßig an. Während bei letzteren Commodities der Kassapreis zu Beginn jeder neuen Saison c. p. auf den gleichen Wert wie im Vorjahr, zuzüglich eines evtl. Inflationszuschlages, zurückkehrt, im Verlaufe der Saison an-

---

[25] Vgl. die variablen Limit-Bestimmungen im einzelnen in den „COMEX-Gold Rules" (in der Fassung vom 28.1.1980, Rule 5).

[26] Vgl. Deutsche Sparkassenzeitung, 18. Juli 1980; bzgl. weiterer Limit-up/down-Konstellationen an der COMEX und anderen Goldfuturesbörsen vgl. die Jahrbücher der einzelnen Goldfuturesbörsen.

[27] Vgl. die Ausführungen zur Sonderstellung von Gold als Kassa- und Futureshandelsobjekt auf S. 136 f.

steigt, bis er zu Beginn der neuen Saison wieder abrupt fällt, bietet sich beim Gold ein zwar vergleichbares, jedoch weniger regelmäßiges Bild: Aufgrund des Fehlens der genannten Ernte-/Lagerzyklen bei Gold bewegt sich der Goldkassapreis c. p. nicht gleichmäßig-saisonal auf und ab; vielmehr verharrt er c. p. auf gleichem Niveau, zuzüglich einer evtl. Inflationsrate.

Da die Futurespreisaufschläge (Contangos) jedoch die Inflationsrate übersteigen (was sowohl theoretisch als auch praktisch zutrifft; vgl. weiter oben S. 35 u. S. 97 ff.), ergeben sich notwendig entweder

— eine stete Verzerrung der Goldfuturespreise im Zeitverlauf nach unten (wie es Schaubild 5 beispielhaft zeigt) oder
— periodische Zusammenbrüche der gesamten Preisstruktur.

Eine permanente Verzerrung der Goldfuturespreise im Zeitverlauf nach unten (die erstgenannte der beiden theoretisch denkbaren Konstellationen) läßt sich anhand des folgenden einfachen Beispiels verdeutlichen: Bei Annahme einer 5 %-igen Jahresinflation, eines 2 %-igen Realzinses und unter Vernachlässigung von Lager- und Versicherungskosten könnte sich theoretisch eine Verzerrung der Goldfuturespreise für die gehandelten Monate im Zeitverlauf nach unten ergeben, wie sie aus Schaubild 5[28] hervorgeht: Bei einem Goldkassapreis von $ 400,-/Unze zu Jahresbeginn 1981 hätte der Januar-1982-Kontrakt einen Preis von $ 428,- ($ 400,- + 7 % Nominalzins). Bis zum Jahresbeginn 1982 steigt der Kassapreis c. p. auf $ 420,- ($ 400,- + 5 % Inflationsrate), während der Preis des Januar-1982-Kontrakts hypothetisch auf denselben Wert ($ 420,-) zurückgehen muß. — Dies gilt deshalb, weil jeder auslaufende Futureskontrakt, der lange genug gehalten wird, zu Kassaware wird (vgl. S. 21 u. 97) und daher Kassapreis gleich Futurespreis sein müssen.

Für den Inhaber des Long-Goldfutureskontrakts (der auf einen Anstieg des (Gold)futurespreises spekuliert) wäre somit von vorneherein absehbar, daß der Preis seines Futureskontrakts c. p. im Laufe des Jahres sinkt, statt c. p. zumindest konstant zu bleiben.

Wie die Praxis allerdings zeigt, ist festzustellen, daß "the nature of price uncertainty and speculative behavior is such that it does not. Were spot prices to remain on such a stable course such a bias would develop and the market would die. A consistent downward bias is too discouraging to long speculators to persist. Instead, the market moves upward in speculative surges and periodically collapses."[29]

Die Praxis bestätigt somit den zweitgenannten theoretischen Ansatz periodischer Zusammenbrüche der gesamten Preisstruktur.

---

[28] Vgl. das Silber-Beispiel bei Hieronymus, Thomas A. — Economics ..., a.a.O., S. 164 f.

[29] Aus: Hieronymus, Thomas A. — Economics ..., a.a.O., S. 166.

Schaubild 5: Theoretisch denkbare chronische Abwärtsverzerrung der Goldfuturespreise

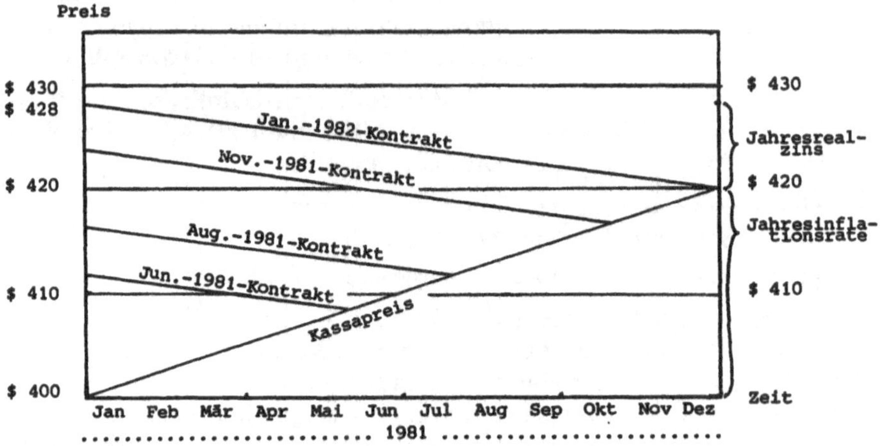

2. Cash-forward- und Futuresgold

Bis zum Beginn der 80er Jahre hat nahezu die gesamte akademische Literatur Cash-forward- und Futureskontrakte behandelt, als seien sie synonym und übten exakt die gleichen ökonomischen Funktionen aus.[30]

Es kann jedoch gezeigt werden, daß dies nicht der Fall ist[31], da beide Märkte bemerkenswerte Unterschiede aufweisen.

So verdeutlicht u.a. Abschnitt VI. IV. 2.a), S. 141 ff. in Form eines Marktattraktivitätsvergleichs auch solche Unterschiede, die sich formaltheoretisch schwierig oder gar nicht darstellen lassen, jedoch teilweise von erheblicher praktischer Relevanz sind.

Jarrow/Oldfield stellen diesbezüglich fest, daß "margin requirements, transaction fees, taxes and institutional trading restrictions may substantially influence the . value relationship"[32].

[30] Vgl. Cox, J.C., J. E. Ingersoll u. St. A. Ross — „The Relation Between Forward Prices and Futures Prices", in: Journal of Financial Economics, Vol. 9 (1981), S. 321-346, hier: S. 321.

[31] Hierzu vgl. ebenda sowie Richard, S. F. u. M. Sundaresan — „A Continous Time Equilibrium Model of Forward Prices and Futures Prices in a Multigood Economy", in: Journal of Financial Economics, Vol. 9 (1981), S. 347-371 und Jarrow, R. A. u. G. S. Oldfield — „Forward Contracts and Futures Contracts", in: Journal of Financial Economics, Vol. 9 (1981), S. 373-382.

[32] Aus: Jarrow/Oldfield — „Forward Contracts . . .", a.a.O., S. 374. Entsprechende Effekte werden durch die Autoren allerdings nicht untersucht.

In diesem Abschnitt soll indes auf die Untersuchung des theoretischen Unterschieds zwischen Cash-forward- und Futureskontrakten bzw. -preisen abgestellt werden, der sich aufgrund des täglichen 'marking to market' (vgl. S. 37) an den Futuresbörsen ergibt und den Mittelpunkt der neueren theoretischen Diskussion bildet.

Während bei Cash-forwardkontrakten die Bezahlung erst am Ende der Laufzeit erfolgt, werden dem Konto des Inhabers eines Futureskontrakts am Ende eines jeden Börsentages Gewinne gutgeschrieben bzw. Verluste belastet. Richard/Sundaresan charakterisieren Cash-forwardkontrakte daher auch als " 'maturity-payoff contracts' " bzw. Futureskontrakte als " 'continous-payoff contracts' "[33].

Der Unterschied in der Cash-Flow-Risiko-/Chancenstruktur zwischen beiden Kontraktarten spielt allerdings nur dann eine Rolle, wenn Zinsen stochastischer Natur sind. Ginge man hingegen von deterministischen Zinssätzen aus, so wären Cash-forward- und Futureskontrakte im wesentlichen äquivalent und deren Preise gleich[34] (hinreichende, aber nicht notwendige Bedingung).

Jarrow/Oldfield argumentieren, daß ein Futureskontrakt aufgrund der täglichen Cash-flows auch nicht identisch einem Cash-forwardkontrakt sei, der jeden Tag neu aufgelegt ("rewritten") wird.[35] Allerdings räumen sie ein, daß "a futures contract could be defined differently, if the day's payoff (or the payoff at a position's closeout) is defined as the discounted difference between futures prices, arbitrage can force forward prices and futures prices into equality despite random discount rates. Then a futures contract would become a forward contract rewritten each day and the interim payments themselves make no difference"[36].

Hinsichtlich des Wertes von Cash-forwardkontrakten und Futureskontrakten gilt folgendes: Beim Zeitpunkt des Abschlusses ist sowohl der Wert eines Cash-forward- als auch der eines Futureskontrakts gleich Null. Das gleiche gilt auch für den Wert des Futureskontrakts nach dem täglichen 'marking to market' (jeweils ebenfalls gleich Null). Anders ist es beim Cash-forwardkontrakt, der während seiner Laufzeit Gewinne und/oder Verluste akkumuliert. Allerdings kommt es auch am europäischen Gold-Cashforwardmarkt vor, daß während der Kontraktlaufzeit z. B. höhere Einschüsse geleistet werden müssen.

---

[33] Vgl. Richard/Sundaresan — „A Continous . . .", a.a.O., S. 355.

[34] Vgl. Black, Fischer — „The Pricing of Commodity Contracts", in: Journal of Financial Economics, Vol. 3 (1976), S. 167-179 sowie Cox, J. C. et. al. — „The Relation . . . .", a.a.O., S. 322.

[35] Jarrow/Oldfield — „Forward Contracts . . .", a.a.O., S. 373 u. 382.

[36] Ebenda, S. 380.

Die Berücksichtigung des täglichen 'marking to market' führt zu folgenden Definitionen der Preise von Cash-forward- und Futureskontrakten bzw. deren Relation: "At time t, the forward price is the present value of a *known* number ... of units of good i to be delivered at time T. The future price is the present value of a *random* number ... of units of good i to be delivered at time T. Thus the futures price represents a simultaneous speculation on both the future spot price and the number of units to be delivered, which in turn is determined by the future instantaneous interest rates. In contrast the forward price represents a speculation about the future spot price "[37].

Sowohl Jarrow/Oldfield als auch Cox et. al. führen aus, daß es sich bei Cash-forwardkontrakten unter bestimmten Voraussetzungen um eine redundante Handelsform handele:

Jarrow/Oldfield begründen dies mit der Feststellung, daß sich, — gegeben die Existenz friktionsloser Märkte sowohl für Kassaware als auch für "default-free discount bonds of all maturities"[38] — die Cash-flows eines Cash-forwardkontrakts duplizieren lassen und dieser dadurch zur "redundant security"[38] wird. Dies gelte demgegenüber nicht für Futureskontrakte.

Die Autoren schränken jedoch ein: "The . argument does not follow if storage costs are stochastic. With stochastic costs, it is not possible to construct a perfectly hedged portfolio with the spot commodity and default-free bonds alone "[39].

Cox et al. begründen die Redundanz des Cash-forwardmarkts analog: "If it is always possible to trade at equilibrium futures prices and interest rates, then this hedging portfolio (containing n futures contracts and borrowing or lending at the spot interest rate r which will require no subsequent investment and will duplicate the payoff to a forward contract on the maturity date; aus: ebenda S. 340, d. Verf.) will have the same value as the forward contract on the maturity date "[40].

Gleichzeitig räumen Cox et al. allerdings ein: "An exact hedging strategy using only (a finite number of) futures contracts may not be possible, and even if possible, it would typically require more information than is needed when employing forward contracts. It may appear that this is a necessary consequence of the resettlement feature of futures contracts. This would be unfortunate, since resettlement may provide certain advantages "[41].

---

[37] Richard/Sundaresan — „A Continous ...", a.a.O., S. 362.

[38] Vgl. Jarrow/Oldfield — „Forward Contracts ...", a.a.O., S. 377.

[39] Ebenda, S. 377, Index 6.

[40] Cox, J. et al. — „The Relation ...", a.a.O., S. 340.

[41] Cox, J. et al. — „The Relation ...", a.a.O., S. 335.

Ein friktionsloser Handel in Kassaware und 'default-free discount bonds' (vgl. die Argumentation von Jarrow/Oldfield) würde implizieren, daß keine zusätzlichen Informationen gegenüber einem Handel nur in Cash-forwardkontrakten erforderlich werden. Dies erscheint zumindest fraglich.

Unter Berücksichtigung dieses Aspekts, der einschränkenden Feststellungen der oben zitierten Autoren sowie unter Zugrundelegung der in der Realität vorgefundenen Handelsbedingungen (für Transaktionen in Kassagold, Cash-forward-, Futureskontrakten und bonds sowie Kreditaufnahme bzw. -vergabe) kann eine praktische Redundanz des Gold-Cash-forwardmarkts nicht erkannt werden.

Obgleich Preisunterschiede vergleichbarer Cash-forward- und Futureskontrakte theoretisch denkbar erscheinen, ist generell (d. h. ohne Bezug auf einen bestimmten Commoditymarkt) festzustellen, daß „the empirical magnitude of the effect introduced by the continual resettlement feature of futures contracts remains an open question"[42].

Wie im vorhergehenden Abschnitt verdeutlicht wurde, sind bisher an Gold-Cash-forward- und -futuresmärkten keine permanenten oder länger andauernden Preisunterschiede bekanntgeworden[43].

II. Preiseskalierung oder Preisdämpfung durch Goldfuturesmärkte?

1. Die beiden vorherrschenden Gegenpositionen

Die wissenschaftliche Diskussion über Art und Ausmaß des Einflusses von Futuresmärkten auf die Notierungen am zugrundeliegenden physischen Markt ist nicht nur auf Gold beschränkt. Jedoch ist im Gefolge der Goldpreisschwankungen zum Jahreswechsel 1979/80 eine verstärkte Diskussion über die Frage entbrannt, inwieweit die in den USA zum 31. 12. 1974 neu eingeführten Goldfuturesmärkte eher eskalierende oder dämpfende Einflüsse auf die Preise am physischen Markt ausüben[44].

---

[42] Ebenda, S. 342.

[43] Wären solche vorhanden, dann wäre es aus genannten Gründen nicht statthaft, auf eine einseitige Verursachung durch das 'marking to market'-Prinzip zu schließen.

[44] Vgl. die Bemerkung von Peter D. Fells auf der Internationalen Gold-Konferenz in London am 18./19. Mai 1981:

„The . point, which frankly I'm totally puzzled about, is the impact of the futures market on the volatility of the price, and the level of price. I think it's obvious that, with the volumes in the futures markets in the Far East and North America being

Die Beantwortung dieser Frage ist nicht zuletzt ein wichtiger Bestandteil der Kosten-/Nutzenbeurteilung von Goldfuturesmärkten. Sie gibt außerdem Aufschluß darüber, ob und wenn ja, wie und in welchem Ausmaß Regulierung durch Börsen und/oder öffentliche Organe erforderlich und wünschenswert sind.

Daß die Goldfuturesmärkte Einflüsse auf die Notierungen am physischen Markt ausüben, wird von keiner Seite gänzlich infrage gestellt. Über die Art und das Ausmaß des Einflusses ist man sich indes uneins.

Die Wiedergabe von Äußerungen führender Goldmarktexperten in der Tagesberichterstattung, Verlautbarungen bei Goldkonferenzen, wie auch gelegentliche Bemerkungen in Fachjournalveröffentlichungen haben in der Vergangenheit ein Meinungsfeld geprägt, das gespalten erscheint.

Die Trennungslinie zwischen den beiden argumentativen Lagern ist nicht einfach zu ziehen, augenfällig ist jedoch eine gewisse Frontstellung zwischen Europa und den USA. Während auf europäisch geprägter Seite die Ansicht vorzuherrschen scheint, daß die Einführung und der Ausbau der Goldfuturesmärkte „exzessive" spekulative Kräfte[45] anzieht, die zu Preisausschlägen führen, die oft als „irrational", „erratisch" oder „unlogisch" bezeichnet werden, nimmt die mehr amerikanisch geprägte Seite die konträre Position ein: Erst das Vorhandensein von Goldfuturesmärkten schaffe die Voraussetzung für einen möglichst eskalationsfreien Preisbildungsprozeß.

Wie sich bei näherer Betrachtung zeigt, handelt es sich bei den Vertretern der mehr europäisch geprägten Meinung in der Hauptsache um direkt oder zumindest indirekt mit dem physischen Goldhandel in Verbindung stehende Personen.

Vertreter Schweizer Goldhandelsbanken beispielsweise haben des öfteren in der Vergangenheit darauf hingewiesen, daß ihrer Auffassung nach die Goldpreisschwankungen durch die Einführung der Goldfuturesmärkte zu-

---

what they are now that they must have some influence on the day-to-day price. What I find totally puzzling is to know over what period of time that influence persists, and whether you could say looking back over a year, if the presence of these markets has resulted in a higher average price over that year, or lower, or if it doesn't make any difference anyway."

Aus: World Gold Markets 1981/82, a.a.O., S. 76; P. Fells ist Executive Director von Consolidated Gold Fields Ltd. und dort verantwortlich für Corporate Development und Commodity Research. In der ersten Hälfte der 70er Jahre war er Herausgeber des jährlichen Goldreports der Consolidated Gold Fields Ltd.

[45] „Spekulation" wird in der Diskussion meist als undifferenzierter Begriff verwandt. Die vorliegende Arbeit zeigt allerdings die Wichtigkeit der Unterscheidung einzelner Spekulantentypen nach dem Kriterium der Informiertheit (zeitlich, quantitativ, qualitativ) auf.

genommen haben[46]. Walter Frey, einer der führenden Schweizer Goldexperten, kritisierte, an der COMEX werde zu nervös auf Nachrichten reagiert, die oft nur von minimaler Bedeutung für den Goldhandel seien. Hausse- oder Baissetendenzen bei anderen Rohstoffen, die nichts mit Gold zu tun hätten, würden auf Gold übertragen[47].

Die Eröffnung des längere Zeit geplanten Londoner Goldfuturesmarkts wurde unter anderem deswegen verzögert, weil maßgebliche Londoner Kreise einen Anstieg der Goldpreisvariabilität durch vermehrt aktiv werdende spekulative Kräfte befürchteten. So stellte auch der Governor der Bank of England, Gordon Richardson, im Oktober 1979 rückblickend fest, "that the gold futures market already operating in the U.S. may have reinforced and certainly has not moderated the gyrations of prices in the physical markets"[48].

Ähnliche Reserviertheit findet sich im übrigen teilweise auch auf japanischer Seite. Zumindest zu Beginn des neuen Tokioter Goldfuturesmarkts haben die Mitglieder des Verbands japanischer Goldbarrenhändler auf eine Beteiligung mit der Begründung verzichtet, daß durch den Goldfuturesmarkt die Spekulation übergebührlich angeheizt werden könnte[49].

Die genannten exemplarischen Feststellungen mögen indes zur Abgrenzung der Position der Befürworter der Destabilisierungsthese genügen.

Die Vertreter der Stabilisierungsthese rekrutieren sich vornehmlich aus amerikanischen[50] Broker-, Börsen- und Berufsfutureshändlerkreisen. Beispielhaft für deren Position war die Reaktion auf den Vorwurf von europäischer Seite[50], die Spekulation an den Goldfuturesmärkten habe den Goldpreis während der Hausse 1979/80 auf Rekordhöhen getrieben: Baissespekulanten seien praktisch die einzigen gewesen, die während der Hausse verkauften. Dies habe den Preisauftrieb gedämpft[51]. An anderer Stelle wird von einem Vertreter der Stabilisierungsthese festgestellt, daß ".open interest numbers are often used as proof by those trying to proof there is excessive speculation in the futures markets, and that this speculation leads to abnormal price fluctuations. The only thing these people prove is that they do not understand how futures markets work. Speculators fre-

[46] Vgl. u.a. Financial Times (William Hall), 12. Juni 1979.

[47] Vgl. die Wiedergabe der Äußerungen Walter Freys (Schweizer Bankverein) im Handelsblatt (HB), 23. Juni 1978.

[48] Financial Times (Richard Mooney), 26. Juli 1980; vgl. dazu auch: „Futures Markets-Three More?", in: The Banker, April 1981, S. 105.

[49] Vgl. Blick durch die Wirtschaft (o. V.), 30. Dezember 1981.

[50] Da der Schwerpunkt des Handels in physischem Gold Europa ist und der des Handels in Goldfutures die USA, ergibt sich eine scheinbare Dichotomie 'amerikanisch-europäisch'.

[51] Vgl. Blick durch die Wirtschaft (hi), 15. Januar 1980.

quently buy gold when the actual producers and users of the metal have little incentive to sell, and they sell when those in the industry have little reason to buy. This willingness to buy and sell at nearly any time provides a liquid market for easy hedging and acts as a levelling influence on the marketplace. Ironically enough, it serves to hold down the very price fluctuations speculators are often accused of aggravating. In addition, the daily trading limits on gold futures are strong safeguards against purely speculative influences causing major and unwarranted upward or downward price movements"[52].

2. Eine eigene Position

Es stellt sich die Frage, wie es zu der genannten Frontstellung der beiden Gegenmeinungen kommt bzw. gekommen ist. Liegen die Gründe in unterschiedlichen theoretischen Ausgangspositionen und/oder spielen andere Komponenten wie z. B. Interessengesichtspunkte eine Rolle? — Nach Meinung des Autors trifft aus folgenden Gründen beides zu:

1. Weder die Argumente der Vertreter der 'Stabilisierungsthese' noch die der anderen Seite sind in sich vollständig bzw. stichhaltig. Insbesondere mangelt es an einer Gesamtdarstellung theoretisch denkbarer Stabilisierungs- wie Destabilisierungsmechanismen und deren anschließender Prüfung dahingehend, ob sie auf den internationalen Goldmarkt zutreffen oder nicht.

2. Neben der Diskrepanz zwischen theoretischem Erkenntnisstand und in der Praxis beobachtbaren Phänomenen vermittelt der Blick auf mögliche Unterschiede in Interessenstandpunkten Denkansätze (vgl. hierzu Abschnitt VI. IV. 1. b)). Die direkt und indirekt an den Goldfuturesmärkten Beteiligten sind an deren Weiterexistenz und dies unter möglichst liberalen Bedingungen interessiert. Zunehmende Kontrollen von seiten der CFTC, etwa zur Eindämmung spekulativer Engagements, würden mit hoher Wahrscheinlichkeit die Verdienstmöglichkeiten der Börsenhändler, der Broker und des teilnehmenden Publikums beeinträchtigen. Argumente, die den ökonomischen Nutzen der Goldfuturesmärkte, einschließlich stabilisierender Wirkungen, belegen sollen, sind daher von dieser Seite zu erwarten.

Anders ist die Lage bei den schwerpunktmäßig im Handel mit physischem Gold engagierten Goldmarktteilnehmern. Allen voran sehen die großen Edelmetallhäuser Londons sowie die Schweizer Goldhandelsbanken im wachsenden amerikanischen Goldfuturesgeschäft eine zunehmende Beein-

[52] Melamed, Leo — „The Sun Never Sets on Modern Gold Trading", in: Gold 1981/82, a.a.O., S. 87; Dr. Melamed gilt als Mitbegründer des International Monetary Market.

trächtigung ihrer ehemals beherrschenden Rolle im weltweiten Goldmarktgeschehen. Nach den ersten $2^1/_2$ Jahren der Anlaufphase der U.S.-Goldfuturesbörsen mußten sie bei dort ständig zunehmendem Handelsvolumen immer deutlicher erkennen, daß ihnen die 'Kontrolle' über die kürzerfristige Goldpreisentwicklung entglitt.

Auf diesem Hintergrund ist auch ihre eher ablehnende Haltung gegenüber dem mittlerweile existierenden Londoner Goldfuturesmarkt zu erklären.

Die folgenden Abschnitte des Kapitels VI haben zum Inhalt:

1. den grundlegenden Zusammenhang zwischen Goldfutures- und -spotmärkten darzustellen,

2. den Einfluß der Goldfuturesmärkte auf die Notierungen am physischen Markt und umgekehrt als einen vielgestaltigen Prozeß zu begreifen, der auf einer Anzahl verschiedenster Komponenten beruht, die es im einzelnen zu analysieren gilt,

3. die internationalen Goldmarktgegebenheiten zu isolieren, die sich durch die Einführung der Goldfuturesmärkte verändert haben sowie schließlich

4. die Goldfuturesmarkteinflüsse auf Goldkassapreise und vice versa zu beschreiben, die aufgrund der veränderten internationalen Goldmarktgegebenheiten auftreten.

Abschnitt VI. IV. 2. b) prüft, inwieweit Goldfuturesmärkte und/oder -spotmärkte als Preisführer in Erscheinung treten und untersucht die Ursachen. Abschnitt VI. IV. 2. c) erläutert die Wirkungen der Handelsteilnahme des breiten Publikums. Die Abschnitte VI. IV. 2. d) und e) schließlich analysieren die Wirkungsweisen technischer Einflußfaktoren und manipulativer Aktivitäten.

Insgesamt kommt die vorliegende Arbeit zu dem Schluß, daß sich keine Anhaltspunkte für eine stabilisierende Wirkung der Goldfuturesmärkte auf die Spotpreise finden, daß vielmehr von den Goldfuturesmärkten vielfältige destabilisierende Impulse ausgehen und via Arbitrage auf die Spotmärkte übertragen werden.

III. Durch die Einführung der Goldfuturesmärkte international veränderte Marktgegebenheiten

Der internationale Goldhandel hat in den Siebziger Jahren bedeutende Veränderungen erfahren. Dazu zählen neben der Liberalisierung von Besitzbestimmungen die Auswirkungen wirtschaftlicher und politischer Krisen in Form extremer Goldpreisschwankungen sowie nicht zuletzt die Schaffung neuer Märkte und Handelsformen und die damit verbundene zunehmende Internationalisierung und Popularisierung des Handels mit Gold.

Unterkapitel VI. III. analysiert die Veränderungen im internationalen Goldhandel, die sich durch die Einführung der großen U.S.-Goldfuturesmärkte ergeben haben. Das darauf aufbauende anschließende Unterkapitel VI. IV. beantwortet die Frage, welche Auswirkungen die veränderten Gegebenheiten im internationalen Goldhandel auf die Preisschwankungen am physischen Markt besitzen.

1. Ein neuer Markt

Bis zur Mitte der Siebziger Jahre waren London und Zürich die unbestrittenen Zentren des internationalen Goldhandels. Was das physische Geschäft angeht, hat sich daran bis heute — und wird sich auch für absehbare Zukunft — nichts verändern.

Mit der Gründung der Goldfuturesmärkte in den USA und der gleichzeitigen Aufhebung der Goldbesitzbeschränkungen für U.S.-Bürger und -Gesellschaften zum 31. Dezember 1974 kam allerdings ein völlig neuer Marktfaktor ins Spiel, der die bis dahin unangefochtene Führungsrolle Europas im internationalen Goldgeschäft einschließlich der Goldpreisbildung in Frage stellte.

Folgende, durch die Gründung der U.S.-Goldfuturesmärkte verursachte Veränderungen im internationalen Goldhandel trugen dazu bei:

1. Der weltweite 'Goldhandelstag' wurde um eine Zeitzone verlängert. Unter anderem dieser Schritt in Richtung eines 24-stündigen Weltgoldhandels provozierte in den Jahren 1978-82 die Gründung weiterer Goldfuturesmärkte in anderen, bisher nicht handelsaktiven Zeitzonen (Sydney, Singapur, Hongkong, Sao Paulo, Tokio und London).

Die Gründung der U.S.-Goldfuturesbörsen bildete somit den Auftakt zu einer völligen Internationalisierung des Goldmarkts. Die Präsenz von Hedgern, Spekulanten und Arbitrageuren an den eigenen nationalen wie auch an ausländischen Märkten ist mittlerweile zu einem gewohnten Bild geworden. Durch die Verlängerung des Goldhandelstages wurde es europäischen Händlern möglich, länger als sonst üblich im Markt zu bleiben. Natürlichen wie juristischen Personen in den USA wurde erstmals die Teilnahme am Goldhandel — außer in der eigenen auch in der zeitlich vorgelagerten europäischen Zeitzone ermöglicht.

Der isoliert betrachtete Faktor der Ausweitung des Goldhandels auf eine weitere Zeitzone hatte damit markt-/umsatzbelebende Effekte zur Folge.

2. Die Gründung der U.S.-Goldfuturesbörsen erschloß ein bedeutendes neues Marktpotential: einmal in Form der in den USA ansässigen Hedger und Spekulanten wie auch der Arbitrageure, die neben der nationalen Arbitrage auch internationale Arbitrage betreiben und zum anderen durch die Teilnahmemöglichkeit auch nicht-amerikanischer Händler am U.S.-Goldfutureshandel.

Die neuen Goldfuturesbörsen boten damit einem bestimmten Teilnehmerkreis (U.S.-Ansässige) zum ersten Mal die Möglichkeit einer Beteiligung am Goldhandel überhaupt, während sie den bestehenden internationalen Goldhandel durch eine neue Handelsform bereicherten. „Neu" bezieht sich hier insbesondere auf die Leichtigkeit des Marktzutritts, die aus der Art des Handels (Börsenhandel), der Standardisierung der Kontrakte, niedriger Margins u. a. m. resultiert(e) (vgl. Abschnitt VI. III. 2.; vgl. den allerdings nur bedingten 'Neuigkeitsgehalt' der U.S.-Goldfuturesbörsen für Hedger in Abschnitt VI. IV. 2. a)).

Die Verfügbarkeit einer neuen Handelsform, außer in der europäischen auch in einer zusätzlichen Zeitzone, schuf eine Alternative zu bestehenden Goldhandelsformen, sowohl im komplementären (Zusatzgeschäfte; Additiveffekt) wie im substitutiven (Ersatzgeschäfte; Konkurrenzeffekt) Sinne (vgl. unten, Abschnitt VI. III. 4.).

3. Statt *eines* mehr oder weniger zentralen, weltweit führenden (europäischen) Goldmarktes entstanden durch die Geschäftsaufnahme der U.S.-Goldfuturesmärkte, trotz sich entwickelnder Verflechtungen, zwei Weltgoldmärkte, die ein 'Eigenleben' bewahrten, wobei sich das der U.S.-Goldfuturesbörsen zunehmend verstärkte.

Das 'Eigenleben' beider Märkte ergab sich nicht nur durch die o. g. zeitlich-geographische Trennung sowie die Unterschiede in der Marktgröße und Marktzusammensetzung des europäischen und des U.S.-Markts, sondern auch durch grundsätzliche handelstechnische Differenzen und Unterschiede in der Handelsmentalität. Die am U.S.-Markt vorherrschende Handelsmentalität wird von europäischen Goldhändlern durch Begriffe wie 'chart' — bzw. 'technisch' — sowie 'kurzfristig' — und 'stark spekulativ orientiert' charakterisiert.

4. Der Beginn des börsengeregelten U.S.-Goldfutureshandels bildete den Auftakt einer Phase des Lernens, Gewöhnens und Umdenkens insbesondere auf der im Goldhandel seit vielen Jahren etablierten europäischen, aber auch der amerikanischen Seite:

Europäische Goldhändler hatten sich in erster Linie mit der zunehmend deutlicher werdenden Trennung des geographisch-zeitlichen Zusammenhangs zwischen physischem Goldgeschäftsschwerpunkt (Europa) einerseits und Schwerpunkt des Umsatzes (USA) andererseits abzufinden. Zumindest zu Beginn war es für Europäer eine neue Erfahrung, nach Geschäftsschluß in Europa einem anderen Markt 'das Feld überlassen' zu müssen: Da je einer der beiden Märkte während einer Kernzeit, in der der jeweils andere Markt nicht aktiv ist, sich selbst überlassen bleibt, prägt ersterer während seiner Handelsstunden die Weltgoldpreisbildung quasi im Alleingang.

Gleichzeitig wurde es mit der Gründung der U.S.-Goldfuturesmärkte für europäische und amerikanische Goldhändler erforderlich, sich gegenseitig vor Handelsbeginn „abzutasten", d. h. preislich aneinander auszurichten: Londoner und Zürcher Händler orientieren sich nunmehr an den Schlußnotierungen der COMEX bzw. des IMM, und umgekehrt bietet das Schlußgeschäft in Europa preisliche Anhaltspunkte für die U.S.-Börse. — Seit geraumer Zeit üben COMEX und IMM allerdings eine immer stärkere Sog- und Stauwirkung auf die europäischen Kassapreise aus, während umgekehrt die Orientierung der U.S.-Börsen an Londoner/Zürcher Schlußkursen weit weniger ausgeprägt ist (vgl. hierzu und zu der Beobachtung einer häufig von Londoner/Zürcher Schlußkursen bereits zu Handelsbeginn weitestgehend unabhängigen Preisgestaltung der U.S.-Goldfuturesbörsen Abschnitt VI. IV. 2.).

Der Prozeß auf amerikanischer Seite in Richtung der Erkenntnis, daß sich zumindest mittel- bis langfristig auch an den Goldfuturesmärkten entstandene Preisentwicklungen letztendlich den Gegebenheiten am physischen Markt anpassen müssen, scheint noch nicht abgeschlossen zu sein[53]. Zu verweisen ist in diesem Zusammenhang noch einmal auf die in Unterkapitel VI. I. gemachten Ausführungen zum grundsätzlichen Zusammenhang zwischen Goldfutures- und -spotmärkten.

Die folgenden Abschnitte VI. III. 2.-4. analysieren, welche Faktoren den Eintritt in den Goldfutureshandel und damit in den Weltgoldmarkt besonders attraktiv und leicht gestalten sowie die damit verbundenen Folgen im Hinblick auf Marktgröße und -zusammensetzung.

2. Der Markteintritt

Die Aufhebung des Goldbesitzverbots für Bürger der Vereinigten Staaten zum 31. Dezember 1974 und die zum gleichen Zeitpunkt erfolgte Gründung der heute weltweit führenden U.S.-Goldfuturesbörsen ermöglichten es breiten Bevölkerungskreisen zu günstigen Konditionen am internationalen Goldmarkt teilzunehmen (vgl. demgegenüber die Konditionen an den Kassamärkten in Kapitel IV).

[53] Anders sind die beträchtlichen Gewinne auf europäischer Seite während der letzten Jahre, die auf größerer Nähe zum physischen Marktgeschehen basieren, nicht zu erklären (vgl. unten, S. 161 u. 173).

Ebenso verschafften die Goldfuturesmärkte nordamerikanischen Hedgern eine mit niedrigen Kosten verbundene Risikotransferalternative zu den europäischen Cash-forwardmärkten (vgl. dazu den Marktvergleich Futures- versus Cash-forwardmarkt aus Hedger-Sicht in Abschnitt VI. IV. 2. a)).

Die Attraktivität der Goldfuturesmärkte gegenüber den Goldkassamärkten ergibt sich für Spekulanten als Resultante aus Kosten- wie auch anderen Überlegungen. Folgende Attraktivitätsfaktoren sind zu nennen:

Die Teilnahme am Goldfuturesmarkt ist erstens mit niedrigen Kommissionen verbunden, die meist unter den bid/ask-Spannen der Spotmärkte (normalerweise 0,5-1 %) liegen und nicht selten weniger als 2/100 % des Kontraktwertes ausmachen[54].

Zweitens ist der beträchtliche Hebel- oder Leverage-Effekt zu nennen: Mit begrenztem Kapitaleinsatz kann ein Vielfaches an Kontraktwert kontrolliert werden; damit verbunden sind die hohen Gewinnchancen eines Engagements an den Goldfuturesmärkten. Entscheidend für die Höhe des Hebeleffekts ist das Verhältnis aus dem beim Broker zu haltenden Einschuß und dem Wert des gehandelten Kontraktes, das in der Regel zwischen 5-15 % schwankt[55].

Drittens ermöglichen Goldfuturesmärkte vielseitige Handelskombinationen. So ist es z. B. möglich, auf beiden Seiten des Marktes gleichzeitig engagiert zu sein, bzw. auf derselben Seite in unterschiedlichen Kontraktmonaten. — Die bei Spread-Positionen verlangten Margins liegen im übrigen noch deutlich unter denen für einseitige Short- oder Long-Positionen.

Weiterhin bieten viertens Goldfuturesmärkte den dort aktiven Marktteilnehmern größere Flexibilität als an den Goldkassamärkten. Bestehende Positionen können vor Ablauf liquidiert werden und/oder bei gegenläufiger Preisbewegung auch 'gedreht' werden.

Einige abschließende Punkte, die es potentiellen Goldfuturesmarktteilnehmern leicht machen, sich an den Goldfuturesmärkten zu engagieren, sind die hohe Liquidität (Umsätze) und das effiziente Funktionieren des Börsen-Clearing (Minimierung des Kontraktpartnerrisikos) sowie die relative Unkompliziertheit des Handels: Der Goldfuturesmarktteilnehmer umgeht Schwierigkeiten, die mit dem physischen Besitzwechsel an Gold verbunden sind, wie Transferkosten, die durch Transport, bzw. Qualitäts- und Gewichtsprüfung anfallen sowie evtl. zu zahlende Umsatzsteuern.

---

[54] Vgl. Melamed, Leo — in: Gold 1981/82, a.a.O., S. 86.

[55] Die von der jeweiligen Goldfuturesbörse festgelegten Mindestmargins stellen Untergrenzen für die vom jeweiligen Brokerhaus geforderten Margins dar, deren Höhe sich wiederum nach der herrschenden Wettbewerbssituation sowie der individuellen Geschäftspolitik des einzelnen Kommissionshauses richtet.

Die genannten Punkte mögen indes genügen um darzulegen, daß durch die Gründung der Goldfuturesmärkte eine im Vergleich zu anderen Goldhandelsmöglichkeiten kostengünstige[56] wie auch ansonsten attraktive Alternative geschaffen wurde. Dies wird durch die Umsatzentwicklung in Goldfutures an den beiden führenden Börsen COMEX und IMM seit Mitte 1977 eindrucksvoll bestätigt. Der Umsatzzuwachs ergab sich durch eine steigende Beteiligung weniger von seiten professioneller Hedger als vielmehr von Spekulanten aus dem breiten Publikum.

3. Die Marktgröße — Auswirkungen der Goldmarkt- und -preispublizität

Die Gründe der bis heute erzielten Umsatzvolumina (an der COMEX pro Tag bis zu mehr als 4 Mrd. U.S.-$, an der COMEX und dem IMM im Jahre 1981 zusammen mehr als 500 Mrd. U.S.-$) bzw. der zu jeweiligen Zeitpunkten gemessenen Zahl offener Positionen liegen zu einem erheblichen Teil in der Erschließung des großen potentiellen Marktteilnehmerkreises durch die oben ausgeführte Attraktivität und Leichtigkeit des Markteintritts.

In nennenswertem Ausmaß haben allerdings auch öffentlich verbreitete Informationen über Goldmärkte und Goldpreise beabsichtigt und unbeabsichtigt zur Erschließung des Goldfuturesmarkt-Teilnehmerpotentials beigetragen:

Einen Großteil der Publikationen, die sich mit dem Goldhandel befassen, machen die Marketingaktivitäten durch Börsen, Broker und Anlagedienste aus. Dadurch, daß letztere über Einzelheiten des Goldmarkts, die Technik verschiedener Handelsformen sowie aktuelle Preisentwicklungen Informationen verbreiten, schaffen sie nicht nur einen höheren Kenntnisstand des Publikums, sondern motivieren gleichzeitig auch zur Teilnahme (aufgrund o. g. Faktoren insbesondere) am Goldfutureshandel (vgl. die in Abschnitt VI. IV. 1. b) gemachten Ausführungen zu Interessengesichtspunkten mit dem Ziel der Generierung möglichst hoher Umsatzvolumina). Vielfach reichte allerdings beim futuresbörsenerfahrenen U.S.-Publikum bereits die Tatsache der Gründung der Goldfuturesmärkte aus, um zum Handel zu motivieren: Gold wird häufig als eine Futureshandelsware 'wie andere auch' gesehen[57].

---

[56] Dies gilt auch im Vergleich zum Goldoptionsmarkt; so liegen an der European Options Exchange, Amsterdam, die seit dem 2. April 1981 den Handel in Goldoptionen zuläßt, die „round-trip"-Gebühren für mindestens 10 Optionskontrakte zu je 10 Feinunzen bei $ 10,- pro Kontrakt, bzw. bei bis zu $ 13,- pro Kontrakt, falls weniger als 10 Optionskontrakte erworben (geschrieben) werden.

Neben den „Know-how" vermittelnden Informationsschriften der Börsen, Broker und Anlagedienste sowie gelegentlichen Buchveröffentlichungen, Artikeln in Fachzeitschriften und Zeitungen zählen zu den umsatzsteigernden Marketingaktivitäten auch deren aktuelle Marktberichte und Preisanalysen.

Zu solchen, mit dem Ziel bewußter Umsatzsteigerung in Goldfutureskontrakten, publizierten Goldhandelsinformationen kommen die intentionsneutralen Informationen der Tagesmedien (Presse, Rundfunk, Fernsehen) hinzu. Die tägliche Marktberichterstattung[58] und insbesondere deren Hinweise auf spektakuläre Preisentwicklungen (in Form von Leitartikeln, Schlagzeilen, Nachrichtenmeldungen etc.) regen das Interesse der Öffentlichkeit im Hinblick auf eine potentielle oder verstärkte Marktpartizipation an. Zusätzlich besitzt die tägliche Publikation der an den Goldfuturesmärkten erzielten Notierungen in den führenden nationalen Wirtschaftszeitungen eine die Markttransparenz und das Vertrauen zum Markt erhöhende sowie dadurch nicht zuletzt die Marktteilnahme stimulierende Wirkung.

Die aktuellen Preisinformationen sind außer über die hochspezialisierten Warenterminbroker auch mittels eines eigenen Terminalanschlusses z. B. an den Reuter's Service in wenigen Sekunden zu erhalten.

4. Die Marktzusammensetzung

Nach etwa 2 1/2 Jahren der Anlaufphase[59], gegen Mitte des Jahres 1977, wiesen die führenden U.S.-Goldfuturesbörsen allmählich zunehmend beeindruckende Handelsvolumina auf, die seitdem noch ständig angewachsen sind. — Der folgende Abschnitt geht auf diesem Hintergrund auf die Frage nach der Zusammensetzung der hinter Goldfuturestransaktionen stehenden Institutionen und Personen ein, um damit einen Vergleich zu der Marktzusammensetzung der Goldkassa- und -forwardmärkte vor der Gründung der Futuresmärkte anstellen zu können.

---

[57] Nicht zuletzt daraus resultieren preisliche Zusammenhänge (die hier nicht weiter untersucht werden sollen), zwischen den Futuresmärkten für verschiedene Commodities wie Gold, Silber, Platin, Sojabohnen u.a.m., da spekulative Gelder von einem in einen anderen Futuresmarkt umgeschichtet werden bzw. in Spreads zwischen verschiedenen Commodities oder auch in Goldfutureskontrakte als Hedge für bestehende Wertpapierportefeuilles investiert werden.

[58] Vgl. Krümmel, Hans-Jacob — „Bedingungen für die Schwankungen der Goldpreise im Spiegel der Marktberichterstattung", in: Kredit und Kapital, 2. Heft 1979, S. 245-262.

[59] Jarecki berichtet, daß während der ersten gut 1 1/2 Jahre „the market stayed so quiet until September of 1976 that the traders played chess on the gold pit steps because they had so little else to do." aus: Jarecki, H. G. — „The Success of the U.S. Gold Markets . . . ", a.a.O., S. 2.

Im folgenden soll gezeigt werden, daß nicht nur solche Marktteilnehmer an den Goldfuturesmärkten agieren, die bereits vor der Existenz der Futuresmärkte im internationalen Goldhandel aktiv waren, sondern daß gerade durch die Hinzuziehung breiter Publikumskreise zu den Goldfuturesmärkten ein veränderter Marktteilnehmerkreis auf die internationale Goldpreisbildung Einfluß nimmt.

a) Anziehung bereits aktiver Goldmarktteilnehmer

Für Hedger, Spekulanten und Arbitrageure an den klassischen Goldkassa- und -Cash-forwardmärkten haben sich durch die Einführung der Goldfuturesmärkte zusätzliche Handelsmöglichkeiten eröffnet. Dabei lassen sich Substitutions- und Additivgeschäfte unterscheiden.

Unter Substitutionsgeschäften sollen solche Futuresmarkttransaktionen verstanden werden, die Goldfuturesmarktteilnehmer anstelle von Goldkassa- bzw. -Cash-forwardgeschäften tätigen, da letztere nach ihrer Einschätzung gegenüber gleichgerichteten Futuresmarktgeschäften weniger attraktiv erscheinen. Beispiele für typische Substitutionsgeschäfte sind der Erwerb einer Goldfuturesposition durch einen Spekulanten, der eine entsprechende Kassamarkttransaktion, die er sonst vorgenommen hätte, stattdessen unterläßt oder das Eingehen einer Goldfuturesposition durch einen langjährigen Hedger, der hierdurch eine sonst durchgeführte Cash-forwardtransaktion ersetzt.

Unter Additivgeschäften sollen demgegenüber solche Goldfuturestransaktionen verstanden werden, die nicht als (besserer) Ersatz von Kassa- oder Cash-forwardgeschäften (und damit neutral in Bezug auf das Weltgoldhandelsvolumen) getätigt werden, sondern zusätzlich zum Weltgoldhandelsvolumen beitragen. Beispielhaft kann der Arbitrageur angeführt werden, der zur Aufrechterhaltung eines intertemporär-geographischen Goldpreisgleichgewichts durch Futures- und/oder Spot- bzw. -Cash-forwardtransaktionen beiträgt (vgl. Abschnitt VI. I.).

Obgleich in Ermangelung geeigneten Zahlenmaterials das exakte Ausmaß substitutiver Futuresgeschäfte (als Ersatz für Goldkassa- oder -Cashforwardtransaktionen) nicht festgestellt werden kann, gibt es neben Plausibilitätsüberlegungen auch andere Aspekte, die auf den Substitutionscharakter eines Teils der Goldfuturesmarktumsätze hinweisen. So fand der Autor in Gesprächen mit europäischen Goldhändlern eine Bestätigung dafür, daß „sehr spekulativ orientierte“ Kunden, vornehmlich aus den USA, an die dortigen Goldfuturesmärkte abwanderten. Neben solchen Goldfuturestransaktionen mit Ersatzcharakter haben die Goldfuturesmärkte netto zusätzliches internationales Goldhandelsvolumen in Form von Arbitragegeschäften durch bereits längere Zeit aktive Goldmarktteilnehmer verursacht.

b) Neue Marktteilnehmer

Neben den erwähnten Substitutions- und zusätzlichen Arbitragegeschäften durch bereits an den internationalen Goldmärkten aktiv tätige Händler ergeben sich die Umsätze an den Goldfuturesmärkten auch aus Aktivitäten 'neuer Marktteilnehmer'. Unter 'neuen Marktteilnehmern' sind zum einen Hedger zu verstehen, die vor ihrer Teilnahme am Goldfuturesmarkt keine Partizipanten des Gold-Cash-forwardmarktes waren; zum anderen sind solche Spekulanten dazu zu zählen, die vor ihrem Goldfuturesengagement noch keine oder nur marginale Erfahrung mit anderen Formen des internationalen Goldhandels hatten und sich weitestgehend aus dem Publikum rekrutieren. Hierbei mag es sich zum Teil durchaus um futuresmarkt-erfahrene handeln, die gleichwohl, was Gold als Commodity angeht, als unerfahren angesehen werden müssen.

Mehrere Faktoren haben zu der letztgenannten regen spekulativen Publikumsbeteiligung an den Goldfuturesmärkten beigetragen:

Ein erster Einflußfaktor liegt in der o. g. Attraktivität und Leichtigkeit des Markteintritts in die Goldfuturesmärkte: Unter Aufwendung geringer Kosten kann ein bedeutender Kontraktwert mit hohen Gewinnchancen, allerdings auch Verlustrisiken (Leverage-Effekt) kontrolliert werden. Für viele „Amateurspekulanten" ist die Teilnahme am internationalen Goldmarkt erst durch die niedrigen Kosten[60] attraktiv gestaltet bzw. überhaupt ermöglicht worden.

Ein zweiter Einflußfaktor ist in dem allgemeinen Boom in Metall- und landwirtschaftlichen Futuresmärkten zu sehen[61], der u. a. als Folge aggressiven Marketings auftrat.

Ein weiterer Grund für die hohe Publikumsbeteiligung kann drittens in der mit der Gründung der Goldfuturesmärkte verbundenen Publizität (vgl. Abschnitt VI. III. 3.) gesehen werden, die sich fördernd auf die Umsätze ausgewirkt haben dürfte. Sowohl „Amateurspekulanten" mit Erfahrung an anderen Commodity-Futuresmärkten, als auch neue Marktteilnehmer ohne entsprechende Vorerfahrungen wurden durch erhöhte Publizität auf Goldfuturesmärkte aufmerksam und zum dortigen Handel motiviert. Verstärkte Goldmarktpublizität, vornehmlich in den Massenmedien, zeigte sich in der

[60] Vorteilhaft für Long-Hedger gestalt(et)en sich z. B. auch die niedrigen „Carrying Charges" (Contangos): „The futures market gave the investor and portfolio manager the opportunity to buy gold for future delivery at a very low premium to spot gold, a premium or 'carrying charge' equal to highly competitive Eurodollar rates." ... „The futures price was, then, so cheap that no one outside the interbank money market was motivated to want physical gold." aus: Jarecki, Henry G. — „The Success of the U.S. Gold Markets ...", a.a.O., S. 3.

[61] Vgl. ebenda, S. 2 f.

Vergangenheit insbesondere bei stärkeren täglichen Schwankungen des Goldpreises.

Abschließend ist viertens die Möglichkeit zu erwähnen, daß sich die seit Mitte der Siebziger Jahre zunehmenden Goldpreisschwankungen hinsichtlich einer Beteiligung am Goldfuturesmarkt attraktivitätssteigernd (Chance zur schnellen Erzielung bedeutender Gewinne) ausgewirkt haben könnten. Dies ist dann der Fall, wenn zumindest für einen nennenswerten Teil der Goldfuturesmarktteilnehmer die Annahme zutrifft, daß mehr Anziehung von einem Markt 'mit Phantasie' ausgeht und zudem Umkehrpunkte mit hinreichend großer persönlicher Sicherheit erkannt werden können.

c) Die Bedeutung verschiedener Marktteilnehmergruppen für den Umsatz

Weiter oben, in Abschnitt III. II. 2. b) bb), waren Goldfuturesmarktteilnehmer börsenrechtlich (nach dem Kriterium anzuwendender Mindestmargins) in Spekulanten, Hedger und Arbitrageure unterschieden worden. — In diesem Abschnitt erscheint es dagegen sinnvoll, eine Abgrenzung nach dem Kriterium der Handelstechnik vorzunehmen, da sich letztere unmittelbar auf die Liquidität des Goldfuturesmarktes auswirkt. Handelstechnisch lassen sich wiederum drei verschiedene Marktteilnehmergruppen unterscheiden:[62] „Position traders", „Scalpers" und „Spreaders".

Zu der erstgenannten Kategorie zählen alle Marktteilnehmer, die entweder eine netto short — oder netto long — Futuresposition mit der Intention eingehen, diese für eine unbestimmte Zeit (von einem Tag bis zu mehreren Monaten) beizubehalten und sie erst beim Erreichen eines gesteckten Preisziels bzw. eines Stop-loss-Preisniveaus zu liquidieren. Hedger (generell „off-the-floor") rechnen vorwiegend zu dieser Kategorie, aber ebenso „on"- wie „off-the-floor"-Spekulanten. Kennzeichnend für sie sind die relativ längeren Anlagezyklen im Vergleich zu den „Scalpers" und „Spreaders". Aufgrund ihres weniger häufigen Einsteigens in und Aussteigens aus dem Markt stellen sie nicht die primäre Quelle einlaufender Orders bzw. der An- und Verkaufsgebote dar.

Die zweitgenannte Gruppe der „Scalpers" („market makers") besteht nahezu ausnahmslos aus „on-the-floor"[63] Händlern, die viele Male während

[62] Vgl. hierzu und im folgenden: Melamed, Leo — „The Futures Market: Liquidity and the Technique of Spreading", in: The Journal of Futures Markets, Vol. 1, 1981, No. 3, S. 405-411.

[63] Melamed begründet dies mit den höheren Kommissionen und Kommunikationsverzögerungen für Nicht-Börsenmitglieder; vgl. ebenda, S. 407.

einer Handelsperiode Positionen auf- und wieder abbauen und daher auch als kurzfristige „Position traders" bezeichnet werden könnten.

Der „Scalper" nennt simultane Kauf- und Verkaufspreise und versucht durch die Ausnutzung kleinster für ihn profitabler Preisveränderungen Gewinne zu erzielen. Je nach persönlicher Risikopräferenz wird er eine offenstehende Position unter Umständen sofort liquidieren, sobald sich für ihn auch nur der kleinste Gewinn einstellt, u. U. aber auch während eines Handelstages längere Zeit eine offene Position stehen lassen, um einen erhofften höheren Gewinn zu realisieren; sehr selten nur hält der „Scalper" eine offene Position über Nacht. Da der „Scalper" von kleinen und kleinsten Gewinnspannen lebt, hängt sein Erfolg entscheidend von der Höhe der getätigten Umsätze ab. Er ist daher ein für das bid-/offer-Volumen des Futuresmarkts entscheidender Faktor.

„Spreader" stellen allerdings die Marktteilnehmergruppe mit dem dominanten Liquiditätsanteil dar. Der Spreader versucht aus der Änderung von Preisdifferenzen Gewinn zu ziehen, indem er z. B. bei einem reinen Futuresmarktspread in einem Goldfuturesmonat „short geht" und in einem anderen Goldfuturesmonat (oder dem einer anderen, ökonomisch zu Gold in Beziehung stehenden Futureshandelsware) „long geht".

Dies kann, wie bei der Mehrzahl, simultan geschehen oder auch zeitlich versetzt (erst ein Spread-„Bein", dann das andere) und wiederholt sich unzählige Male während eines Handelstages[64].

Festzustellen ist, „that the member group („on-the-floor"-Händler; d. Verf.) is a much higher contributor to daily liquidity than the nonmember spreaders. Both categories combined, however, are an extremely important component in the open commitment of futures contracts and are, therefore, a major force in providing 'market thickness' and stability to the price structure"[65]. (vgl. die Analyse der Commitments-of-trader-Daten der CFTC für den Goldfutureskontrakt der COMEX von 1979-81 im anschließenden Abschnitt).

Insbesondere kommt den Spreadern Bedeutung bei Abschlüssen über weiter in der Zukunft liegende Goldfuturesmonate („distant" oder „deferred months") zu. Da gerade Hedger auch darauf angewiesen sind, weiter als 2-3 Monate in der Zukunft liegende Goldfuturesmonate zu (ver)kaufen, spekulative Gelder hingegen zum überwältigenden Teil in wenige naheliegende Goldfuturesmonate („nearby" oder „dominant futures") fließen, hängt von

[64] „The professional, 'local' spreader is an artist. His aptitude, agility, and ability to detect the slightest market shift is extraordinary. He is constantly active, moving as a buyer of one month to a seller of another, and immediately back again", aus: Melamed, Leo — „The Futures Market . . .", a.a.O., S. 407.

[65] Ebenda, S. 408.

der Gegenwart und Aktivität der Spreader die Funktionsweise der Goldfuturesmärkte als Risikotransfermechanismen entscheidend ab[66].

Trotz der grundsätzlichen Unterscheidbarkeit der Goldfuturesmarktteilnehmer in die drei genannten Händlerkategorien handelt es sich um keine starren Arbeitsteilungsmuster; vielmehr tätigen „Position traders", „Scalpers" und „Spreaders" von Fall zu Fall auch Geschäfte, die für eine jeweilig andere Gruppe charakteristisch sind.

Zusammenfassend bleibt festzuhalten: „Position traders" und unter ihnen in erster Linie on- und off-floor-Spekulanten stellen einen bedeutenden Marktfaktor dar; sie sind jedoch nicht die primäre Quelle von Marktliquidität. „Scalpers", nahezu ausnahmslos in der Börse tätig, verursachen einen bedeutenden Teil der Marktliquidität. Die liquiditätsmäßige Führungsrolle kommt den „Spreaders", in großer Mehrheit „on-the-floor", zu, die als Marktpartner für „distant-month"-Hedger unverzichtbar sind.

d) Die Bedeutung verschiedener Marktteilnehmergruppen für die Zahl offener Positionen

Zweck der vorangegangenen Abschnitte VI. III. 4. a)-c) wie auch dieses Abschnitts ist es zu zeigen, daß seit der Existenz der Goldfuturesmärkte ein anderer Marktteilnehmerkreis auf die internationale Goldpreisbildung Einfluß nimmt. Die Andersartigkeit beinhaltet dabei sowohl eine quantitative (größere Zahl der Marktteilnehmer und höheres Handelsvolumen) wie auch eine qualitative (veränderte Marktzusammensetzung) Komponente.

Umfassende und kontinuierliche Daten über die Goldfuturesmarktzusammensetzung (gemessen durch die Anteile bestimmter Marktteilnehmergruppen an der Zahl offener Positionen bzw. am Umsatz — vgl. Abschnitt c)) sind nicht zu erhalten. Der Grund hierfür liegt zum einen in der Geheimhaltungsabsicht bzgl. entsprechender Daten durch die Börsen, zum anderen bedürfte außerdem der Rohdatenbestand einer dem jeweiligen Untersuchungszweck konformen Aufbereitung. Gleichwohl genügt die Kenntnis der groben Umsatzdimensionen (vgl. die vorangegangenen Abschnitte) um daraus belegende Schlüsse für obige These ziehen zu können.

Ein etwas exakteres Bild als die Untersuchung der Marktzusammensetzung nach dem Umsatzkriterium liefert eine Betrachtung der Zahl offener Positionen. Im Frühjahr 1981 unternahm der IMM eine Studie, in der er untersuchte, welche Händlergruppen den Goldfuturesmarkt benutzten[67].

---

[66] Melamed bezeichnet die Gruppe der Spreader daher auch als „the backbone of market liquidity", in: Melamed, Leo — „The Futures Markets . . . ", a.a.O., S. 411.

[67] Vgl. im folgenden: Melamed, Leo — „The Sun Never Sets . . .", a.a.O., S. 84-91.

Unterschieden wurde in: Spekulanten, Minengesellschaften/Verfeinerungsanstalten, Bullionhäuser, Finanzinstitutionen sowie „Scalpers" und Endverbraucher.

„Scalpers" fallen allerdings 'naturgemäß' aus der Open-interest-Statistik heraus, da sie ausschließlich innertäglichen Handel betreiben. Desweiteren konnten die meisten Endverbraucher nicht identifiziert werden. Es wurde jedoch festgestellt, daß sie den Goldfuturesmarkt nicht in nennenswertem Umfang zu Hedgingzwecken benutzen[68].

Beide letztgenannten Marktteilnehmergruppen fallen somit aus den Open-interest-Studien des IMM heraus.

Schaubild 6: Zusammensetzung der Zahl offener Positionen im Dezember-1980-Goldfutureskontrakt des IMM am 1.10.1980

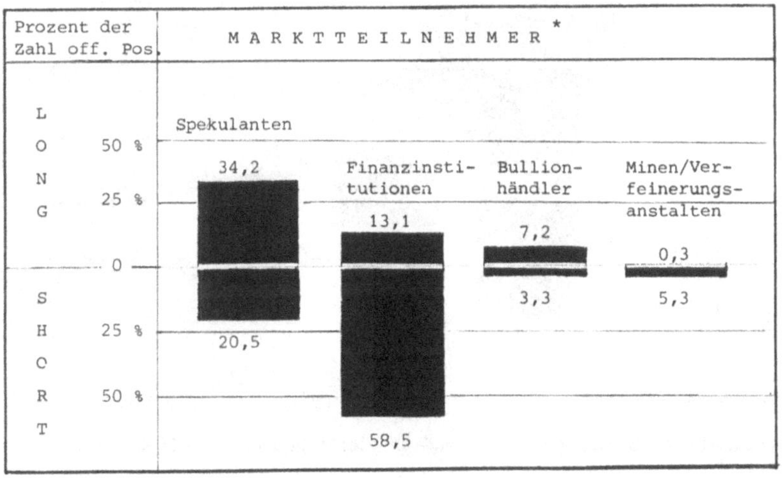

* = ohne Endverbraucher und „Scalpers"; Quelle: Melamed, Leo — „The Sun Never Sets...", a.a.O., S. 89.

Die erste der beiden Open-interest-Querschnittsanalysen datiert auf den 1. Oktober 1980 (Szenario: Goldpreis bei $ 700,-/oz., Iran-Irak-Krieg, Spannungen in Polen, U.S.-Geiseln in Teheran, Ungewißheit über den Ausgang der U.S.-Präsidentenwahl). Spekulanten waren netto „long" (sie hielten etwa 1/3 aller „long"-Positionen), während Finanzinstitutionen überwiegend

[68] Ebenso wurde die Partizipation südafrikanischer Minen als vernachlässigbar gering festgestellt; vgl. Melamed, Leo — „The Sun Never Sets...", a.a.O., S. 85.

„short" engagiert waren (sie hielten nahezu 60 % aller „short"-Positionen und lagen insofern ex post betrachtet in ihrer Markteinschätzung 'richtiger' als die en bloc betrachteten Spekulanten).

Ein ausgeglicheneres Bild hinsichtlich der Erwartung bei Spekulanten einerseits und Finanzinstitutionen andererseits zeigt sich bei der zweiten Open-interest-Querschnittsanalyse vom 26. Februar 1981 (Szenario: Goldpreis bei $ 480,-/oz., U.S.-Geiseln befreit, keine Verschlimmerung der Lage in Polen, Reagan als Präsident gewählt):

Schaubild 7: Zusammensetzung der Zahl offener Positionen im Juni-1980-Goldfutureskontrakt des IMM am 26.2.1981

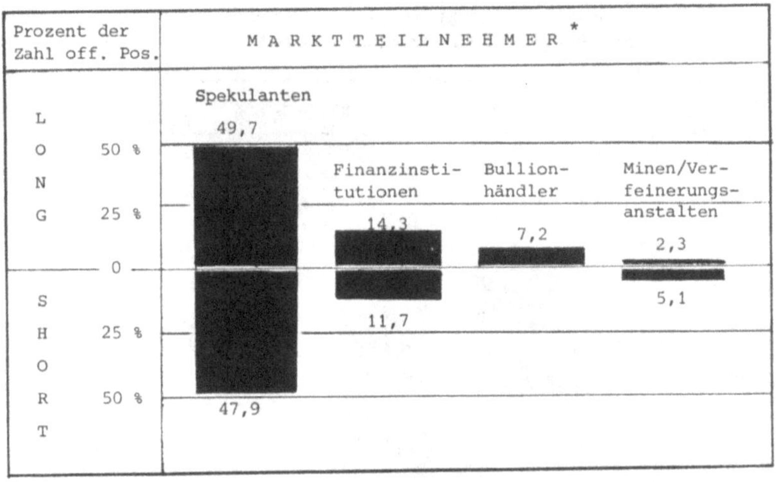

* = ohne Endverbraucher und „Scalpers"; Quelle: Melamed, Leo — „The Sun Never Sets...", a.a.O., S. 90.

Sowohl Spekulanten als auch Finanzinstitutionen waren zu diesem Datum nahezu gleich auf die „short"- bzw. „long"-Seite des Goldfuturesmarkts verteilt. Allerdings dominierten die Spekulanten den Markt mit jeweils nahezu 50 % des gesamten Bestandes an offenen „short"- und „long"-Positionen.

Zu Kontrollzwecken erhebt die CFTC sog. „Commitments of traders"-Daten, deren ständige Beobachtung der Verhinderung der Entstehung von „Corners" und/oder „Squeezes" (vgl. Abschnitt VI. IV. 2. e)) dienen soll.

Am Goldfuturesmarkt liegt der „reportable level" bei 100 Kontrakten: Erreicht oder übersteigt die Position eines Händlers 100 Goldfutureskontrakte, so ist er selber bzw. sein Broker dazu verpflichtet, seine Identität sowie die Art und Höhe seiner Goldfuturesposition der CFTC bekanntzugeben. Auf der Basis der täglich eingehenden Meldungen hat die CFTC dadurch einen ständigen Überblick über die Marktkonzentration.

Von Januar 1979 bis Dezember 1981 veröffentlichte die CFTC jeweils die Monatsenddaten der Goldfutureskontraktbestände der „Reportable traders". Tabelle 30 liefert einen Überblick über die Höhe und Zusammensetzung der Positionen großer Händler im genannten 3-Jahreszeitraum. Aus den „Commitments of traders"-Daten des COMEX-Goldfutureskontrakts wird folgendes deutlich:

1. Die Zahl der „Reportable traders" (Kriterium: 100 und mehr offenstehende Goldfutureskontrakte) hat sich von 314 (Ende Januar 1979) auf 97 (Ende Dezember 1981) annähernd kontinuierlich zurückentwickelt. Gleichzeitig hat sich allerdings der Anteil der Gruppe „Reportable traders" an allen Positionen im betrachteten Zeitraum kaum verändert, so daß festgestellt werden kann, daß sich innerhalb der „Reportable traders"-Gruppe eine Konzentrationstendenz bemerkbar gemacht hat: Weniger als ein Drittel der „Reportable traders" (beim Vergleich Ende Dezember 1981/Ende Januar 1979) hält etwa den gleichen Anteil (gut drei Viertel) aller offenen Goldfuturesmarktpositionen der COMEX.

2. Der Anteil der „Reportable traders" am Gesamt-Open-interest lag im beobachteten 3-Jahreszeitraum sowohl auf der „long"- wie auf der „short"-Seite zwischen etwa 60-80 %; d. h. das Publikum mit kleineren Positionen hielt einen Open-interest-Anteil zwischen etwa 20-40 %.

3. Bis auf drei Ausnahmen (Ende Juli, November und Dezember 1981) verzeichneten die „Reportable traders" einen höheren Anteil am Gesamt-Open-interest auf der „short"-Seite des Marktes, was die für Futuresmärkte allgemein geltende Beobachtung bestätigt, daß kleinere Marktteilnehmer (Spekulanten) in der Regel netto „long" sind[69].

4. An besonders hohem Open-interest scheinen kleinere Spekulanten relativ stärker beteiligt zu sein (vgl. insbesondere Dezember 1980)[70].

[69] Vgl. auch die Bemerkung von Jarecki: „... it is safe to say that the high-leverage, low-interest cost structure of the American futures markets has encouraged the American public to take a long futures position in gold quite apart from the fact — as is documentably the case — that speculators are almost always (80-90 %) long of any commodity in which they take an interest." aus: Jarecki, Henry G. — „The Success of the U.S. Gold Markets ...", a.a.O., S. 4.

[70] Bestätigung hierfür findet sich u.a. auch in einer Kommentierung des Rückgangs der Zahl offener Positionen von der zweiten Dezemberhälfte 1979 von in der Spitze 250 000 auf knapp 170 000 Mitte Februar 1980: „Dies kann nach Ansicht von Analytikern nur bedeuten, daß vor allem die kleinen und kleinsten Spekulanten das Feld geräumt haben." aus: Blick durch die Wirtschaft (hi), 14. Februar 1980.

Tabelle 30: Die Prägung offener COMEX-Goldfuturesmarktpositionen nach Höhe und Art durch „Reportable traders"

Monatsende	Zahl offener Positionen	Zahl d. "Reportable traders"	Anteil der "Reportable traders" ..an allen Futures-Positionen		..in Form von Hedging-Positionen		..in spekulativen Positionen ..nur "long" oder "short"		.."long" und "short" (Spreads)	
			"long"	"short"	"long"	"short"	"long"	"short"	"long"	"short"
1979										
Jan.	167.972	314	73,3	81,3	11,6	22,0	4,1	1,6	57,5	57,6
Feb.	172.813	296	71,1	80,1	9,2	24,2	8,0	1,8	53,9	54,1
Mär.	159.804	229	74,9	79,0	14,1	19,3	4,0	2,4	56,7	57,2
Apr.	165.819	177	72,2	74,7	14,4	20,1	6,1	2,8	51,7	51,8
Mai	162.519	163	76,1	79,1	16,5	24,1	6,1	1,7	53,4	53,3
Jun.	141.525	136	71,0	77,4	21,6	27,7	3,6	3,6	45,9	46,1
Jul.	178.168	134	75,6	76,8	19,8	28,9	9,1	1,9	46,6	46,0
Aug.	174.364	138	70,4	78,4	16,9	25,9	3,3	2,9	50,3	49,7
Sep.	187.008	135	64,9	73,3	15,3	24,8	2,8	1,9	46,8	46,6
Okt.	174.567	145	67,4	75,0	16,9	24,4	3,3	2,7	47,1	47,9
Nov.	196.601	174	64,2	74,0	11,5	22,7	4,7	2,9	48,0	48,4
Dez.	248.105	192	61,1	70,1	6,6	17,1	3,7	1,8	50,8	51,2
1980										
Jan.	171.425	165	71,5	82,2	10,1	19,9	4,5	4,6	56,9	57,7
Feb.	163.880	162	68,0	75,3	7,4	17,8	7,0	3,7	53,6	53,8
Mär.	131.183	150	70,9	75,4	15,2	18,7	3,6	4,7	52,1	52,0
Apr.	124.910	133	65,8	73,9	12,8	18,5	2,5	4,9	50,6	50,5
Mai	119.978	129	61,5	68,0	12,0	20,3	5,5	3,9	43,9	43,8
Jun.	167.592	138	63,9	78,7	6,7	22,5	7,1	6,1	50,0	50,0
Jul.	153.142	141	64,2	80,0	10,0	21,4	1,3	5,8	52,8	52,9
Aug.	164.147	151	62,3	79,0	7,5	22,2	3,1	5,0	51,8	51,8
Sep.	204.999	174	61,9	78,4	8,4	23,0	4,9	6,9	48,6	48,6
Okt.	250.204	195	57,5	73,4	7,9	20,4	1,5	5,0	48,1	48,1
Nov.	253.573	224	63,8	76,5	9,4	20,8	3,2	4,5	51,3	51,1
Dez.	299.291	237	59,3	66,2	7,7	11,8	1,6	4,2	50,0	50,3
1981										
Jan.	211.022	211	71,3	76,1	13,1	13,1	1,9	6,2	56,4	56,8
Feb.	200.067	196	67,8	72,9	14,9	13,1	0,9	7,2	52,0	52,7
Mär.	181.803	111	64,9	68,2	14,7	15,1	1,1	3,9	49,1	49,1
Apr.	186.085	107	59,7	63,5	14,6	14,8	0,6	4,1	44,5	44,7
Mai	200.012	123	72,7	74,8	17,4	15,8	1,5	4,8	53,7	54,3
Jun.	213.598	127	72,0	73,3	19,0	14,7	1,1	6,6	51,9	52,0
Jul.	215.861	127	74,4	74,3	19,2	13,7	1,0	5,9	54,2	54,7
Aug.	202.879	113	73,3	74,8	17,4	17,3	1,3	2,6	54,6	54,9
Sep.	197.704	107	74,2	76,4	19,1	18,0	0,7	3,8	54,3	54,6
Okt.	202.851	109	75,4	75,6	21,6	17,9	1,0	4,3	52,8	53,4
Nov.	186.396	100	78,9	76,7	27,4	17,0	0,9	8,4	50,6	51,2
Dez.	179.339	97	79,9	77,7	31,9	21,0	0,7	8,8	47,3	47,8
Hoch:	299.291	314	79,9	82,2	31,9	28,9	9,1	8,8	56,9	57,7
(Monat)	12/80	1/79	12/81	1/80	12/81	6/79	7/79	12/81	1/80	1/80
Tief:	119.978	97	59,3	63,5	6,6	11,8	0,7	1,6	43,9	43,8
(Monat)	5/80	12/81	12/80	4/81	12/79	12/80	12/81	1/79	5/80	5/80

Quelle: zusammengestellt aus den monatlichen Angaben der „Commitments of traders" — Daten der Commodity Futures Trading Commission, vom Beginn (1/79) bis zum vorläufigen Ende der Publikation (12/81).

5. Tabelle 30 belegt die Bedeutung von Spreads für die Gesamtzahl offener Goldfuturesmarktpositionen: „Reportable traders" hielten 1979-81 an der COMEX zwischen etwa 44 und 58 % des Gesamtmarkt-Open-interest in der Form von Spreads, dagegen nur zwischen etwa 7-32 % aller offenen Goldfuturesmarktpositionen in der Form von Hedging-Positionen sowie lediglich

zwischen 1 und 9 % aller offenen Engagements als spekulative Positionen (ausschließlich „long" *oder* „short").

Aus den genannten Punkten wird folgendes deutlich:

Zur Analyse von Marktvorgängen an den Goldfuturesmärkten, insbesondere zur Betrachtung von Verschiebungen in der Marktzusammensetzung über die Zeit, gehört die parallele Untersuchung der Umsatzziffern wie auch der Daten über die Zahl offener Positionen.

Die Beobachtung der relativen Veränderung der einen Größe im Verhältnis zur relativen Veränderung der anderen Größe (so ließe sich der Begriff „Open-interest-Elastizität des Umsatzes" bzw. „Umsatzelastizität des Open-interest" prägen) läßt Rückschlüsse auf eventuelle Veränderungen in der Marktzusammensetzung über die Zeit zu.

Der vorangegangene Abschnitt c) hatte zum Ergebnis, daß am Goldfuturesmarktumsatz in abfallender Bedeutungsreihenfolge „Spreaders", „Scalpers" und „Position traders" beteiligt sind.

Abschnitt d) brachte die Erkenntnis, daß zu der Zahl offener Positionen in erster Linie „Position traders", sodann „Spreaders", aber praktisch keine „Scalpers" beitragen. Das bedeutet für den Marktanalytiker (unter Vernachlässigung der Preisveränderungskomponente)[71] folgendes:

Steigert sich der Goldfuturesumsatz bei gleichzeitigem Anstieg des Open-interest, dann sind am Umsatzzuwachs in erster Linie „Position traders" (einige große, aber auch eine Vielzahl kleiner und kleinster Spekulanten sowie wenige Händler), in zweiter Linie „Spreader" beteiligt.

Steigt der Goldfuturesumsatz und bleibt die Zahl offener Positionen dagegen in etwa konstant (sog. „in-and-out-trading" in der betreffenden Handelsperiode), ist hauptsächlich die Gruppe der „Scalper" für den Umsatzzuwachs verantwortlich. In der Tageskommentierung heißt es dann häufiger, daß der Berufshandel den Markt dominierte[72].

Wächst der Goldfuturesmarktumsatz und fällt die Zahl offener Positionen, liegt eine Situation vor, in der die meisten Handelsaktivitäten Glattstellungen bestehender Positionen durch „Position traders" aber auch „Spreaders" bedeuten.

Als Essenz der Abschnitte VI. III. 4. a)-d) bleibt zu fixieren:

---

[71] Die Preis(veränderungs)komponente ist zur Marktbeurteilung (in welche Richtung geht der Preis?) ein unerläßliches Kriterium, für unsere Fragestellung jedoch sekundär; eine Erhöhung des Open-interest bei gleichzeitigem Goldpreisanstieg (-verfall) wird des öfteren als 'hausse (baisse)-trächtig' bezeichnet.

[72] Vgl. z. B. Neue Zürcher Zeitung, 27./28. Juni 1982 (Fdr) sowie vom 18./19. Juli 1982 (bb).

Seit der Existenz der U.S.-Goldfuturesmärkte wird der internationale Goldhandel nicht mehr nur durch wenige Dutzend professionelle Goldhändler und eine begrenzte Zahl potenter Privatadressen (vorwiegend juristische Personen), sondern auch von einem breit gestreuten, zahlenmäßig bedeutend gewachsenen Marktteilnehmerkreis geprägt. Die grundlegend neue Marktkomponente ist dabei die Goldfuturesmarktteilnahme des breiten Publikums.

Preisliche Auswirkungen der Goldfuturesmärkte auf die Preise am physischen Markt, wie sie das folgende Unterkapitel VI. IV. im Detail untersucht, ergeben sich nicht nur aus dem schlichten Faktum eines vergrößerten und qualitativ veränderten Marktteilnehmerkreises, sondern insbesondere (da steter Modifikation unterworfen) auch aus dem Zusammenwirken verschiedener Marktteilnehmergruppen (vereinfachend-polarisierend darstellbar als Dynamik zwischen 'Professionellen' und 'Amateuren') untereinander, das sich zahlenmäßig anhand des o. g. Zusammenspiels zwischen Umsatz und der Zahl offener Positionen analysieren läßt.

IV. Die Dynamik des Zusammenwirkens von Goldfutures- und -spotmärkten bei der Goldpreisbildung auf der Grundlage veränderter Marktgegebenheiten

1. Goldpreisvariabilität und Preis(de)stabilisierung

a) Begriffsbestimmung

Unter 'Goldpreisvariabilität' soll im folgenden die Gesamtheit aller Preisschwankungen am Goldmarkt während einer bestimmten Handelsperiode verstanden werden.

Der Beurteilung des Ausmaßes von Preisschwankungen liegen unterschiedliche Meßkonzepte bzw. Stabilitätsauffassungen zugrunde. Eine(s) davon ist die alleinige Verwendung der Amplitude, d. h. der Spanne zwischen Höchst- und Tiefstpreisen in einem bestimmten Zeitraum, zur Messung von Preisschwankungen. Dieses Konzept, das in frühen Veröffentlichungen auftaucht[73], kann jedoch nicht als ausreichend akzeptiert werden, da die Meßgröße Amplitude keine Aussagen über Häufigkeit und Stärke einzelner Schwankungen innerhalb der Amplitudenspannbreite zuläßt.

[73] Vgl. die Arbeiten von *Working* und *Gray* über den U.S.-Zwiebelmarkt, die zu dem Ergebnis führten, daß der Futureshandel in Zwiebeln die Spanne zwischen Höchst- und Tiefstpreisen während eines Handelsjahres am Zwiebelkassamarkt reduzierte: *Working*, Holbrook — „Price Effects of Futures Trading", in: Food Research Institute Studies, Vol. 1, 1960; *Gray*, Roger — „Onions Revisited", in: Journal of Farm Economics, Vol. 45, Mai 1963.

Ein weiteres Konzept besteht in der alleinigen Verwendung der Meßgröße Frequenz, d. h. der Zahl von Preisschwankungen in einem bestimmten Zeitraum. Dieses Konzept kann allerdings ebensowenig befriedigen, da hierbei die Stärke der einzelnen Preisschwankungen unberücksichtigt bleibt.

Die dieser Arbeit zugrundeliegende Stabilitätsauffassung soll hingegen sowohl die Amplitude als auch die Frequenz von Preisschwankungen in einem bestimmten Zeitraum berücksichtigen. Als Meßgröße erscheint daher die Verwendung der Standardabweichung am besten geeignet, da sie beide Größen implizit berücksichtigt. Sie ist, wie Figlewski ausführt, „... an ideal measure of price variation because it captures the intuitive notion of stability being related to the magnitude of random fluctuations, and is consistent with accepted theories of price behavior in efficient financial markets"[74].

Von einem c. p. stabilisierenden (destabilisierenden) Einfluß des Goldfuturesmarkts auf den Spotmarktpreis kann unter dem Aspekt empirischer Testung dann gesprochen werden, wenn die Standardabweichung der Spotpreisschwankungen in einer Periode *mit* Goldfutureshandel niedriger (höher) ausfällt als in einer Periode *ohne* Goldfutureshandel.

Dabei spielt die Länge der Untersuchungsperiode (abhängig von der gewählten Operationalisierung) eine Rolle. Es lassen sich hypothetische Beispiele[75] konstruieren, in denen Goldfuturesmärkte zwar in einzelnen aufeinander folgenden Perioden destabilisierend erscheinen, während sie, betrachtet man die Einzelperioden zusammen als eine Gesamtperiode, stabilisierend erscheinen und vice versa.

Tabelle 31: Stabilisierung und Destabilisierung in Abhängigkeit von der Periodenlänge

Periode	1	2	3	1-3
Amplitude d. Goldkassapreises <u>ohne</u> Goldfuturesm.	380-420	410-450	440-480	380-480
Amplitude d. Goldkassapreises <u>mit</u> Goldfuturesm.	390-440	400-455	425-470	390-470

[74] Figlewski, Stephen — „Futures Trading and Volatility in the GNMA Market", in: Journal of Finance, Mai 1981, S. 445-456, hier S. 450; zu den anderen in Teil VI.IV.1.c) zitierten Studien des Futuresmarkteinflusses auf die Kassapreise bei bestimmten Commodities ist kritisch anzumerken, daß sie keine expliziten Aussagen über den Stabilisierungs-/Destabilisierungsbegriff treffen.

[75] Vgl. hierzu Steinmann, Gunter — Theorie der Spekulation, Kieler Studien, No. 106, Tübingen 1970, S. 33.

Das Beispiel in Tabelle 31 führt vor, daß Goldfuturesmärkte in jeder einzelnen der drei Perioden — bei Annahme gleichen Mittelwerts und gleicher Frequenz beider Amplitudenreihen — destabilisierend erscheinen, während sie über alle drei Perioden zusammen einen scheinbar preisstabilisierenden Einfluß ausüben[76].

Nach gleichem Muster lassen sich auch Beispiele für scheinbare kurzfristige Stabilisierung und Destabilisierung, langfristig hingegen neutralen Einfluß aufstellen.

Mikroökonomisch kann der genannte Zusammenhang graphisch anhand der Abbildung 8 verdeutlicht werden[77].

Schaubild 8: Kurz- und/oder langfristige (De-)stabilisierung

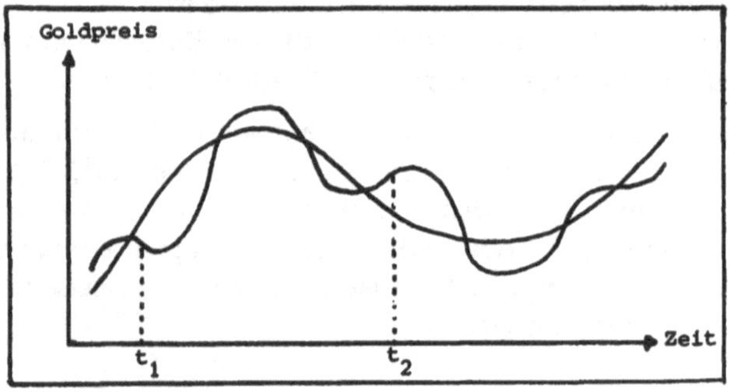

Ein Goldfuturesmarktteilnehmer, der im Zeitpunkt t_1 kauft und in t_2 verkauft, hat die langfristige Kursentwicklung 'destabilisiert', da er im langfristigen Aufschwung gekauft und im langfristigen Abschwung verkauft hat, wodurch er den herrschenden Nachfrage-/Angebotsdruck verstärkt hat. Auf die kürzerfristige Kursentwicklung hat er demgegenüber 'stabilisierend' eingewirkt (Kauf im Abschwung, Verkauf im Aufschwung).

Neben den hypothetischen Beispielen scheinbar unterschiedlicher kurz- und langfristiger Wirkungen gibt es schließlich auch die Möglichkeit sowohl kurz- wie langfristig destabilisierender bzw. stabilisierender Einflüsse.

Zum Zwecke empirischer Testung des Einflusses der Goldfutures auf den Spotmarktpreis müßten die Perioden mit bzw. ohne Goldfutureshandel lang

[76] Hinsichtlich der Wirkungsmechanismen von Stabilisierung und Destabilisierung wird auf die späteren Kapitel verwiesen.

[77] Vgl. Steinmann, Gunter, Theorie . . ., a.a.O., S. 34.

genug gewählt werden, um repräsentative, gesicherte Aussagen zu ermöglichen.

Die vorliegende Arbeit hat sich indes, wie eingangs (vgl. S. 17) angeführt, die theoretische Analyse des Goldfuturesmarkteinflusses auf den Spotmarktpreis zur Aufgabe gestellt.

b) Interessengesichtspunkte hinsichtlich des Auftretens und Ausmaßes von Preisvariabilität

Im Anschluß an die Definition der Begriffe 'Preisvariabilität' sowie 'Preisstabilisierung'/-'destabilisierung' bedarf die Frage der Klärung, ob und wenn ja, welche Marktbeteiligten aufgrund welcher Motive an Preisschwankungen bzw. deren Verstärkung am Goldfutures- und damit am -kassamarkt interessiert sein könnten.

Das grundlegende Handelsmotiv der Futuresmarktteilnehmer liegt in der Gewinnerzielung bzw. -maximierung unter Berücksichtigung der jeweiligen Risikopräferenzen.

Wo es einem am Goldfuturesmarkt Beteiligten möglich erscheint, Goldpreisschwankungen direkt oder indirekt zu seinem Vorteil zu provozieren und/oder zu verstärken, wird er dies daher tun, um seinen Nutzen zu maximieren. Zu den 'Beteiligten' sind sowohl die Händler „on the floor"[78], als auch die „off-floor"[79]-Spekulanten und Hedger sowie die Brokerhäuser zu zählen.

Die Brokerhäuser[80] verdienen um so mehr (weniger), je höher (niedriger) die Anzahl der Goldfutureskontrakte ist, die über sie abgewickelt werden[81]. Die diesbezügliche Bedeutung der Goldfuturesmärkte wird dadurch deutlich, daß Goldkontrakte im Jahre 1981 den höchsten Umsatz aller finanziellen, d. h. nicht-landwirtschaftlichen Futuresmärkte erreichten.

Ausgeprägtere Variabilität von Futurespreisen geht mit höheren Umsätzen einher[82]. Aus höheren Umsätzen resultiert wiederum ein Anwachsen der

---

[78] Die in der Börse aktiv am Handel beteiligten Personen.

[79] Die nicht in der Börse präsenten Marktteilnehmer.

[80] Vgl. auch den Goldmarktbericht im Blick durch die Wirtschaft (hi), 26. November 1977.

[81] Zur Entwicklung der amerikanischen Gesetzgebung und Rechtsprechung bzgl. Broker-Kommissionen vgl. Hieronymus, Thomas A. — Economics of Futures Trading, a.a.O., S. 354 ff.

[82] Vgl. die Untersuchung von Cornell, Bradford — „The Relationship Between Volume and Price Variability in Futures Markets", Center for the Study of Futures Markets, Working Paper Series No. 6, New York, 1980.

Verdienste der Brokerhäuser. Daraus wird deutlich, daß diese an einem lebhaften Goldmarkt mit ausgeprägten Preisbewegungen und hohen Umsätzen interessiert sind.

Die Brokerhäuser sind in der Lage, durch die Veröffentlichung aufklärender Schriften[83], in denen die Grundlagen des Goldfutureshandels erklärt werden sowie von Börsen-/Marktberichten und Beratungsdiensten, in denen auf der Basis technischer und/oder fundamentaler Einschätzungen konkrete Handelsempfehlungen gegeben werden, für Bewegung bei den Goldfuturesmarktumsätzen bzw. -preisen zu sorgen (vgl. Abschnitt VI. III. 3.).

Außerhalb der Börsenräume agierende Spekulanten sind an schwankenden Preisen physischen Goldes interessiert, damit aufgrund des Preisrisikos der industrielle/finanzielle Hedgingbedarf zumindest erhalten bleibt und somit die Gruppe der Hedger nicht als Marktpartner weitestgehend ausfällt (vgl. die Ausführungen zum Inhalt von „economic purpose"-Tests, S. 43). Zudem ist, wie auf S. 120 ausgeführt wurde, die Möglichkeit in Betracht zu ziehen, daß zumindest für einen Teil der Goldfuturesmarktteilnehmer mehr Anziehung von einem Markt 'mit Phantasie' ausgeht, wenn Umkehrpunkte aus ihrer Sicht mit hinreichend großer persönlicher Sicherheit erkannt werden können. Eine solche Sicht wird durch Brokerhäuser, Anlagedienste u. ä., anknüpfend an den vorhergehenden Absatz, mittels der Deterministik suggerierenden Publikation von Musterdepot-Ex-post-Verläufen provoziert.

Umgekehrt sind die Hedger[84] grundsätzlich an möglichst stabilen Preisen physischen Goldes interessiert, da die weitestgehende Beseitigung des Goldpreisrisikos Hedging und die dadurch anfallenden Kosten unnötig machen würde. — Den am Goldfuturesmarkt bereits engagierten Hedger berühren absolute Goldpreisveränderungen zwar vergleichsweise wenig; allerdings ergeben sich für ihn dann Cash-flow-Probleme, wenn seine Futuresmarkt-Position deutlich auf der Verlustseite steht, da er dann, u. U. wiederholt, liquiditätsbindende Margin-Nachschüsse leisten muß.

Aufgrund dessen ist er, wie eingangs bemerkt, obwohl er seine Position am physischen Goldmarkt durch einen Hedge gegen absolute Preisschwankun-

[83] Vgl. u.a. auch die Folgen eines solchen 'aufklärenden' Artikels im Wallstreet Journal vom 9. Juli 1979: an diesem, von einem deutschen Goldmarktbericht als „denkwürdig" bezeichneten Tag setzte die COMEX mehr als 45 000 100-Unzen-Kontrakte um; die Zahl offener Positionen stieg um 12 456 Kontrakte: ein bis dahin einmaliger Anstieg um fast 10 % der offenen Positionen — bei nur geringen Preissteigerungen von etwa $ 2,50/Unze; vgl. „Als Lizetta Miller einstieg", im: Blick durch die Wirtschaft (hi), 16. Juli 1979.

[84] Als Beispiel lassen sich die südafrikanischen Minengesellschaften anführen, die in den letzten Jahren häufiger als Hedger an den Futuresmärkten in Erscheinung getreten sind. Aus langfristigen Kosten-/Erlöserwägungen sind sie weniger an (hektischen) Goldpreisausschlägen als vielmehr an einer kontinuierlichen Aufwärtsbewegung des Goldpreises interessiert.

gen (teilweise) abgesichert hat, an möglichst stabilen Gold(futuresmarkt)-preisen interessiert.

Ähnlich wie bei den vorgenannten „off-floor"-Spekulanten verhält es sich mit den Börsenhändlern. Je mehr Bewegung bei den Goldpreisen zu verzeichnen ist, desto größer sind ihre Verdienstmöglichkeiten[85]. Die „Locals" werden daher, sofern sich die Gelegenheit dazu bietet (und ihnen der Eigenhandel gestattet ist, wenn es sich um Angestellte von Kommissionshäusern handelt), Preisbewegungen zu provozieren bzw. zu verstärken suchen, um daraus persönlichen Gewinn zu ziehen[86]. Da diese Marktteilnehmergruppe den engsten Kontakt zum „Markt"[87] hat, ist sie in der Lage, unter ständiger Beobachtung des Stroms eingehender Orders entstehende Markt-/Preisimpulse durch eigene Transaktionen zu verstärken, Preisimpulse zu provozieren und/oder zu 'drehen'.

Aufschlußreich ist in diesem Zusammenhang, daß Analysen an der Chicago Board of Trade (CBOT) und der Chicago Mercantile Exchange (CME), die etwa 75 % des U.S.-Futureshandelsvolumens auf sich vereinigen, ergeben haben, daß immerhin zwischen 40 und 60 % der täglichen Futurestransaktionen in sämtlichen Commodities durch die an der Börse agierenden Locals verursacht werden[88] (vgl. oben, Abschnitt VI. III. 4. c)).

c) Untersuchungen des Futuresmarkteinflusses auf Spotpreise bei anderen Commodities

Landwirtschaftliche Güter stellen die ältesten an Futuresbörsen gehandelten Commodities dar. Mit ihnen befassen sich dementsprechend — von wenigen Ausnahmen abgesehen[89] — die einschlägigen Studien. Sie kommen

[85] Vgl. auch den Goldmarktbericht im Blick durch die Wirtschaft (hi), vom 9. August 1978.

[86] Vgl. den auf S. 161 zitierten Goldmarktbericht vom 4. Mai 1982 (Blick durch die Wirtschaft / hi), aus dem hervorgeht, daß die Goldfuturesmarktnotierungen am 30. April 1982 in weniger als 1 Minute um fast $ 25,- (Tageslimit) nachgaben; vgl. auch den Abschnitt der vorliegenden Arbeit über manipulative Einflußnahme u.a. mittels der Ausstreuung von Gerüchten (VI. IV. 2. e) bb).

[87] Die Börsenhändler (vgl. den Begriff „market maker") 'machen' zum großen Teil 'den Markt' und stellen insofern einen seiner wesentlichen Bestandteile dar (vgl. dazu u.a. die o.g. Ausführungen im Abschnitt VI. III. 4. c) und d)).

[88] Vgl. Melamed, Leo — „The Futures Market: Liquidity and the Technique of Spreading", in: The Journal of Futures Markets, Vol. 1, No. 3, Fall 1981, S. 405-412, hier: S. 406.

[89] Zu den Ausnahmen zählen die Arbeiten über GNMA-futures von *Froewiss* (1979) und *Figlewski* (1981): *Froewiss, Kenneth* — „GNMA-Futures: Stabilizing or Destabilizing?", in: Federal Reserve Bank of San Francisco, Economics Review, Spring 1978 sowie *Figlewski*, Stephen — „Futures Trading and Volatility in The GNMA Market", in: Journal of Finance, Mai 1981, S. 445-456.

aufgrund statistischer Untersuchungen meist zu dem Ergebnis eines stabilisierenden Einflusses der Futuresmärkte auf den zugrundeliegenden Kassamarkt für die jeweilige landwirtschaftliche Commodity.

Sowohl Working (1960)[90] als auch Gray (1963)[91] fanden heraus, daß der Futureshandel in Zwiebeln die Spanne zwischen Höchst- und Tiefstpreisen für Kassaware während eines Erntejahres reduzierte.

Johnsons (1973)[92] neuere Analyse eines längeren Zeitraums lieferte demgegenüber keine Hinweise auf Unterschiede in den saisonalen Schwankungen der Zwiebelkassapreise.

Powers (1970)[93] gelangte unter Verwendung einer „variaten Differenzen"-Methode, um das 'Rauschen' („noise") der untersuchten Preisserie zu isolieren, zum Ergebnis eines kassapreisstabilisierenden Futureshandelseinflusses bei Lebendvieh und Schweinebäuchen.

Eine spätere ähnliche Analyse führte Cox (1976)[94] zum gleichen Resultat.

Ebenso wie Powers und Cox untersuchten Taylor und Leuthold (1974)[95] den Markt für Lebendvieh. Sie verglichen jeweils die Preisvarianz um einen langfristigen Durchschnitt in einer Periode *ohne* und in einer Periode *mit* Futureshandel. Die Periode mit Futureshandel zeichnete sich durch stabilere Kassapreise für live cattle aus. Die Studien von Powers und Cox umfaßten nur sehr kurze Futureshandelsperioden, die zudem durch ein geringes Handelsvolumen geprägt waren, so daß Tomek (1981)[96] die Untersuchungen unter Verwendung einer höhervolumigen Handelsperiode wiederholte. Er fand im Gegensatz zu den früheren Studien keinen Unterschied in der

---

[90] Working, Holbrook — „Price Effects of Futures Trading", Food Research Institute Studies, Vol. 1, 1960.

[91] Gray, Roger — „Onions Revisited", in: Journal of Farm Economics, Vol. 45, Mai 1963; vgl. auch die Baumwollmarktstudien von Houthakker (1957) und Aliber (1964); s. Indices 104 u. 105.

[92] Johnson, A. C., Jr. — „Effects of Futures Trading on Price Performance in the Cash-Onion Market, 1930-68", USDA, Technical Bulletin 1470, Februar 1973.

[93] Powers, Mark — „Does Futures Trading Reduce Price Fluctuations in the Cash Markets?", in: AER, Vol. 60, Juni 1970, S. 460-464.

[94] Vgl. Cox, C. C. — „Futures Trading and Market Information", in: Journal of Political Economy, Vol. 84, November 1976, S. 1215-37.

[95] Vgl. Taylor, G. und Leuthold, R. — „The Influence of Futures Trading on Cash Cattle Price Variations", in: Food Research Institute Studies, Vol. 13, 1974; vgl. auch Purcell, W. D., Flood, D. und Plaxico, J. S. — „Cash Futures Interrelationships in Live Cattle: Causality, Variability and Pricing Processes", in: Livestock Futures Research Symposium, ed. by R. M. Leuthold and P. Dixon, Chicago Mercantile Exchange, Chicago 1980.

[96] Vgl. Tomek, W. G. — „Futures Trading and Market Information: Some Further Evidence", Food Research Institute Studies, 20 (1981).

Varianz der Zufallskomponente bei Lebendvieh- und Schweinebauch-Kassapreisen zwischen Futures- und Nicht-Futureshandelsperioden.

In die letzten Jahre fallen die Studien von Froewiss (1978)[97] und Figlewski (1981)[98], die sich erstmalig mit nicht-landwirtschaftlichen Commodities befassen.

Froewiss wie Figlewski untersuchen die Wirkungen des Futureshandels in Government-National-Mortgage-Association-Certificates (GNMAs) auf den GNMA-Kassamarkt.

Froewiss macht den Versuch, sich mit einem der Hauptprobleme der oben erwähnten Studien landwirtschaftlicher Commodities, der ceteris-paribus-Annahme, auseinanderzusetzen. Er korreliert die wöchentlichen Preisänderungen in GNMA-Zertifikaten mit den Preisänderungen 10-jähriger Government-Bonds, um die Frage zu beantworten, ob sich die GNMA-Kassapreise nach Beginn des Futureshandels im Vergleich zu anderen Wertpapieren unterschiedlich entwickelten.

Figlewski entwickelt den Froewiss'schen Ansatz weiter, indem er ein Modell täglicher GNMA-Kassapreisschwankungen konstruiert, in das er alle aus seiner Sicht bedeutenden Einflußfaktoren auf die Kassapreise integriert. Vier primäre Einflußfaktoren finden Berücksichtigung: Preisschwankungen in verwandten Märkten, Breite und Liquidität des GNMA-Kassamarkts, die Höhe der GNMA-Preise sowie die Futuresmarktaktivität. Mittels Regressionen stellt Figlewski fest, welche Faktoren zur Erklärung von Kassapreisschwankungen beitragen.

Während die Preisvariabilität in verwandten Märkten nur einen marginalen Beitrag zur Erklärung der GNMA-Kassapreisschwankungen leistete sowie höhere Kassamarktliquidität und niedrigere Durchschnittspreise den Markt stabilisierten, trug erhöhte Futuresmarktaktivität (gemessen an Open-interest und Umsatz) zu einer Verstärkung von Kassapreisschwankungen bei.

Damit steht das Ergebnis der Figlewski-Studie, daß erhöhte Futuresmarktaktivität die Kassapreisschwankungen bei GNMA-Zertifikaten verstärkte, im Gegensatz zu den o. g. früheren Studien, die sich mit landwirtschaftlichen Commodities befaßten. Als Begründung betont der Autor (neben methodischen Einwänden)[99] mit Recht, daß die Ergebnisse von Studien über land-

---

97 Vgl. Froewiss, Kenneth — „GNMA-Futures ...", a.a.O.; vgl. auch Gardner, R.M. — „The Effects of the T-Bill Futures Market on the Cash-T-Bill-Market", unpublished, undated paper for the Chicago Mercantile sowie Culbertson, W. P. — „GNMA Futures Trading: Its Impacts on the Residential Mortgage Market", unpublished, undated working paper; Louisiana State University.

98 Vgl. Figlewski, Stephen — „Futures Trading ... ", a.a.O.

99 Figlewski kritisiert an den o.g. Studien von Gray, Working, Powers sowie Taylor und Leuthold, daß die verwendeten Maße für Marktstabilisierung nicht völlig befrie-

wirtschaftliche Commodities nicht automatisch auch auf andere an Futuresbörsen gehandelte Waren übertragbar seien, da insbesondere die Kassamärkte (z. B. bei GNMA-Zertifikaten, die zu den Financial Futures zählen) höher entwickelt und integriert seien. Den hauptsächlich destabilisierenden Faktor sieht Figlewski in der Teilnahme neuer Klassen von Händlern am GNMA-Futureshandel, die im Vergleich zu den Kassamarkthändlern nur über inferiore Informationen verfügen.

Aus den genannten Studien und ihren unterschiedlichen Vorgehensweisen bzw. Ergebnissen lassen sich im Hinblick auf die Fragestellung der vorliegenden Arbeit folgende Erkenntnisse ableiten:

1. Es existieren zwar Beziehungsparallelen zwischen Kassa- und Futuresmärkten bei verschiedenen Commodities, jedoch gibt es keine für *alle* Commodities gültige Theorie des Futuresmarkteinflusses auf die Kassapreise, wie durch einzelne verallgemeinernde Arbeiten der Eindruck erweckt wird (vgl. oben).

2. Es ist daher nicht statthaft, die Ergebnisse einer wie auch immer gearteten (z. B. empirischen) Studie für *eine* Futureshandelsware als allgemeingültig für alle anderen hinzustellen.

Zu unterschiedlich sind bei den zugrundeliegenden physischen Commodities die Angebots-/Nachfragefaktoren, die Marktgrößen, Marktformen und deren geographische Verteilung sowie die Marktteilnehmerzusammensetzung.

3. Aus den ersten beiden Punkten folgt, daß bei jeder Erforschung des Futuresmarkteinflusses auf die Kassapreise einer Futureshandelsware theoretisch denkbare Einflüsse mit geeigneten Mitteln am in Rede stehenden Markt auf ihre tatsächliche Ausprägung hin untersucht werden müssen.

4. Der internationale Goldmarkt zeichnet sich durch Merkmale ganz eigener Art aus, die ihn von allen anderen Commoditymärkten unterscheiden. Folgende Besonderheiten sind für ihn charakteristisch:

a) Gold stellt sowohl eine Ware als auch ein Geldsubstitut dar. Nachfrage bzw. Angebot nach/von Gold sind gütermäßig und monetär bedingt (vgl. Kapitel II.).

---

digen: 1. eine ausschließliche Betrachtung der Schwankungsamplitude genüge nicht, da Schwankungen zwischen den Höchst- und Tiefstpreisen nicht berücksichtigt werden; 2. falls Preise einen Trend beinhalten, führt die Verwendung der Varianz um ein langfristiges Mittel zu falschen Ergebnissen; 3. bei der Differenzenbildung zur Isolierung der Störkomponente wird ein Großteil der als Instabilität zu bezeichnenden Schwankungen geglättet, während die Wirkungen von Datenfehlern vergrößert werden; vgl. Figlewski, St. — „Futures Trading . . .", a.a.O., S. 450.

b) Der internationale Goldmarkt ist durch hohe „above-ground-stocks" geprägt, die etwa das 60- bis 70-fache[100] der jährlichen Weltgoldproduktion ausmachen (vgl. Kapitel II.).

c) Gold unterliegt keinen Saisonalitäten und besitzt unbegrenzte Lagerfähigkeit — im Gegensatz zu landwirtschaftlichen Commodities (vgl. Abschnitt VI. I. 2.).

d) Die Größe und Aktivität des Goldmarktes, gemessen an der Zahl offener Positionen (Open Interest) und am Umsatz, ist im Vergleich zu anderen Futuresmärkten beeindruckend. Der Goldkontrakt der COMEX war 1981 der umsatzstärkste aller Metallfutureskontrakte sowie der viertaktivste unter sämtlichen Futures-Commoditymärkten der USA[101].

e) Ein weiteres Kennzeichen des Goldhandels ist die ausgeprägt breite Publikumsbeteiligung (vgl. die Abschnitte VI. III. 1.-4.).

f) Der Goldhandel findet international und 24 Stunden täglich — ohne Unterbrechung — statt (vgl. die Kapitel I., IV. und V.).

g) Die Schwerpunkte des Kassa- und Futureshandels sind international in die beiden Zentren Europa (London und Zürich) und USA (New York und Chicago) gespalten (vgl. Abschnitt VI. III. 1.).

h) Sowohl der Kassa- als auch der Cash-forwardhandel in Europa waren bereits vor Einführung der U.S.-Goldfuturesmärkte hoch entwickelt bzw. integriert.

Gold unterscheidet sich somit als Edelmetall nicht nur in nahezu allen genannten Punkten grundlegend von landwirtschaftlichen Commodities, sondern auch innerhalb der Gruppe der Edelmetalle wiederum von Platin und Silber (vor allem Punkte a) und b) sowie d)-f). Dies begründet seine Sonderstellung als Futureshandelsware und spezifisches Untersuchungsobjekt der vorliegenden Arbeit.

d) Spekulationstheoretische Überlegungen

In Abschnitt III. II. 2. b) bb) wurde nach dem börsenrechtlichen Kriterium der Margin-Anforderungen eine Aufteilung der Goldfuturesmarktteilnehmer in Spekulanten, Arbitrageure (Spreader) und Hedger vorgenommen.

An gleicher Stelle wurde auf die Schwierigkeit hingewiesen, eine strenge Unterscheidung zwischen diesen 3 Händlerkategorien zu treffen, da alle Aktivitäten an Goldfuturesmärkten spekulative Momente beinhalten.

[100] Vgl. u.a. Jarecki, Henry G. — „Gold", in: Proceedings der Financial Mail Annual International Conference, Johannesburg, S. A., 19. November 1981, S. 1; vgl. auch die einschlägige Studie der International Gold Corporation — „Above Ground Stocks of Gold — Amounts and Distribution", New York, Oktober 1982.

[101] Vgl. COMEX — Statistical Yearbook 1981, a.a.O., S. 5.

Insofern beschränkt sich die Bedeutung der in diesem Abschnitt angestellten Überlegungen nicht nur auf die Händlerkategorie 'Spekulanten'.

Gleichzeitig wird hier und im folgenden die Bezeichnung „spekulative Futuresmarktaktivitäten" dem Begriff „die Spekulation" vorgezogen, um die Differenziertheit spekulativer Futuresmarkttransaktionen zu betonen. Es dient nicht der Klarheit, wenn in manchen Publikationen (u. a. der Tagespresse) vereinfachend von „exzessiver Spekulation" die Rede ist oder davon, daß „die Spekulation" durch Goldfuturesmärkte „übergebührlich angeheizt werden könnte"[102]. Gleichfalls ist die Frage, ob „die Spekulation" am Goldfuturesmarkt die Kassapreise stabilisiere oder destabilisiere so nicht beantwortbar.

Zu unterschiedlich sind die Charakteristika der Personen, die hinter spekulativen Transaktionen stehen:

Es gibt gleichzeitig Hausse- und Baissespekulanten; die einen wechseln ins Lager der anderen und umgekehrt. Zugrunde liegen verschiedene Erwartungen hinsichtlich Richtung und Stärke der zukünftigen Preisentwicklung.

Diese Erwartungsdifferenzen hängen u. a. ab von
- Unterschieden im jeweiligen Informationsstand sowie der jeweiligen
- Beurteilungsbasis für zukünftige Preisbewegungen (z. B. mehr fundamental oder mehr chart-orientiert).

Differenzen im Informationsstand wiederum ergeben sich z. B. aus
- verschiedener Erfahrung im Futureshandel bzw. im
- Umgang mit Gold als Commodity sowie der
- Art und Häufigkeit der Marktpräsenz ('on-the-floor' oder 'off-floor', häufigere oder seltene Marktteilnahme) des einzelnen Marktteilnehmers (zu Differenzen im Informationsstand s. S. 165 ff.).

Die Verschiedenheit einzelner Spekulanten leitet sich weiterhin ab aus:
- unterschiedlich großer Reaktionsschnelligkeit auf (vermeintlich) den Goldmarkt betreffende Ereignisse,
- Differenzen in der Länge der Anlagezyklen sowie
- unterschiedlicher Kapitalisierung und auch
- Risikoeinstellung.

Die ausgeprägte Korrelation einiger der aufgezählten Eigenschaften (z. B. gleichzeitig hohe Kapitalisierung, kurzer Anlagezyklus, direkte Marktpräsenz und häufige Marktteilnahme, hoher Informationsstand) bei bestimmten Marktteilnehmern und entsprechend anderer bei weiteren Marktteilnehmern rechtfertigt eine Unterscheidung in „Amateur"- und „Berufsspekulan-

[102] Blick durch die Wirtschaft (hi), 30. Dezember 1981.

ten" („Professionals"), wie sie teilweise in der Literatur anzutreffen ist (vgl. unten, Index 104.).

M. A. Friedman[103] stellte zu Beginn der Fünfziger Jahre ein Theorem auf, nach dem profitable Spekulation preisstabilisierend und unprofitable Spekulation preisdestabilisierend wirke.

Untersuchungen des amerikanischen Baumwollmarktes von Houthakker (1957)[104] und Aliber (1964)[105] lieferten jedoch empirische Ergebnisse, die den Aussagen des Theorems zuwiderlaufen.

Mit Steinmann ist daher der Schluß zu ziehen, „daß das Friedmansche Theorem unter realistischen Voraussetzungen nicht zutrifft. Profitable Spekulation kann die Preise sowohl stabilisieren als auch destabilisieren"[106]. „... Auch der Umkehrschluß des Theorems, daß unprofitable Spekulation die Preise destabilisiert, (hat) versagt."[107]

Beobachtungen des Goldfuturesmarkts bestätigen die Richtigkeit der Widerlegung des Friedmanschen Theorems. So kann z. B. gezeigt werden, daß profitable Goldfuturesmarktspekulation etwa durch Markt-'professionals' destabilisierende Wirkungen zeitigen kann: In dem Ausmaß, wie diese zu 'Preisübertreibungen' beitragen, indem sie als Trittbrettfahrer etwa einer sog. „Hausfrauen-Hausse" auftreten oder wie es im Marktjargon heißt „noch einen draufsetzen", destabilisieren sie die Kassapreise. Hierfür finden sich in der Tagesberichterstattung (vgl. S. 164 und 167) Beispiele.

Insofern unterscheidet sich die hier vertretene Position von der der Anhänger der 'Stabilisierungsthese'. Letztere gründen ihre Auffassung über die angeblich stabilisierende Wirkung der Goldfuturesmärkte zwar auf die durchaus zutreffende Feststellung, daß „professionals ... can participate if

[103] Vgl. Friedman, Milton A. — „The Case for Flexible Exchange Rates", in: Essays in Positive Economics, Chicago 1953, S. 175.

[104] Houthakker schätzte die Gewinne von „Berufs"- und „Amateurspekulanten" bei der amerikanischen Baumwollspekulation 1937-41 und 1947-52; vgl. Houthakker, H. S. — „Can Speculators Forecast Prices?", in: The Review of Economics and Statistics, Vol. 39 (1957), S. 143 ff.

[105] Aliber untersucht empirisch, ob die Baumwollfuturesmarktspekulation im Zeitraum der o.g. Houthakker-Untersuchung (1937-41 und 1947-52) die Baumwollkassapreise stabilisierte; vgl. Aliber, R. Z. — „Speculation and Price Stability Once Again", in: The Journal of Political Economy, Chicago, Vol. 72 (1964), S. 607 ff.

[106] Steinmann, Gunter — Theorie ..., a.a.O., S. 67; vgl. Steinmanns Darstellung und Kritik der klassischen Theorie der Spekulation sowie der neoklassischen von Kaldor und der modernen analytischen Spekulationstheorie von Baumol, Telser, Glahe, Stein, Kemp und Farrel.

[107] Ebenda, S. 66; vgl. auch Baumols Feststellung: „Man kann sich nicht auf die Ermittlung der spekulativen Profite beschränken, sondern muß in jedem Einzelfall den Einfluß der Spekulation auf die Preise prüfen", aus: Baumol, W. J. — „Reply", in: The Review of Economics and Statistics, Vol. 41 (1959), S. 302.

they think the market is exaggerating"[108]. Unzulässigerweise leiten sie daraus allerdings eine quasi automatische Korrektur- oder Stabilisierungsfunktion der besser informierten 'Professionals' ab.

Die Anhänger der 'Stabilisierungsthese' lassen dabei außer acht, daß sich der bessere Informationsstand der 'Professionals' nicht nur auf die Preisdimension beschränkt, sondern auch andere Komponenten umfaßt. Zu letzteren zählt insbesondere die ausgeprägte Kenntnis marktpsychologischer Faktoren[109] (vgl. S. 166 ff.).

Ebenso zu nennen ist der durch die größere Marktnähe bedingte Informationsvorsprung, der sich in wertvollen Erkenntnissen niederschlägt, die aus der ständigen Verfolgung des Orderflusses (durch „Locals", Floorbroker etc.) gewonnen werden können[110] (s. S. 166 ff.).

Hinzu kommt, daß die Vertreter der 'Stabilisierungsthese' die Interessengesichtspunkte auf seiten professioneller Händler verkennen. Letzteren liegt nicht daran, in ihren Augen 'falsche' oder 'ungerechtfertigte' Preise (Preisschwankungen) durch eigene Transaktionen zu 'korrigieren', sondern sie werden vielmehr entsprechend ihrem Gewinnmaximierungsstreben, je nach Marktlage Preisschwankungen zu provozieren suchen bzw. auch „einen draufsetzen", wie es in der Händlersprache heißt (s. o.), was ebenfalls destabilisierend wirkt.

Abschließend seien folgende essentielle Punkte festgehalten:

1. Alle Transaktionen an Goldfuturesmärkten tragen spekulative Züge. Dem Begriff 'spekulative Transaktionen' wird gegenüber dem Begriff „die Spekulation" der Vorzug gegeben, um der Differenziertheit spekulativ bedingter Transaktionen gerecht zu werden und die unterschiedlichen Charakteristika der hinter spekulativen Transaktionen stehenden Marktteilnehmer zu betonen.
2. Grundlegend verschiedene Handelscharakteristika lassen eine Unterscheidung der Goldfuturesmarktteilnehmer in Amateur- und professionelle Spekulanten zu. Besonderes Gewicht als Unterscheidungsmerkmal haben dabei die verschiedenen Informationszugangsmöglichkeiten und Informationsstände der beiden Gruppen.

---

[108] Jarecki, Henry G. — „The Success of the U.S. Gold Markets: A Study in Structural Convenience", Ansprache auf der Financial Times Conference „World Gold", Montreux, 12. u. 13.6.1979, S. 11.

[109] Voraussichtliche Aktionen und Reaktionen des breiten Publikums stehen dabei im Vordergrund.

[110] Vgl. dazu auch M. A. Friedman: „It does not, of course, follow that speculation is not destabilizing; professional speculators might on the average make money while a changing body of amateurs regularly lost larger sums." aus: Friedman, Milton A. — „Essays in Positive Economics", a.a.O., S. 175.

3. Neben unprofitablen spekulativen Transaktionen können auch profitable spekulative Transaktionen destabilisierende Effekte auslösen. Dies lassen Anhänger der 'Stabilisierungsthese' außer acht. Anhand der Marktberichterstattung können Belege dafür gefunden werden, daß profitable spekulative Aktivitäten auch destabilisierende Wirkungen haben können: Aus marktpsychologischen Einschätzungen heraus ist es für die besser informierten Goldfuturesmarktprofessionals durchaus rational, Preisimpulse zu induzieren oder zu verstärken, indem sie „noch einen draufsetzen", obgleich die fundamentalen Gegebenheiten am physischen Markt eher korrigierende (stabilisierende) Aktivitäten von ihrer Seite erwarten ließen.

2. Theoretisch denkbare Futuresmarkteinflüsse auf Spotpreise und ihre tatsächliche Ausprägung am Goldmarkt

Aufgabe dieses Abschnittes ist es, theoretisch denkbare Mechanismen stabilisierenden bzw. destabilisierenden Futuresmarkteinflusses auf einen zugrundeliegenden Spotmarkt darzustellen und hinsichtlich ihrer tatsächlichen Ausprägung am Goldmarkt zu untersuchen.

Folgende Fragen stehen dabei im Vordergrund:

a) Hat sich durch die Gründung der Goldfuturesmärkte eine nennenswerte Erleichterung des Risikotransfers für Hedger ergeben?,

b) Üben die großen Goldfuturesmärkte eine Preisführerrolle aus, und was kann über den Einfluß der Kassamärkte auf die Futuresnotierungen gesagt werden? Welche Ursachen sind dafür verantwortlich? Insbesondere:

c) Welche Auswirkungen hat die Teilnahme des breiten Publikums an den Goldfuturesmärkten?,

d) Wie wirken sich technisch bedingte Faktoren aus (1. Effekte der zeitlich-geographischen Trennung der Zentren des Weltkassa- und -futureshandels, 2. Auswirkungen von Deckungstransaktionen)?,

e) Welche manipulativ bedingten Einflüsse lassen sich identifizieren („Corners" und „Squeezes" sowie andere manipulative Aktivitäten)?

a) Risikotransfererleichterung? Goldfutures- versus -Cash-forward-Märkte

Einem Futuresmarkt kommt neben Informationssammlung, Preisbildung und -verbreitung vor allem die Aufgabe zu, den Risikotransfer zwischen Hedgern und Spekulanten zu gewährleisten, bzw. ihn im Vergleich zu evtl.

bereits bestehenden anderen Möglichkeiten des Risikotransfers zu erleichtern.

Eröffnet die Gründung eines Futuresmarkts *erstmalig* die Möglichkeit zum Hedging, so wirkt sich dies stabilisierend auf die Kassapreise aus, da hierdurch die Notwendigkeit zur Einbeziehung von Risikoprämienaufschlägen bei Kassageschäften entfällt. Die Bedeutung von Risikoprämienaufschlägen als preisdestabilisierendes Element kommt besonders bei unruhigen Marktphasen zum Tragen: Nimmt man Konstanz des relativen Verhältnisses von Risikoprämie und Preisschwankungsamplitude (der jüngeren Vergangenheit) an, so werden mit zunehmend unruhigerem Markt (ceteris paribus weiterer Preisschwankungsamplitude) die absoluten Risikoprämienaufschläge größer und verstärken dadurch die Ausschläge der Preisnotierungen. Entfällt hingegen die Notwendigkeit zur Erhebung von Risikoprämienaufschlägen, dann ergibt sich durch den Wegfall des genannten Destabilisierungsmechanismus eine stabilisierende Wirkung.

Existieren demgegenüber bereits Möglichkeiten des Hedging zur Zeit der Aufnahme des Futureshandels, so ist zu diskutieren, ob der (neue) Futuresmarkt den Risikotransfer zwischen Hedgern und Spekulanten nennenswert

Schaubild 9: Analyseschritte zur Wirkungsbeurteilung der Einführung eines Futuresmarktes unter Hedging-Gesichtspunkten

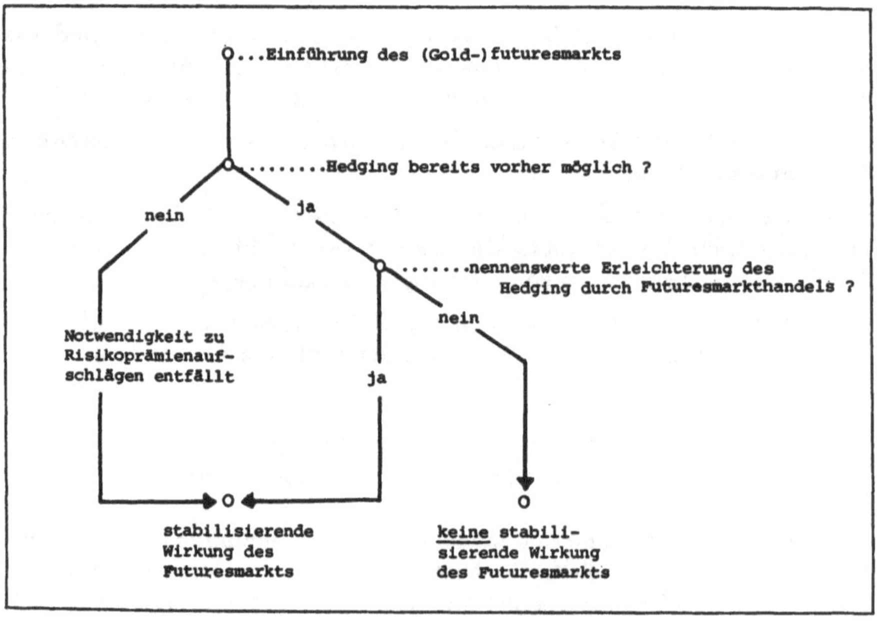

erleichtert (vgl. das Flußdiagramm in Schaubild 9). Finden sich dafür bestätigende Hinweise, dann kann — durch den Arbitrage-Mechanismus bedingt — ebenfalls von einer kassapreisstabilisierenden Wirkung des Futuresmarkts ausgegangen werden.

Zur Zeit der Einführung des weltweit ersten Goldfuturesmarkts in Winnipeg 1972 bestand bereits in London und in Zürich in Form des Cash-forwardhandels die Möglichkeit „Kassageschäfte auf später" abzuschließen. Die Gründung der nordamerikanischen Goldfuturesmärkte stellte daher keine Novität hinsichtlich der Möglichkeit dar, Risiken physischer Goldpositionen zu transferieren.

Um beurteilen zu können, ob die Goldfuturesmärkte das weltweite Hedging nennenswert erleichtert haben oder nicht, ist ein Vergleich der Vor-und Nachteile beider alternativer Märkte, des europäischen Gold-Cash-forwardmarkts in Zürich und London und des Goldfutureshandels der führenden U.S.-Börsen, aus dem Blickwinkel der an beiden Märkten (potentiell) teilnehmenden Hedger, erforderlich (Marktattraktivitätsvergleich).

Stellvertretend für den europäischen Cash-forwardhandel werden im folgenden die als Beurteilungsbasis dienenden Usancen des Zürcher Cash-forwardhandels sowie dessen Struktur erläutert[111].

Darauf aufbauend sollen aus Hedger-Sicht Vor- und Nachteile der Teilnahme am Gold-Cash-forward- im Vergleich zum Goldfuturesmarkt diskutiert werden.

Das Volumen des Cash-forwardhandels in Zürich ist in den letzten Jahren gestiegen; gleichzeitig wuchs auch der Cash-forwardanteil am Gesamtgoldgeschäft[112]. Er wird zur Zeit (1982/83) mit etwa 5 bis 10 %[113] des auf 80 bis 100 Milliarden Dollar jährlich[114] geschätzten Zürcher Goldhandels veranschlagt.

Das Zürcher Gold-Cash-forwardvolumen dürfte daher zwischen etwa 4 bis 10 Milliarden Dollar jährlich ausmachen.

Etwa gleich hoch wie in Zürich sind die Londoner Gold-Cash-forwardumsätze einzuschätzen[115].

---

[111] Die Gold-Cash-forwardmärkte in London und Zürich unterscheiden sich nennenswert weder in den Usancen noch in der Höhe des abgewickelten Volumens.

[112] Hier und weiter unten nicht im einzelnen belegte Angaben beruhen auf Informationen aus Zürcher Goldhandelskreisen. Für die großzügig erwiesene Gesprächsbereitschaft, die maßgeblich zum Gelingen dieses Abschnitts beigetragen hat, möchte ich meinen Zürcher Gesprächspartnern nochmals herzlich danken.

[113] Vgl. Abschnitt IV. I. 2) sowie Neue Zürcher Zeitung (Fdr), 13.8.1981.

[114] Vgl. Schweizerische Kreditanstalt — Goldhandbuch, Heft 66 der Schriftenreihe 'Handbücher aus dem Bankbereich', Zürich, Dezember 1982, S. 129.

[115] London gilt z. Zt. bei Fristigkeiten unter 3 Monaten als etwas wettbewerbsfähiger.

Die von den Zürcher Goldhandelsbanken angebotenen Fristigkeiten erstrecken sich bis zu 1 Jahr; nahezu 100 Prozent der Gold-Cash-forwardgeschäfte werden in U.S.-Dollar abgeschlossen. Die Aufschläge für Cash-forwardkontrakte gegenüber der jeweils herrschenden Goldkassanotierung orientieren sich dementsprechend an der Höhe des Eurodollarzinssatzes.

Im Durchschnitt machen die Cash-forwardumsätze bis zu 3 Monaten etwa 60 % des gesamten Cash-forwardumsatzes aus. Alle Abschlüsse mit Fristigkeiten bis zu 6 Monaten zusammengenommen vereinigen circa drei Viertel bis 90 % des Gesamt-Cash-forwardgeschäfts auf sich.

Als Cash-forwardkunden der Zürcher Goldhandelsbanken treten Goldproduzenten und -verarbeiter nur in sehr geringem Maße in Erscheinung; vielmehr stehen große Privatfonds und Banken im Vordergrund. Untereinander schließen die Zürcher Goldhandelsbanken keine Cash-forwardgeschäfte ab. In der Regel nehmen die Goldhandelsbanken keine Leerverkäufe von Kunden entgegen. Typisch ist demgegenüber die Benutzung des Cash-forwardmarkts durch goldbesitzende Institutionen als Finanzierungsinstrument, indem sie ihre Kassabestände 'hedgen' und gleichzeitig darauf Zinsen verdienen. Das Verhältnis von 'Professionellen'[116] (etwa 50 weltweit) zu Privaten beträgt dem Umsatz nach schätzungsweise 4 : 1.

Die Mindestabschlußmenge beträgt 100 Feinunzen; 50 % des Kontraktwertes müssen derzeit als Einschuß hinterlegt werden.

Die Einschußhöhe schwankt in Abhängigkeit vom jeweils gerade herrschenden Goldpreis, der Marktverfassung, der Kontraktlänge sowie der Kundenbonität. Unterhält der Cash-forwardkunde bedeutende Bestände an Wertpapieren, Edelmetallen o. ä., so entfällt i. d. R. die Pflicht zur Einschußhinterlegung durch die Einräumung einer individuellen Kreditlinie für Gold-Cash-forwardgeschäfte. Qualität, Lieferdatum sowie Zahlungs- und sonstige Liefermodi sind frei vereinbar.

Obgleich Cash-forwardmärkte — im Gegensatz zu Futuresmärkten — auf den Austausch physischer Goldmengen hin konstruiert sind und der Anteil physischer Lieferung am Gesamtumsatz deutlich höher als an den Futuresmärkten ausfällt, beinhalten Cash-forwardabschlüsse normalerweise auch eine Rücktrittsklausel.

Auf Basis der dargestellten Struktur des europäischen Gold-Cash-forwardmarkts beurteilen wir aus Hedger-Sicht im folgenden Vor- und Nachteile der Teilnahme am Gold-Cash-forward- im Vergleich zum Goldfutures-

[116] Es gibt keine feststehende Definition für den 'Professionellen'. Entsprechend sind die Grenzen zwischen Professionellen und Nicht-Professionellen ('Privaten') fließend. Ein Handelspartner wird jedoch dann im allgemeinen als 'Professioneller' bezeichnet, wenn er hauptberuflich, ständig und mit bedeutenden Umsätzen am Goldhandel teilnimmt.

markt um, wie eingangs des Abschnitts begründet, festzustellen, ob der Risikotransfer für diese Gruppe durch die Goldfuturesmärkte nennenswert erleichtert worden ist.

Tabelle 32 faßt in einer Gegenüberstellung die für einen Marktvergleich wichtigsten Punkte zusammen. Je nachdem in welchem Grad der Gold-Cash-forwardmarkt für einen Hedger Risikotransfervor- oder -nachteile gegenüber den Futuresmärkten aufweist, wurde jedes der 10 angeführten Vergleichskriterien auf einer Skala von + + (sehr bedeutsamer Vorteil) über + (Vorteil), 0 (analoge Vorteile auf beiden Seiten), — (Nachteil) bis — — (sehr bedeutsamer Nachteil) bewertet[117].

Ein Nachteil des Cash-forwardmarkts unter dem Gesichtspunkt der Einschußhöhe (Tab. 32, Punkt 5) liegt für kleinere Hedger darin, daß sie z. Zt. 50 % des Kontraktwertes als Einschuß zu hinterlegen haben (an den U.S.-Goldfuturesbörsen nur etwa 5-10 %). Ein zweiter Nachteil ergibt sich durch die weiteren An-/Verkaufsspannen an den Cash-forwardmärkten (Tab. 32, Punkt 6).

Dem stehen folgende Vorteile der Gold-Cash-forwardmärkte gegenüber:

1. Goldmenge, -qualität und Stückelung sowie der Zahlungsmodus sind frei vereinbar (Tab. 32, Punkt 3). Dadurch ergibt sich zwar im Vergleich zu den Goldfuturesmärkten eine Heterogenisierung der gehandelten Güter, sie bedeutet jedoch für den Hedger gerade einen Gewinn an Flexibilität. Seinen individuellen Bedürfnissen wird dadurch am besten Rechnung getragen, daß es ihm mittels flexibler Vertragsgestaltung ermöglicht wird, einen seiner Kassaposition entsprechenden, möglichst perfekten Hedge aufzubauen.

2. Statt des Handels mit bestimmten Liefermonaten wie an den Goldfuturesbörsen schließt der Cash-forwardhedger einen Vertrag über physische Lieferung zu einem bestimmten Termin ab (Tab. 32, Punkt 4), was wie die unter 1. genannten Vertragsbestandteile zu einer Eingrenzung von Risiken für den Hedger führt, da sein Hedge dadurch perfekter gestaltet werden kann. Zwar ist es an der COMEX möglich, Futureskontrakte bis zu etwa 2 Jahren zu handeln (d. h. 1 Jahr weiter in die Zukunft als die maximale Cash-forward-Frist von 1 Jahr); wie die o. g. Marktdaten jedoch zeigen, machen Cash-forward-Abschlüsse bis zu 6 Monaten bereits bis zu 90 % des gesamten Cash-forwardvolumens aus. Entsprechend niedrig liegen auch die Umsätze in Futureskontrakten über 1 Jahr, während der Großteil des Futuresmarktumsatzes auf die ersten 3 Monate entfällt (vgl. Tabelle 33).

[117] Diese notwendigerweise subjektive Bewertung stellt die Essenz der Gespräche dar, die der Autor mit Praktikern des internationalen Gold-Cash-forward- und -futuresgeschäfts geführt hat.

Tabelle 32: Marktattraktivitätsvergleich: Risikotransfer am europäischen Cash-forwardmarkt versus U.S.-Goldfuturesmarkt

Vor-/Nachteil *	Europäischer Cash-forwardmarkt	U.S.-Goldfuturesmarkt
0	1. Standortfrage - politisch/geographisch: Lagerungsort physischer Goldbestände; Sicherheit vor evtl. Konfiskation.	Analog.
0	2. Zeitzonenfrage - Vorzug des Handels in der eigenen Zeitzone (MEZ).	Analog.
+	3. Mindestmenge: 100 oz.; Goldmenge, -qualität u. Stückelung sowie Zahlungsmodus sind frei vereinbar.	Mindestmenge: 100 oz. (Winnipeg: 20 oz.); Goldqualität u. Stückelung sowie Zahlungsmodus sind festgelegt.
+	4. Beliebig vereinbarer Lieferzeitpunkt (genaues Datum) bis zu 1 Jahr im voraus.	Bestimmter Liefermonat bis zu über 2 Jahren im voraus; genaues Lieferdatum innerhalb der Lieferzeit ungewiß.
- +	5. Einschuß: a) für Kleinkunden: 50% des Kontraktwerts, b) für Großkunden: keiner.	Margin beträgt für Klein- u. Großkunden etwa 5-10 % des Kontraktwerts; jedoch Möglichkeit Treasury Bills zu hinterlegen.
+ -	6. Gewißheit des Preises; aber breitere An-/Verkaufsspannen.	Preisungewißheit bis zur Auftragsbestätigung; durch Art d. Brokerorder einschränkbar. Kleinere An-/Verkaufsspannen, aber Kommission.
+ +	7. Große Mengen sind ohne viel Aufsehen und zu einem Preis handelbar.	Bei großen Mengen: "5-vor-12-Stimmung", Notwendigkeit zu Preiszugeständnissen (Gesamtumsatz minus Spreads zeigt die Enge des 'outright market').
+ +	8. Normalerweise Rücktrittsklausel im Vertrag; jederzeitige Möglichkeit, aus dem Markt 'auszusteigen'.	Möglichkeit zum kompensatorischen Gegengeschäft; jedoch Gefahr von Limit-up/down-Konstellationen; selbst Stop-Loss-Orders sind dann unausführbar.
+ +	9. Diskretion, Bankgeheimnis, keine Offenbarung der Händleridentität.	CFTC-Ausländerbestimmungen, Diskretionsverlust.
+ +	10. Weitestgehende Konstanz in den Handelsbestimmungen.	Kurzfristige Regeländerungen durch Börsenorgane und/oder die CFTC möglich.

* ++/+/-/-- = Der europäische Cash-forwardmarkt hat einen diesbezüglichen .... sehr bedeutsamen Vorteil/Vorteil/Nachteil/sehr bedeutsamen Nachteil

0 = Cash-forward- und Futuresmärkte weisen analoge Vorteile auf.

Tabelle 33: Umsatzvolumen an der COMEX in einzelnen Futuresmonaten im Monat Dezember 1981*

gehandelter Futuresmonat	anteiliger Umsatz am Gesamtumsatz		
Dez. 81	2,3 %		
Jan. 82	0,03 %		
Feb. 82	77,4 %	79,7 %	bis 3 Monate
Mär. 82	0,003 %		
Apr. 82	8,1 %		
Jun. 82	4,5 %	12,6 %	4 - 6 Monate
Aug. 82	2,4 %		
Okt. 82	1,4 %	5,5 %	7 -12 Monate
Dez. 82	1,7 %		
Feb. 83	1,5 %		
Apr. 83	0,3 %		
Jun. 83	0,2 %	2,0 %	über 12 Monate
Aug. 83	0,03 %		
Okt. 83	0,006 %		

* Gesamt-Monatsumsatz über alle Futuresmonate = 1.050.518 Kontrakte.

Quelle: Commodity Exchange, Inc. — 1981 Statistical Yearbook, New York 1982, S. 39 und eigene Berechnungen.

3. Für größere Hedger entfällt an den Cash-forwardmärkten die Pflicht zur Einschußhinterlegung (Tab. 32, Punkt 5); diese wird durch die Einräumung einer Kreditlinie für Gold-Cash-forwardgeschäfte ersetzt.

4. Einer der entscheidenden Vorteile des Gold-Cash-forwardmarkts ist in dem hohen Grad an Diskretion zu sehen (Tab. 32, Punkt 9). Der Diskretionsaspekt, d. h. die strenge Wahrung aller mit einem Abschluß verbundenen Daten und anderen Informationen, besitzt — nach Händlerangaben — den Charakter einer 'conditio-sine-qua-non'. Dies hat verschiedene Ursachen: Bei 'Privaten' (vgl. die o. g. Umsatzrelationen von 'Privaten' und 'Professionellen', S. 144) mögen dieselben Beweggründe (einschließlich vermögen-, ertrag- und erbschaftsteuerlicher Art) eine Rolle spielen wie die, die zur Gründung eines Nummernkontos führen. Bei 'Professionellen' scheint das Motiv, mögliche Signalwirkungen zu vermeiden, im Vordergrund zu stehen. Große goldbesitzende Fonds z. B. würden ansonsten eventuelle Rück-

schlüsse auf ihre Goldbestände zulassen, Goldproduzenten würden z. B. ihre Preiserwartungen oder Verkaufspolitik preisgeben (vgl. die russische Abneigung gegen die mittlerweile eingestellte Publizierung der schweizerischen Import-Exportstatistik in Abschnitt IV. I.; vgl. auch Punkt 7 zur Vermeidung einer sogenannten '5-vor-12-Stimmung' beim Abschluß über große Mengen sowie S. 153).

Die für die Teilnahme an U.S.-Goldfuturesbörsen geltenden Ausländerbestimmungen der CFTC sehen demgegenüber die Pflicht zur Offenbarung der Händleridentität einschließlich der Höhe und Art aller von einer natürlichen oder juristischen Person gehaltenen Futuresmarktpositionen vor. Eine derartige Offenlegung ihrer Identität und Handelsaktivitäten stellt für viele (potentielle) Teilnehmer am Gold-Cash-forwardmarkt eine inakzeptable Forderung dar, so daß sie u. a. aus diesem Grund die Teilnahme am Cash-forwardmarkt bevorzugen.

5. Ein weiterer — gerade in hektischer Marktverfassung — bedeutender Cash-forwardmarktvorteil liegt in der Möglichkeit begründet, jederzeit aus dem Markt aussteigen zu können (Tab. 32, Punkt 8). Die Möglichkeit zur Glattstellung der eigenen Position existiert zwar ebenso an den Goldfuturesmärkten, indem der Positionshalter ein kompensatorisches Gegengeschäft abschließt; es sind jedoch Limit-up/down-Konstellationen möglich (vgl. Abschnitt VI. I. 1.), die selbst Stop-loss-Orders nicht mehr zur Ausführung gelangen und damit wirkungslos werden lassen. In einem solchen Fall ist der Inhaber einer Futuresposition, der — um noch höhere Verluste zu vermeiden — aus dem Markt auszuscheiden beabsichtigt, in seiner Position gefangen ('locked in'). Erst am nachfolgenden Börsentag oder noch später wird es ihm möglich sein, unter Inkaufnahme u. U. noch größerer Verluste, seine Futuresposition zu liquidieren. Diesem Risiko der zeitweiligen Marktaussetzung sieht sich der Cash-forwardmarktteilnehmer demgegenüber nicht ausgesetzt.

6. Gibt ein Goldfuturesmarkthedger eine „best"- bzw. „billigst"-Order zur Ausführung an seinen Broker, so weiß er bis zur eventuellen Auftragsbestätigung nicht, zu welchem Preis ein Abschluß für ihn getätigt wurde (Tab. 32, Punkt 6). Die Spanne der Preisungewißheit läßt sich für ihn zwar durch entsprechend spezifizierte Broker-Orders einengen; er hat jedoch weder die Gewähr der sofortigen Ausführung noch die Gewißheit des erzielten Preises wie bei einer Gold-Cash-forwardtransaktion.

Gerade in unruhigen Marktphasen gewinnt dieser Vorteil des Gold-Cash-forwardmarkts an Bedeutung: setzt der Goldfuturesmarkthedger eine zu enge Order-Spanne um sein Einstandspreisrisiko einzuschränken, kommt er u. U. mit seiner Order nicht durch und 'verpaßt' dadurch 'den abfahrenden Zug'. Gibt er jedoch eine best-/billigst-Order in den Markt, erwirbt er u. U. eine Position zu einem Preis, der ihm ex post als unattraktiv erscheint.

Hinzu kommt ein 'Fairneß-Argument' hinsichtlich der Preisstellung durch Zürcher / Londoner Gold-Cash-forward-Banken / Edelmetallhäuser. Obgleich Abschlüsse nicht per 'open outcry' zustandekommen und ein zeitlich simultaner Konditionenvergleich (wie an den Futuresbörsen) für Cash-forwardkunden nicht möglich ist[118], sind die gestellten Preise als 'fair' zu bezeichnen. Dem Kunden einer Goldhandelsbank/eines Edelmetallhauses würde es auf Dauer nicht verborgen bleiben, übervorteilt worden zu sein. Ein — im Hinblick auf langfristige Zusammenarbeit — beiden Seiten gerecht werdendes Geschäftsgebaren impliziert daher eine kontinuierlich 'faire' Preisstellung durch die jeweilige Goldhandelsbank/das jeweilige Edelmetallhaus.

7. Neben den genannten Punkten der Diskretion und der jederzeitigen Möglichkeit aus dem Markt auszusteigen besteht ein weiterer sehr bedeutsamer Vorteil des Gold-Cash-forwardmarkts für den Hedger darin, große Mengen ohne viel Aufsehen und zu einem Preis zu handeln (Tab. 32, Punkt 7). Gelangt, im Vergleich dazu, eine größere Order an den Goldfuturesmarkt, so bildet sich dagegen schnell eine '5-vor-12-Stimmung'. Diese ist Folge der Enge des sog. „Outright Market"[119], der sich rechnerisch ergibt, wenn man die Spreads aus dem Gesamtumsatz am Goldfuturesmarkt herauszählt; zugleich ist sie Ausdruck der sprichwörtlichen Empfindlichkeit des Marktes: Aufgrund der eingetroffenen Großorder werden neue Positionen aufgebaut, bestehende Positionen umgeschichtet, der Markt nimmt an Hektik zu.

Neben derartigen 'aufsehenerregenden' Folgen ist es sehr wahrscheinlich, daß der Goldfuturesmarkthedger — zumindest für einen Teil seines Auftragsvolumens — Preiszugeständnisse machen muß; das gesamte Ordervolumen ist nicht zu einem Preis durchhandelbar.

Am Cash-forwardmarkt hingegen wird er das gesamte Auftragsvolumen nicht nur zu einem Preis abwickeln, sondern auch jegliche Unruhe durch Kurzfristspekulation, Trittbrettfahrphänomene u. ä. vermeiden können.

8. Ein abschließender sehr bedeutsamer Vorteil des Gold-Cash-forwardmarkts liegt für den Hedger in der weitestgehenden Konstanz von Handelsbestimmungen sowohl in England als auch in der Schweiz (Tab. 32, Punkt 10). Die Möglichkeit unvorhergesehener und unerwünschter kurzfristiger Regeländerungen durch Börsenorgane und/oder die CFTC (vgl. Abschnitt VI. IV. 3.) schafft ein Klima des Mißtrauens den U.S.-Goldfuturesbörsen

[118] Ein sog. 'Shopping-around' nach einer evtl. günstigeren Kondition findet nach Aussagen von Praktikern so gut wie nicht statt.

[119] Vgl. dazu u.a. auch die Hinweise aus der Goldmarkttagesberichterstattung über den 2.1.1980, daß die Enge des Marktes beschleunigend auf den Preisanstieg eingewirkt habe; in: Neue Zürcher Zeitung (o. V.), 4. Januar 1980 sowie Financial Times (o. V.), 20. November 1979.

gegenüber, das sich in einer diesbezüglichen Bevorzugung der europäischen Cash-forwardmärkte niederschlägt.

Die aufgezählten Punkte heben hervor, aufgrund welcher deutlichen Vorteile des Gold-Cash-forwardmarkts Hedger — wie in der Praxis zu beobachten ist — bereit sind, die Nachteile des Gold-Cash-forwardmarkts in Form weiterer An-/Verkaufsspannen (und höherer Einschüsse für Kleinkunden) in Kauf zu nehmen und den dortigen Handel dem Goldfutureshandel vorziehen.

Je nach Standort eines Hedgers (Europa/USA) ergeben sich ergänzend dazu Standort-Gesichtspunkte, die zur Platzwahlentscheidung — Futuresmarkt versus Cash-forwardmarkt — beitragen.

So zeigt es sich nach Händlerangaben, daß z. B. große goldbesitzende U.S.-Fonds, deren physische Goldbestände in den USA lagern, aus politisch-geographischen und Zeitzonen-Erwägungen heraus den amerikanischen Markt vorziehen, während europäische Institutionen, deren physisches Gold in Europa lagert, die Teilnahme am Cash-forwardmarkt präferieren. Die Platzwahlentscheidung orientiert sich somit auch an den durch die Goldlagerung vorgeprägten Gegebenheiten, was gleichfalls auf die innereuropäische Entscheidung zwischen dem Londoner und dem Zürcher Cash-forwardmarkt zutrifft.

Zusammenfassend kann somit festgehalten werden, daß die U.S.-Goldfuturesmärkte im allgemeinen von amerikanischen Hedgern favorisiert werden, während die Londoner und Zürcher Gold-Cash-forwardmärkte für alle übrigen Hedger eindeutige Vorteile bieten und von diesen bevorzugt werden. Insgesamt zeigt sich, daß die Gründung der U.S.-Goldfuturesmärkte keine nennenswerte Erleichterung des weltweiten Risikotransfers bewirken konnte. Wie oben (S. 141 ff.) dargelegt wurde, hätten sich nur im gegenteiligen Falle (nennenswerter Risikotransfererleichterung) kassapreisstabilisierende Wirkungen der Goldfuturesmärkte ergeben können. Die 'Stabilisierungsthese' findet somit unter Risikotransferaspekten keine Unterstützung.

Im folgenden soll schließlich untersucht werden (vgl. Abschnitt III. II. 2. b) bb), welche quantitative Rolle Risikotransfertransaktionen von Hedgern im Verhältnis zu den Transaktionen von Arbitrageuren und Spekulanten überhaupt spielen. Die Analyse wird zeigen, daß die Bedeutung der Hedging-Komponente durch die der Arbitrage- bzw. Spekulationskomponente um ein Vielfaches übertroffen wird, was das Wirkungspotential der letzteren im Hinblick auf bereits analysierte und noch zu analysierende spotpreisdestabilisierende Wirkungen einmal mehr unterstreicht.

Da bisher weder von den Börsen Marktanalysen durchgeführt wurden, noch Daten über die Marktzusammensetzung publiziert werden, stützt sich die folgende Betrachtung auf Analogbetrachtungen und Schätzungen:

Am Schweizer Goldmarkt wurden, wie oben erwähnt (vgl. S. 52 u. 143) im Jahre 1981 etwa 5-10 % des Gesamtgoldgeschäfts, d. h. zwischen 4 und 10 Mrd. $ als Cash-forwardtransaktionen abgeschlossen. Bei einem durchschnittlichen Unzenpreis von $ 375,64[120] sind dies zwischen 331 und 828 to.[121], im Mittel etwa 580 to. Dem stehen Investment-Bestände in der Schweiz, Großbritannien und der BRD von 1 500-2 000 to. gegenüber (sonstiges Europa: 100 to.; vgl. Tab. 34).

Tabelle 34: Verteilung der Weltinvestmentbestände an Barrengold, Ende 1980 (in Tonnen)

USA	500 - 600
Frankreich	500
Schweiz, Großbritannien u. BRD	1500 - 2000
Asien 1)	700
übriges Europa	100
Sonstige Länder 2)	200 - 500
Summe	3000 - 5000

1) einschließlich Japan, Hong Kong, Singapur, Indonesien, Taiwan, Korea und Thailand.
2) vorwiegend der Mittlere Osten.

Quelle: International Gold Corporation — Above Ground Stocks of Gold, Amounts and Distribution, New York, Okt. 1982, S. 17.

Unter der Annahme, daß dieser gesamte europäische Goldinvestmentbestand potentiell 'gehedged' würde und daß mit einer Umschlaggeschwindigkeit von etwa 3[122] zu rechnen sei (3 Cash-forwardabschlüsse über jeweils 4 Monate unter der Annahme ständiger Revolvierung; d. h. 100 oz. Kassagold 'schöpfen' 300 oz. Cash-forwardumsatz im Jahr; vgl. die Beispiele in Schaubild 10), dann ergäbe sich ein potentielles Hedging-Volumen von 4 500-

[120] Nach Angaben der DEGUSSA, Frankfurt.

[121] Eigene Berechnungen.

[122] In der Praxis sind der Vielfalt denkbarer Hedge-Möglichkeiten keine Grenzen gesetzt; je nach Markteinschätzung wird der potentielle Hedger seine Kassaposition vollständig, teilweise oder (zeitweilig) überhaupt nicht hedgen. — Da der Schwerpunkt der Fristigkeiten zwischen 3 und 6 Monaten liegt, errechnet sich bei Annahme fortwährender Revolvierung eine durchschnittliche Umschlaggeschwindigkeit von 2 — 4 pro Jahr.

6 000 to. Es zeigt sich allerdings — wie die o. a. Zahlen belegen —, daß das tatsächliche Hedging-Volumen in London und Zürich (annähernd gleich hoch) zusammen nur etwa 1/4 bis 1/5 des potentiellen Volumens ausmacht.

Schaubild 10: Die Umschlaggeschwindigkeit als korrespondierende Größe zwischen bestehenden Goldkassapositionen und dem Hedging-Volumen

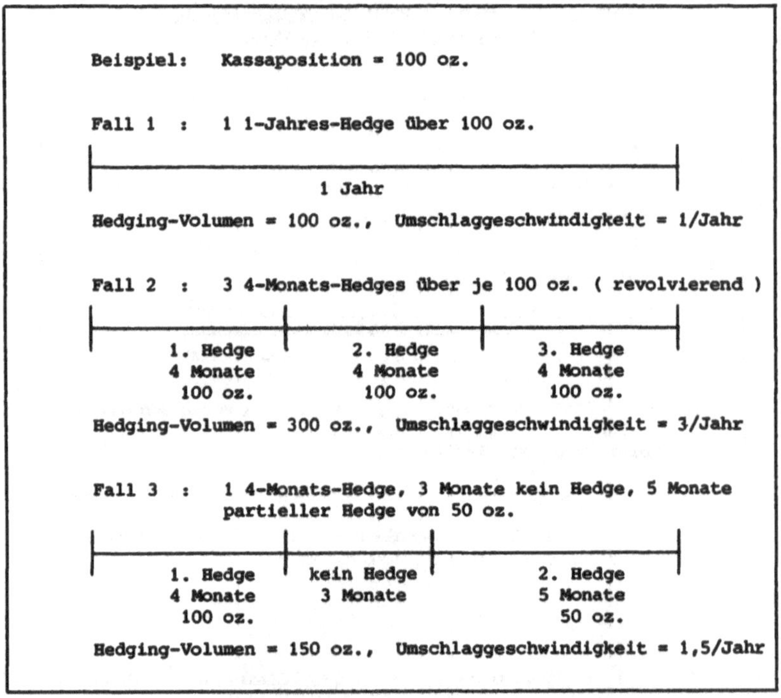

Dies ist damit zu erklären, daß zum einen nur ein Bruchteil der vorhandenen Kassainvestment-Bestände 'gehedged' werden, und zum anderen ist es wahrscheinlich, daß die tatsächliche durchschnittliche Umschlaggeschwindigkeit unter dem angenommenen Wert von 3 liegt, da anzunehmen ist, daß nicht alle Hedges ständig revolviert werden.

Wendet man nunmehr — in Ermangelung von Daten über die Zusammensetzung des Goldfuturesmarkts — die gleichen Überlegungen auf den amerikanischen Markt an, dann wird folgendes deutlich:

Die Goldinvestment-Bestände in den USA belaufen sich auf etwa 500-600 to. (vgl. Tab. 34). Nimmt man wiederum 'optimistisch' an, daß diese gesamte Investment-Kassamenge bei einer Umschlaggeschwindigkeit von 3 'gehedged' würde, dann beliefe sich das potentielle Hedging-Volumen auf 1 500-1 800 to.

Setzt man diese Ziffern ins Verhältnis zum addierten Jahresumsatz von COMEX und IMM 1981 in Höhe von 40 100 to.[123], so erhält man einen Hedging-Anteil am gesamten Goldfuturesmarktumsatz von 3,7-4,5 %. Wie im Falle Europas ist jedoch davon auszugehen, daß auch in den USA nur Bruchteile der gesamten hedge-baren Goldkassabestände tatsächlich gehedged werden: Nur ein Teil der in den USA befindlichen Goldinvestment-Bestände befindet sich im Besitz großer Fonds und Banken bzw. potenter Privatadressen; der Rest verteilt sich auf eine breite Anlegerschicht, bei der nur in geringerem Maße die Bekanntheit von Hedging-Möglichkeiten und -Methoden verbreitet sein dürfte.

Unabhängig davon ist die Frage zu beantworten, ob die Fähigkeit zum Hedging vorliegt. Das Mindesterfordernis an Kassagold von 100 oz. an den führenden Börsen COMEX und IMM bzw. 33,2 oz. und 1 Kilo an den wesentlich umsatzschwächeren Börsen MACE und CBOT, wird von vielen kleineren Goldbesitzern/-investoren etc. nicht erfüllt werden (können). Auf der Produktionsseite, die, wie oben erwähnt, nur marginal als Hedger in Erscheinung tritt, spielt z. B. die erst Mitte 1980 durch die Südafrikanische Zentralbank erteilte Erlaubnis zum Hedging für südafrikanische Minengesellschaften (bis zu 10 % ihrer Produktion)[124, 125] eine Rolle. — Neben der Frage der offiziellen Genehmigung tragen mehrere Gründe dazu bei, daß weder die UdSSR noch Südafrika bisher nennenswerten Gebrauch von den U.S.-Goldfuturesmärkten gemacht haben:[126]

1. Den Minengesellschaften bzw. staatlichen Verkaufsagenturen widerstreben die mit der Hinterlegung von Einschüssen an den Goldfuturesmärkten verbundenen Komplikationen; 2. Ein Verkauf auf Termin zu einem bestimmten Preis könnte vom Markt als Signal der Goldproduzenten für pessimistische Preiserwartungen während der näheren Zukunft aufgefaßt

[123] Quelle: Commodity Exchange, Inc. — Statistical Yearbook 1981, a.a.O. sowie International Monetary Market — 1981 Yearbook, a.a.O. und eigene Berechnungen.

[124] Vgl. Financial Times (David Marsh), 20. April 1982 („Gold Futures VI").

[125] Jarecki schätzt, daß in den nächsten 5-10 Jahren zwischen 5 und 25 % der südafrikanischen Goldproduktion gehedged werden könnte. „It may diminish volatility and it may dampen the interest of the speculator who wants excitement, but it will foster gold use by doing so: industrial consumers of gold do not want to recalculate their costs every day." aus: Jarecki, Henry G.— „Gold", Financial Mail Annual International Conference (19.11.1981), a.a.O., S. 8.

[126] Vgl. Financial Times (David Marsh), 20. April 1982 („Gold Futures VI").

werden; 3. Zeitweilig bestünde der Bedarf auf seiten der Goldminengesellschaften, Gold bis zu 7-8 Jahre auf Termin zu verkaufen, um bereits jetzt den Outputpreis für Minen festzulegen, deren Finanzierung z. Zt. arrangiert wird. Entsprechende Fazilitäten sind jedoch nicht vorhanden.

Selbst wenn jedoch potentiellen Hedgern die Hedging-Möglichkeiten und -Methoden bekannt sind und die Fähigkeit zur Teilnahme am Goldfutures-(Cash-forward-)markt gegeben ist, entscheidet die Frage des Willens zur Teilnahme über die tatsächliche Marktpartizipation[127] (vgl. Schaubild 11).

Schaubild 11: Die Diskrepanz zwischen potentiellen und tatsächlichen Hedge-Transaktionen

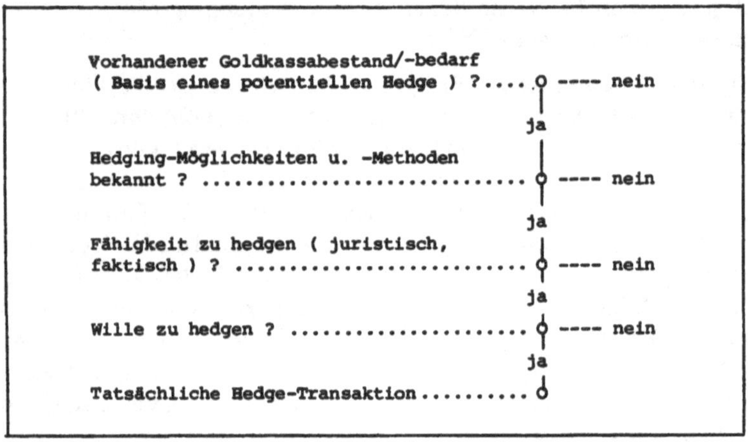

Festzuhalten bleibt daher, daß bei realistischer Betrachtungsweise der tatsächliche Umsatzanteil des Hedging am gesamten Futuresmarktumsatz nur einen Bruchteil der oben als potentiell möglich errechneten Hedging-Quote von 3,7-4,5 % ausmachen wird[128].

Berücksichtigt man ferner, daß Goldproduzenten und -verarbeiter als Hedger kaum in Erscheinung treten, wird deutlich, daß die Hedging-Komponente im Vergleich zum Gesamtmarkt verschwindend gering ist.

---

[127] Vgl. die von Jarecki angeführten Faktoren, die eine Hedging-Entscheidung aus Management-Sicht negativ beeinflussen können, in: Jarecki, H. G. — „Gold", Financial . . ., a.a.O., S. 7 f.

[128] Dies deckt sich im übrigen mit Schätzungen Schweizer Goldhändler, daß höchstens etwa 1 % des Umsatzes der führenden U.S.-Goldfuturesbörsen Hedges seien.

b) Die U.S.-Goldfuturesmärkte als überwiegende Preisführer

In der täglichen Goldmarktberichterstattung finden sich überwiegend Hinweise darauf, daß die U.S.-Goldfuturesmärkte unter Führung der COMEX als weltweite Preisführer für Gold in Erscheinung treten (vgl. die folgenden Beispiele aus der Tagesberichterstattung). Eine Preisführerschaft oder -dominanz des Futuresmarkts gegenüber dem Spotmarkt (bzw. umgekehrt) besteht darin, daß „... cash prices will move farther towards futures prices than futures prices will move towards cash prices"[129] (bzw. umgekehrt).

Die Ursachen der überwiegenden Preisführerschaft der Goldfuturesmärkte werden in den folgenden Abschnitten VI. IV. 2. c)-e) analysiert. Anknüpfend an die zu Beginn des Abschnitts VI. IV. 2. exponierten Fragen zählen hierzu: Einflüsse durch die Handelsteilnahme des breiten Publikums (vgl. Abschnitt VI. IV. 2. c), technische Einflüsse wie die Auswirkungen der zeitlich-geographischen Trennung der Zentren des Weltkassa- und -futureshandels und die Auswirkungen von Deckungstransaktionen (vgl. Abschnitt VI. IV. 2. d)) sowie manipulativ bedingte Einflüsse (vgl. Abschnitt VI. IV. 2. e)).

Die an den Goldfuturesmärkten in Gang gesetzten Preisschwankungen fallen dabei entweder kräftiger aus als die entsprechenden Veränderungen der Angebots-/Nachfrageverhältnisse an den zugrundeliegenden Goldspotmärkten in Europa oder sie lösen sich gänzlich von (Umkehrung des europäischen Preisimpulses) —, bzw. ignorieren diese. Oft werden Preisausschläge an den Futuresmärkten (wie sie sich teilweise in nur wenigen Minuten ergeben), weil sie auf falschen Annahmen bzw. Erwartungen basieren, wieder schnell revidiert. Der notwendige Readaptionsprozeß an physische Angebots-/Nachfrageverhältnisse (so vermerkt ein Marktberichterstatter im Mai 1981: „Wenn sich im Effektivgeschäft Unsicherheit zeigt und keine klare Tendenz herauszubilden vermag, reißen die Goldterminmärkte sehr häufig das Geschehen an sich." ... „Ist aber der physische Markt in sich gefestigt und offenbart er eine eindeutige Tendenz, werden die Terminmärkte meist zu bloßen Mitläufern degradiert, die zwar immer wieder nach oben oder unten hinaus übers Ziel schießen, letztlich aber zur Anpassung gezwungen werden"[130].) kann sich jedoch auch über eine Zeit von einem oder wenigen Tagen bis zu mehreren Wochen erstrecken.

Zeitweilig finden sich Goldmarktberichte, die von einer mutmaßlichen Preisführerschaft der Goldspotmärkte handeln (vgl. die folgenden Beispiele

[129] Garbade, Kenneth, D. u. William L. Silber — „Price Movements and Price Discovery in Futures and Cash Markets", in: Review of Economics and Statistics, 2 (1983), S. 284-297, hier: S. 293.

[130] Blick durch die Wirtschaft (hi), 19. Mai 1981.

aus der Tagesberichterstattung). So zeigte sich erstmalig wenige Wochen vor dem Jahresende 1979 entgegen der sonstigen Dominanz der U.S.-Goldfuturesbörsen eine Vormachtstellung der europäischen Spotmärkte bei der Preisbildung, die sich während der Goldhausse zum Jahreswechsel 1979/80 teilweise fortsetzte. Zur Jahresmitte 1980, im Herbst 1981 und zum Jahresbeginn 1982 prägten die europäischen Goldkassamärkte die internationale Preisbildung erneut. Deutlich wird indes, daß Zeiten einer Preisführerschaft der Spotmärkte die Ausnahme darstellen.

Zu den mittels der Tagesberichterstattung belegbaren Ursachen dafür, daß die genannten Preisdominanzmechanismen der Futuresmärkte (zeitweilig) nicht greifen, zählen folgende Konstellationen:

1. Situationen, in denen der professionelle Handel weitestgehend „unter sich" ist[131], mit niedrigen Umsätzen an den Goldfuturesmärkten bei einer typisch damit verbundenen ruhigen Marktverfassung sowie zeitweiliger Abwesenheit vieler kleiner Spekulanten aus dem breiten Publikum.
2. niedrige Zahl offener Positionen an den Goldfuturesmärkten und damit geringe Höhe potentieller Deckungstransaktionen mit Destabilisierungspotential,
3. während europäischer Handelszeiten auftauchende weltpolitisch bedeutsame und den physischen Goldmarkt unmittelbar betreffende Informationen (Ereignisse) sowie
4. klare, durch physische Transaktionen in Europa geprägte Preisimpulse.

Da sich somit einige Konstellationen identifizieren und beschreiben lassen, bei denen die Spotmärkte preisführend wirken, verwundert es nicht, daß Garbade und Silber[132] bei der empirischen Untersuchung des lead-lag-Verhältnisses von Spot- und Futurespreisen bei 7 verschiedenen Commodities (Weizen, Mais, Hafer, gefrorenes Orangensaftkonzentrat, Kupfer, Silber und Gold) zu dem generellen Ergebnis kommen „... we find that while futures markets dominate cash markets, cash prices do not merely echo futures prices: there are reverse information flows from cash markets to futures markets as well"[133] und „The evidence suggests that the cash markets in wheat, corn, and orange juice are largely satellites of the futures markets for those commodities, with about 75 % of new information incorporated first in futures prices and then flowing to cash prices. This also seems to be the case with gold, although data limitations prevent a conclusive statement. The pricing of silver and especially oats and copper are more evenly divided between the cash and futures markets."[134] [135]

---

[131] Vgl. z. B. Blick durch die Wirtschaft (hi), 17. März 1983.

[132] Vgl. Garbade/Silber — „Price Movements ...", a.a.O.

[133] Ebenda, S. 289.

[134] Ebenda, S. 297.

[135] Der Markt wiegt Händlerinformationen nicht nach deren Qualität, sondern nach '$-Stimmen'; vgl. hierzu S. 168.

Im folgenden finden sich zunächst chronologisch aufbereitete Auszüge aus der Goldmarkttagesberichterstattung, die die überwiegende Preisdominanz der Goldfuturesmärkte über die Spotmärkte und die damit verbundenen Destabilisierungseffekte belegen. Daran anschließend werden auszughaft einige der wenigen Fälle wiedergegeben, in denen Preisimpulse laut Marktberichterstattung von den europäischen Spotmärkten ausgegangen sein sollen.

Trotz genereller Vorbehalte gegen den Inhalt der Marktberichte aufgrund der Möglichkeit bestehender Vorurteile, des Desinteresses der Verfasser an Selbstwiderlegung u. ä., nicht zuletzt auch aufgrund der beschränkten Zahl an Goldmarktberichterstattern (die Verfasser der einzelnen Berichte wurden, soweit möglich, durch ihre Namenskürzel identifiziert)[136], kann grundsätzlich von einer verläßlichen Berichterstattung ausgegangen werden: Dafür spricht die Mischung der durch die Goldmarktberichterstattung genutzten Informationsquellen, wie die Befragung von Goldhändlern, die — teilweise auch unreflektierte — Übernahme bereits von Commodity-Häusern fertig erstellter Tagesreports durch die Kommentatoren[137] sowie die Verwendung verschiedener Zeitungen und die parallele Verfolgung und der Vergleich der Marktberichte in den verschiedenen Quellen durch den Verfasser. Ein weiteres Argument für die generelle Verläßlichkeit der Marktberichte ist die Beobachtung, daß dieselben Marktkommentatoren durchaus nicht einseitig, sondern entsprechend der Marktsituation auch über Änderungen und Umkehrungen in der Preisführerschaft berichten, wie es anhand der folgenden Auszüge nachvollzogen werden kann[138].

Ergänzend läßt sich anhand von Stichproben die Verläßlichkeit einzelner Marktberichte abtasten. Der Vergleich verschiedener gleichzeitig oder kurz hintereinander erschienener Goldmarktberichte liefert das Ergebnis, daß trotz teilweiser Nuancenunterschiede in der Formulierung Übereinstimmung hinsichtlich der Goldmarktbeurteilung herrscht.

---

[136] Die Kürzel re = Redaktion oder z. B. HB = Handelsblatt können folgende alternative Bedeutungen haben:
1. Der Marktbericht wurde von mehreren Autoren verfaßt (Ausnahme).
2. Der Autor soll aus bestimmten Gründen nicht identifizierbar sein (Ausnahme).
3. Es handelt sich um die — weitgehend unveränderte — Widergabe von Sekundärmaterial.

Folgende Autoren tauchen in den zitierten Goldmarktberichten häufiger auf: FAZ: (b) = Heinz Brestel, Blick durch die Wirtschaft: (RW) = Reinhardt Wandtner, (hi) = Arndt Hildebrandt, Handelsblatt: (hk) = Hermann Kutzer, Neue Zürcher Zeitung: (Fdr) = Karl R. Felder, (gn) = Karl Grün, (rg) = Reinhold Gemperle, (SC) = Roland Schlumpf.

[137] Das Handelsblatt bezieht z. B. Goldmarkttagesreports von Heinold Commodities Ltd., London.

[138] Vgl. z. B. Neue Zürcher Zeitung (Fdr), 23./24. Januar 1983, s. S. 164.

Beispiele hierfür sind die jeweils miteinander verglichenen Berichte Index 141 u. 142; Index 148 u. 149; Indices 153 u. 154 bestätigt durch DEGUSSA-Bericht in Index 155; Index 168 u. 169; Indices 170, 171 u. 172; Indices 173 u. 174 sowie 175; und als abschließendes Beispiel: Index-Bericht 180 wird bestätigt durch Bericht 179.

Auszüge aus Goldmarktberichten, die die überwiegende Preisführerschaft der Goldfuturesmärkte belegen:

Für den amerikanischen Thanksgiving-Feiertag 1977 (Donnerstag, den 24. November), an dem die U.S.-Goldfuturesmärkte geschlossen blieben, wird in der Tagesberichterstattung von einer bemerkenswerten „Nervosität" und „Hilflosigkeit" gesprochen, die als Beweis dafür gewertet werden, daß sich der europäische Goldmarkt sowohl im „Fahrwasser" als auch im „Sog" der U.S.-Goldfuturesmärkte befände[139].

Zur Jahresmitte 1978 wird ein Beispiel für die Preisführerschaft der COMEX zitiert, nach dem am 19. Juni der Juni-Kontraktpreis an der COMEX gegenüber der Londoner Vornotierung anstieg, London in der folgenden Handelsperiode entsprechend nachzog, die COMEX anschließend jedoch wieder preislich nachgab[140].

Die FAZ beurteilt Anfang August 1978: „Die Goldhandelsplätze Zürich und London wurden fast deklassiert. Sie können jeden Morgen nur noch hinter der Tendenz an den amerikanischen Märkten vom Vorabend herlaufen. Die Preise und den Markt haben sie kaum mehr im Griff"[141].

Etwas abschwächend vermerkt zwei Tage später der Blick durch die Wirtschaft: „Noch aber wird der Kassapreis in Europa bestimmt, wenn Händler hier auch nicht leugnen, daß ihnen die amerikanischen Terminmärkte kurzfristig ein Verhalten aufzwingen, das von der herkömmlichen Rolle abweicht. Wer immer wieder nach oben und unten hin weit übers Ziel hinaus schießt, sind zweifelsfrei die amerikanischen Goldbörsen"[142].

Ende August 1978 besteht unter Händlern „kein Zweifel daran, daß die amerikanischen Goldterminmärkte die Baisse in Gang brachten und dafür sorgen werden, daß der Druck noch eine Weile anhält"[143].

Deutlich kommt zwei Monate später, Ende Oktober 1978, der Einfluß der Volumenskomponente an den U.S.-Goldfuturesmärkten zum Ausdruck, als angeführt wird, die amerikanischen Operateure an den Goldmärkten hätten „... die Wider-

---

[139] Blick durch die Wirtschaft (hi), 26. November 1977; vgl. auch die Berichterstattung über den impuls- und umsatzschwachen Londoner Kassahandel während anderer amerikanischer Feiertage, so z. B. den Bericht der Financial Times (o. V.) vom 17. Februar 1980.

[140] Handelsblatt (HB), 23. Juni 1978.

[141] Frankfurter Allgemeine Zeitung (b), 7. August 1978.

[142] Blick durch die Wirtschaft (hi), 9. August 1978.

[143] Blick durch die Wirtschaft (hi), 29. August 1978.

stände im europäischen — primär physischen — Markt gegen allzu rasche Preissteigerungen mit geballtem Nachfragepotential (überrollt)"[144].

Ein Beispiel für die wiederholt durch die U.S.-Goldfuturesmärkte verursachten Preisanstöße und „Ausreißversuche" findet sich Ende März 1979: „Die amerikanischen Terminbörsen unternehmen zwar hin und wieder Ausreißversuche vor allem nach oben hin, doch ziehen die Kassamärkte auf dem Rest der Welt nicht so recht mit, wie Beobachter meinen. Die amerikanischen Terminbörsen dürften es denn auch sein, die den letzten Anstoß für eine über die genannten Grenzen (zwischen$ 238 und 246/Unze; d. Verf.) hinaus gehende Preisbewegung geben "[145].

Hin und wieder kommen die Feed-back-Wirkungen zwischen Goldfutures- und Kassamarktpreisen zur Sprache, so auch Mitte August 1979: „Europa und die USA haben sich dem Vernehmen nach wechselseitig 'hinaufgestoßen', wobei der amerikanische Impuls stärker war. Er beruht offenbar auf der Eindeckung massiver 'short'-Positionen ..."[146].

Mit Eintritt des New Yorker Futuresmarkts in den europäischen Handel um 15.00 Uhr MEZ ereignet es sich häufig, daß der ursprüngliche — europäisch geprägte — Preistrend durch Operationen amerikanischer Marktteilnehmer umgekehrt wird. Mehrere exemplarische Auszüge aus Goldmarkttagesberichten belegen dies: Mitte September 1979 ist unter dem begleitenden Stichwort „Lehrbuchreifes Stück" zu lesen: „Ohne ersichtlichen Grund drehten die Preise just in dem Augenblick, als die Händler in Europa ihre Bücher bereits geschlossen hatten, an den Terminbörsen in New York und Chicago steil nach oben ab "[147].

Weiterhin kann man in der ersten Julihälfte 1980 zwei Berichterstattungen entnehmen, daß Gold „... rose quite sharply after the afternoon fixing as New York entered the market." bzw. Gold „started to fall soon after with the entry of the New York market "[148, 149].

Ähnliches vermerkt eine Tagesberichterstattung Anfang Februar 1981: „early buying was reversed when the New York market opened "[150].

Als abschließendes Beispiel für die Umkehrung eines europäischen Preisimpulses sei eine Marktbeobachtung vom Ende September 1981 zitiert (einen Zeitpunkt, zu dem die Amerikaner überwiegend auf der Baisse-Seite engagiert waren): „Im Brennpunkt des Geschehens steht der amerikanische Goldmarkt, der am Freitagnachmittag, als der Handel in Europa bereits seine Bücher geschlossen hatte, scharf einbrach "[151].

Ergänzend fügt der Verfasser des Marktberichts hinzu, daß weder der physische Handel in Südostasien noch in Europa zu dem Versuch bereit gewesen sei, „das Ruder herumzuwerfen"[151].

[144] Neue Zürcher Zeitung (SC), 29./30. Oktober 1978.

[145] Blick durch die Wirtschaft (hi), 30. März 1979.

[146] Neue Zürcher Zeitung (Fdr), 13. August 1979; vgl. auch den folgenden Abschnitt über das Auftreten und die Wirkungen von Deckungstransaktionen.

[147] Blick durch die Wirtschaft (hi), 15. September 1979.

[148] Financial Times (o. V.), 8. Juli 1980.

[149] Financial Times (o. V.), 13. Juli 1980.

[150] Financial Times (o. V.), 6. Februar 1981.

[151] Blick durch die Wirtschaft (hi), 29. September 1981.

Von Zeit zu Zeit verursachen die U.S.-Goldfuturesbörsen schnelle Preisauf- bzw. -abschwünge, deren Begründungen — zumindest aus europäischer Sicht — fragwürdig erscheinen. So beobachtet ein Goldmarktberichterstatter Ende Juni 1980, daß „der rasche Aufschwung vom Dienstag (dem 27. Juni 1980; d. Verf.), der sich auch am Mittwoch fortsetzte,. entscheidend von den Vereinigten Staaten geprägt (wurde). Die Begründungen, die hierfür herumgereicht werden, spotten jedoch nach Ansicht europäischer Händler jeder Beschreibung"[152].

(Zum einen weisen sie auf eine „aufgekochte Nachricht" aus der britischen Außenhandelsstatistik hin, zum anderen auf die „ebenso absurde" Mutmaßung über einen Zusammenhang zwischen dem sowjetischen Einmarsch in Afghanistan und dortigen möglichen Goldvorkommen; d. Verf.)[152]

Je mehr (weniger) die Umsätze an den U.S.-Goldfuturesbörsen relativ zu den europäischen Kassaumsätzen steigen (fallen), desto größer wird der Preisbildungseinfluß der Futuresmärkte. Mitte Juli hält daher u. a. ein Schweizer Goldmarktbericht fest, daß aufgrund „verstärkter Aktivitäten" an den U.S.-Goldfuturesmärkten die Goldmarktimpulse z. Z. „fast ausschließlich" von den USA ausgehen"[153].

Abschwächend schränkt allerdings einen Tag später ein deutscher Goldmarktbericht ein, daß die Goldfuturesmärkte das Preisklima trotz sinkenden U.S.-Zinsniveaus „weit weniger" als „in den Wochen um die letzte Jahreswende" (zur Zeit der Erreichung historischer Goldhöchstpreise 1979/80; d. Verf.) beeinflußten"[154].

Für den Monat Dezember 1980 konstatiert 6 Monate später auch die Degussa in ihren Presseinformationen, daß „bedingt durch den Einfluß der Zinsentwicklung beim US-Dollar die New Yorker COMEX im abgelaufenen Monat ganz klar der Marktführer (war), während die europäischen Märkte durch gelegentlich anziehendes Kaufinteresse eher etwas dämpfend auf den Preisrückgang einwirkten"[155].

Teilweise wird die Vormachtstellung der U.S.-Goldfuturesbörsen so groß, daß sich europäische Kassahändler wiederholt zur Kritik herausgefordert sehen. Als Beispiel diene der Goldmarktbericht der NZZ vom 23. Februar 1981, nach dem Zürcher Goldhändler „lamentierten über den amerikanischen Terminhandel, der angeblich jede Avance diesseits des Atlantiks wieder zunichte mache. Europa sei in diesem 'Spiel' eben der schwächere Partner und stehe stets auf der Verliererseite"[156].

Mehrfach enthalten die Goldmarkttagesberichte auch während des restlichen Jahres 1981 sowie in 1982 Hinweise auf die Preisführerschaft der U.S.-Goldfuturesbörsen: Anfang März 1981 „... wurde die Edelmetallbaisse in Europa durch einen Druck auf die Gold- und Silberpreise an der New Yorker Warenbörse am Abend des 4. März (ausgelöst)"[157]. „Die auslösenden Elemente (einer mehrtägigen Baisse Ende Juni 1981; d. Verf.) sind mehr an den amerikanischen Terminmärkten als im Handel mit physischem Gold zu suchen", heißt es Anfang Juli 1981[158].

---

[152] Blick durch die Wirtschaft (hi), 26. Juni 1980; vgl. auch das manipulative Ausstreuen von Gerüchten in Abschnitt VI. IV. 2.e) bb).

[153] Vgl. Neue Zürcher Zeitung (rg), 13. Juli 1980.

[154] Vgl. Blick durch die Wirtschaft (RW), 14. Juli 1980.

[155] Degussa — Presseinformationen, 5. Januar 1981, S. 2.

[156] Neue Zürcher Zeitung (rg), 23. Februar 1981.

[157] Frankfurter Allgemeine Zeitung (b), 6. März 1981.

[158] Handelsblatt (HB), 1. Juli 1981.

Ebenso, wird Ende September 1981 erläutert, sei der Ursprung des jüngsten Goldpreisverfalls an den U.S.-Goldfuturesmärkten zu suchen: „Bereits seit geraumer Zeit geben nun die Tendenzen am Goldterminmarkt dem europäischen Goldhandel jeweils die Richtung vor"[159].

Gleiches zum Jahresschluß 1981: „Ausgangspunkt der jüngsten Preiseinbuße waren die amerikanischen Terminmärkte"[160].

Die Historie dieser und ähnlicher Marktbeobachtungen führt nicht zu unrecht zu Einschätzungen wie beispielsweise der von H. Brestel, Ende April 1982: „Zürichs Goldmarkt hat heute nur dann noch eine autonome Preischance, wenn während des Tagesverlaufes in Europa irgendwelche heißen politischen Nachrichten in den Markt hineinplatzen"[161].

Die Goldpreisbewegungen, die die U.S.-Futuresmärkte initiieren, liegen oft „nur" bei einigen wenigen Dollars je Feinunze;[162] mitunter ergeben sich jedoch beachtliche Preisveränderungen[163] wie z. B. am Freitag, den 30. April 1982: an diesem Tag stürzte aufgrund der „irrigen Annahme" amerikanischer Baissiers, Argentinien werde im Falkland-Konflikt einlenken, der Goldunzenpreis *in weniger als einer Minute um fast $ 25,-* (Tageslimit); erst gegen Börsenschluß ergab sich eine leichte Erholung[164].

Ein Beispiel aus der Marktberichterstattung von der zweiten Augusthälfte 1982 zeigt in aller Deutlichkeit auf, wie sich die Goldfuturesmärkte zunächst in ihrer Preisstellung immer mehr von den physischen Goldmarktgegebenheiten entfernen, schließlich jedoch dazu gezwungen sind, sich diesen anzupassen:

„Die letzte Phase des Preisanstiegs sei eindeutig von dort (den U.S.-Terminbörsen; d. Verf.) ausgegangen, und nun laufe offenbar alles wieder nach dem Schema ab, das man aus dem Jahr 1978 noch lebhaft in Erinnerung habe: Amerika lebt in der Hoffnung auf sinkende Preise, während der Markt in Europa austrocknet. Die amerikanischen Verkäufe werden von einer Gerüchtewelle begleitet, die auch die letzten Zauderer mitreißt. Dann merkt man in Amerika, daß am tonangebenden physischen Markt in Europa bereits ein völlig neues Blatt verteilt ist und versucht in höchster Panik, nicht nur aus den Baissepositionen herauszukommen, sondern sich sogar auf die Hausseseite zu schlagen. Wieder tauchen Gerüchte in Massen auf, diesmal aber mit anderem Vorzeichen, und bis dann jenseits des Atlantiks 'alle Welt' in Kaufengagements etabliert ist, haben sich die europäischen Kontrahenten bereits wieder abgeworfen"[165].

Anfang September 1982 findet sich ein Hinweis auf die nach wie vor treibende Kraft der Goldfuturesmärkte und deren nach Meinung von Fachleuten zunehmende Preisführerschaft[166].

159 Handelsblatt (HB), 29. September 1981.

160 Handelsblatt (HB), 30. Dezember 1981.

161 Blick durch die Wirtschaft (b), 29. April 1982.

162 Vgl. z. B. den Goldmarktbericht der Frankfurter Allgemeinen Zeitung (b) vom 9. Juni 1982, aus dem hervorgeht, daß der Anstoß zu einem kurzen Preisanstieg um $ 8,- aus New York kam.

163 Einmal abgesehen von der Sonderentwicklung zum Jahreswechsel 1979/80.

164 Blick durch die Wirtschaft (hi), 4. Mai 1982.

165 Blick durch die Wirtschaft (hi), 24. August 1982.

166 Vgl. Blick durch die Wirtschaft (hi), 7. September 1982.

Mitte des gleichen Monats berichtet der Bl. d. d. W.[167] über „regelrechte Kauforgien" an den amerikanischen und asiatischen Goldfuturesmärkten, die zum großen Teil als spekulative Vorauskäufe von professioneller Seite, in der Hoffnung auf das Einsetzen eines „blinden Runs" des breiten Publikums ins Gold, getätigt worden seien.

Im Blick auf die heftigen täglichen Preisschwankungen bis zu 5 % werden die Goldfuturesmärkte Mitte Oktober 1982 als „treibende", aber auch „verunsichernde Kraft" geschildert, an denen das Motto nach „bewährtem Muster" wieder laute: „Wenn der Preis nicht nach oben will, dann muß er einfach herunter — und umgekehrt"[168]. — In der vierten Oktoberwoche 1982 wird der New Yorker Markt und dessen Reagieren auf Zinserwartungen als tendenzbestimmend beschrieben[169].

Ähnlich wie der o. a. Goldmarktbericht vom 24. August 1982 vermitteln drei Berichte des letzten Jahresviertels 1982, die im Zusammenhang gesehen werden müssen, einen unmittelbaren Eindruck vom Prozeß einer anfänglichen Loslösung der Goldfuturesmarktnotierungen vom physischen Marktgeschehen bis hin zum Readaptionsprozeß an eben diese physischen Marktverhältnisse: „Eine hervorragende Hilfestellung (hinsichtlich eines weiterreichenden Preisanstiegs; d. Verf.) gibt, wie europäische Fachleute nicht ohne Ironie feststellen, gegenwärtig wieder einmal der amerikanische Goldterminmarkt mit den 'draufgesetzten' Optionen auf Goldterminkontrakte. Hier läßt sich unschwer eine unter kurz- und mittelfristigen Gesichtspunkten 'überverkaufte' Lage feststellen, die, wie so oft in der Vergangenheit, den erwarteten nächsten Aufschwung speisen dürfte"[170].

Genau einen Monat später, Ende November 1982, wird ein Zürcher Bankier mit den Worten zitiert: "In the first half of this year, the demand for physical gold was very strong, our refineries were working to capacity and yet the futures markets insisted stubbornly and relentlessly on going short. In the end they proved stronger than the physical demand"[171].

Wenige Tage später heißt es dann schließlich: „Händler, die im Goldgeschäft tätig sind, sind vom jüngsten Preisaufschwung nicht überrascht. Sie hatten schon vor Wochen mit Erstaunen festgestellt, daß immer wieder Druck auf die Notierungen ausgeübt wurde, obgleich das Angebot an effektiver Ware verschwindend gering geworden war"[172].

Abschließend seien noch drei Goldmarktberichte vom Frühjahr 1983 erwähnt, die eine Preisführerschaft der COMEX bzw. des IMM belegen:

So vermerkt die NZZ, daß „zurückhaltende Beobachter vom anhaltenden Diktat der U.S.-Terminmärkte (sprechen)"[173] und der Bl. d. d.W. schreibt, nach Meinung von

[167] Vgl. Blick durch die Wirtschaft (hi), 15. September 1982; zusätzlich werden Deckungstransaktionen (vgl. Abschnitt VI. IV. 2.d)bb) und „Computerkäufe" als Mitursachen erwähnt.

[168] Vgl. Blick durch die Wirtschaft (hi), 13. Oktober 1982.

[169] Vgl. Neue Zürcher Zeitung (Fdr), 24./25. Oktober 1982.

[170] Blick durch die Wirtschaft (hi), 26. Oktober 1982.

[171] Financial Times (o. V.), 26. November 1982.

[172] Blick durch die Wirtschaft (hi), 1. Dezember 1982.

[173] Neue Zürcher Zeitung (Fdr), 25. Februar 1983.

Fachleuten sei die Baisse Ende Februar 1983 „made in U.S.A."[174]. Jeremy Stone (Financial Times) formuliert schließlich Anfang März 1983: "The market is now almost entirely speculative, so that the sudden reversals of sentiment make it move. The underlying balance of industrial demand with the supply of newly-mined metal is currently almost an irrelevance "[175].

Im folgenden Auszüge aus Goldmarktberichten, die eine zeitweilige Preisführerschaft des europäischen Spotmarkts belegen:

Über die Lage am internationalen Goldmarkt resümiert Mitte Mai 1978 ein Goldmarktbericht: „In Händlerkreisen wird darauf hingewiesen, daß die Umsätze am amerikanischen Markt im Moment eher gering seien und der Preistrend daher im Gegensatz zum Jahresbeginn eher durch den Zürcher Markt induziert werde "[176].

Für „besonders bemerkenswert"[177] hält ein Kommentator eine Erholung am Zürcher Kassamarkt Anfang November 1978, weil am New Yorker Futuresmarkt am Abend zuvor noch keine technische Erholung eingetreten war.

Anfang Juni 1979 stellt ein Marktbericht fest: „Im Gegensatz zu den vorangegangenen Wochen hatte der Preisauftrieb seine Wurzeln für einmal in Europa", schwächt aber durch die anschließende Beobachtung ab: „während in den Vereinigten Staaten die Höhenflüge vor allem des Zürcher Marktes nur mit einigem Zögern mitgemacht wurden "[178].

Ende November 1979 bringt das Handelsblatt zum Ausdruck, es sei „seit einiger Zeit zu beobachten, daß die amerikanischen Terminmärkte die Preisbildung für effektives Gold nicht mehr so sehr beeinflussen, wie das bis zum Frühherbst der Fall war"[179].

Im Verlaufe der bis dahin beispiellosen Goldhausse zum Jahreswechsel 1979/80 vermerkt ein Goldmarktberichterstatter nach der ersten Januarwoche 1980: „Besondere Aufmerksamkeit hat in der Schweiz die Tatsache gefunden, daß die Kassamärkte in Europa am Dienstag (dem 8. 1. 1980; d. Verf.) nicht mehr den vorausgegangenen Terminmarktkursen in New York vom 7. Januar gefolgt sind. Am Montagabend liefen die Amerikaner noch hinter dem Termingold her und zahlten 627 Dollar per Ende August bei großen Umsätzen von 40 000 Kontrakten. Bereits kurz vor Silvester war zum erstenmal die Beobachtung gemacht worden, daß die europäischen Kassa-Metallmärkte nicht mehr dem amerikanischen Terminmarkt folgen "[180].

Einen Eindruck der Preisführerschaft der Spotmärkte zur Jahresmitte 1980 gibt folgende Beobachtung wieder, die darauf hinweist, „daß die Preissteigerungen in den letzten Wochen, die in der Spitze rund 30 Prozent ausmachten, ausschließlich vom physischen Markt in Europa ausgegangen sind."[181]

---

[174] Blick durch die Wirtschaft (hi), 1. März 1983.

[175] Financial Times (Jeremy Stone), 2. März 1983.

[176] Neue Zürcher Zeitung (SC), 14./15. Mai 1978.

[177] Frankfurter Allgemeine Zeitung (b), 8. November 1978.

[178] Neue Zürcher Zeitung (SC), 3./4. Juni 1979.

[179] Handelsblatt (HB), 29. November 1979.

[180] Frankfurter Allgemeine Zeitung (b), 9. Januar 1980.

[181] Blick durch die Wirtschaft (hi), 4. Juli 1980.

Mitte September 1981 ist der Goldmarktberichterstattung zu entnehmen, die U.S.-Edelmetallbörsen hätten in jüngster Zeit „nicht den Ton angegeben, wie Experten berichten. Bei Preissteigerungen seien diese Terminmärkte nach langem Zögern der Tendenz gefolgt, die durch den physischen Handel in Europa und Südostasien bereits seit einiger Zeit vorgezeichnet war."[182]

Ein paralleles Bild bietet sich zu Beginn der zweiten Januarhälfte 1982: „Was den jüngsten Schwächeanfall des Goldmarkts anlangt, so ist er nach übereinstimmender Ansicht von Europa ausgegangen." ... „Dagegen haben sich die amerikanischen Goldterminmärkte zuletzt nur als Mitläufer gezeigt"[183].

Trotz der Preisinitiative von seiten des physischen Markts weist derselbe Bericht allerdings darauf hin: „Man hält es jedoch für möglich, daß die Hauptakteure in diesen Terminmärkten jetzt noch einmal 'einen draufsetzen', wie es in der Händlersprache heißt und damit eine 'überverkaufte' Situation herbeiführen"[184].

Zum Jahresschluß 1982 hebt ein Goldmarktbericht hervor, daß in letzter Zeit größere U.S.-produzierte Ausschläge durch den physischen Handel in Europa immer wieder neutralisiert worden seien[185].

Auf einen kurzfristigen Wechsel in der Preisführerschaft weist schließlich die NZZ in der 4. Januarwoche 1983 hin: Am 17. und 19. Januar habe es zweimal eine Preisavance über $ 500,- gegeben, wobei das erste Mal der Anstoß vom physischen Handel in Europa, das zweite Mal von den U.S.-Goldfuturesmärkten ausgegangen sei[186].

c) *Einflüsse durch die Handelsteilnahme des breiten Publikums*

Die Abschnitte VI. III. 1.-4. zeigen, daß u. a. aufgrund der Einfachheit des Markteintritts und der Attraktivität der Teilnahme am Goldfuturesmarkt, verstärkt durch Goldmarktpublizität, eine Vielzahl kleiner Spekulanten aus dem Publikum zum Handel motiviert wurde.

Dadurch hat sich die Teilnehmerstruktur des Gesamtgoldmarktes grundlegend verändert. Der Goldmarkt wird heute weniger vom professionellen Handel geprägt als noch vor der Gründung der Goldfuturesmärkte. Die Goldfuturesmarktteilnahme des breiten Publikums hat zu Preisdestabilisierungstendenzen an den Goldfuturesmärkten und via Arbitrage an den Goldkassamärkten geführt. Diese These ist im folgenden zu begründen:

Wie Abschnitt VI. IV. 1. d. verdeutlicht, unterscheiden sich die Charakteristika der hinter spekulativen Transaktionen stehenden Marktteilnehmer teilweise erheblich. Besonders klar kommt dies bei der vereinfachenden

---

182 Frankfurter Allgemeine Zeitung (b), 9. Juli 1981.

183 Blick durch die Wirtschaft (hi), 11. September 1981.

184 Blick durch die Wirtschaft (hi), 19. Januar 1982.

185 Vgl. Blick durch die Wirtschaft (hi), 30. Dezember 1982.

186 Vgl. Neue Zürcher Zeitung (Fdr), 23./24. Januar 1983.

Unterscheidung in 'Amateur'- und 'Berufsspekulanten' zum Ausdruck. 'Amateurspekulanten' aus dem breiten Publikum zeichnen sich gegenüber professionellen oder 'Berufsspekulanten' vor allem durch folgende Merkmale aus (Ursachen und Folgen werden im Anschluß behandelt):

— schlechtere Kapitalisierung,
— längere Reaktionszeiten,
— längere Anlagezyklen sowie vor allem
— inferiore Informationsstände.

Die schlechtere Kapitalisierung der zahlreichen kleinen Publikumsspekulanten ergibt sich ex definitione. Folge ihres geringen zu Spekulationszwecken zur Verfügung stehenden Kapitals ist, daß sie keine längeren Perioden gegenläufiger Marktpreise zu überstehen in der Lage sind und daher unter entsprechenden Umständen schneller zu Zwangsliquidationen (Deckungskäufen/-verkäufen) gezwungen werden. Die destabilisierenden Wirkungen von Deckungskäufen/-verkäufen sind Gegenstand des Abschnittes VI. IV. 2. c. bb).

Längere Reaktionszeiten der Publikumsspekulanten zwischen ihrem Marktengagement und den verursachenden Faktoren leiten sich aus ihrer geringeren Marktnähe ab. Zum einen müssen sie sich über u.U. zeitraubende Umwege (Anrufe beim Broker, Zeitungslektüre etc.) Informationen über Änderungen der Preise oder/und anderer den Goldmarkt (un)mittelbar betreffender Faktoren beschaffen. Zum anderen können sich Verzögerungen durch den Weg der Orderübermittlung, -bearbeitung (einschließlich Konteneinrichtung und Margin-Hinterlegung) und -ausführung ergeben. Die dadurch entstehenden Reaktionslags verzerren die Preisbildung und destabilisieren zusammen mit den weiter unten diskutierten Aktionen professioneller Spekulanten die Preise für Futures- und via Arbitrage Kassagold (vgl. die Ausführungen zum besseren Informationsstand der letztgenannten Gruppe).

Wie Beobachtungen des Handelsverhaltens des breiten Publikums zeigen (der Autor führte diesbezügliche Gespräche mit Praktikern des Goldgeschäfts) weist dieses durchschnittlich längere Anlagezyklen auf, d. h. einmal eingegangene Positionen werden länger gehalten. Das kann verschiedene Ursachen haben, so z. B. mangelnde Zeit, sich laufend mit dem Marktgeschehen auseinanderzusetzen, mangelnde Handelsdisziplin wie das starre Festhalten an einer einmal eingegangenen Position auch bei gegenläufiger Preisentwicklung, das u. U. bis zu einer notwendigen Zwangsliquidation (vgl. oben die Effekte schlechterer Kapitalisierung) betrieben wird, u.a.m. Folge der längeren Anlagezyklen ist, daß zeitige Anpassungen an geänderte preisbeeinflussende Faktoren unterbleiben und dadurch zu späteren umso größeren Preisschwankungen führen.

Die Hauptursache destabilisierenden Einflusses der Publikumsspekulanten liegt allerdings in deren inferioren Informationsständen (vgl. die durch (Über)reaktionen auf politische und andere Nachrichten ohne unmittelbare Relevanz für die physischen Goldangebots-/-nachfragekomponenten in den Jahren 73/74 und 79/80 bewirkten Publikums-„Runs"). Folgendes sind die Ursachen der (quantitativ, qualitativ und zeitlich) besseren Informiertheit der Berufsspekulanten (vgl. S. 138 ff.). Letztere haben aufgrund ihrer direkten Marktpräsenz Vorteile hinsichtlich der Erlangung sowohl preislicher als auch außerpreislicher Informationen. Zum einen sind sie in der Lage die fortlaufende Preistendenz zu verfolgen und unmittelbar auf Preisveränderungen zu reagieren. Zum anderen verfügen sie aufgrund ihrer direkten Marktpräsenz über unmittelbare außerpreisliche Informationen. Letztere sind deshalb von besonderer Wichtigkeit, weil es sich bei Gold nicht um ein ertragbringendes Gut, wie z. B. ein Wertpapier, handelt, dessen Preis einen u. U. direkten Rückschluß auf den erwarteten Ertrag zuläßt.[187]

Die möglichen Ursachen einer Goldpreisbewegung können vielmehr vielfältigster Art sein, und der Rückschluß von der alleinigen Beobachtung einer Preisbewegung auf eine oder mehrere spezifische Ursachen ist nicht möglich. Ereignet sich eine ausgeprägte Preisbewegung, wollen daher einige Marktteilnehmer wissen, warum der Preis z. B. so ungewöhnlich hoch ist. Es reicht für diese Marktteilnehmer nicht aus, nur den Preis zu beobachten.[188]

Von der nur bedingten Informationsfunktion des Goldpreises sind Marktteilnehmer aus Kreisen des Publikums besonders betroffen, da sie entweder gar nicht oder nur mit erheblichen Verzögerungen die Möglichkeit haben, sich außerpreisliche Informationen zu beschaffen, diese zu bewerten und in Aktionen umzusetzen. Zu solchen außerpreislichen Informationen, über die Berufsspekulanten verfügen, zählen insbesondere:

— die Kenntnis vergangener und laufender Umsatz- bzw. Open-Interest-Daten, die u.a. Rückschlüsse auf die technische Verfassung des Markts und die Marktzusammensetzung (vgl. Abschnitte VI. III. 4. c) u. d)) zulassen,

— die Kenntnis des Orderflusses,

— die Kenntnis der vorliegenden 'Buy'- und 'Sell-Stops' (Kundenlimits) sowie vor allem auf seiten europäischer Goldkassahändler

---

[187] Vgl. Hellwig, Martin — „Zur Informationseffizienz des Kapitalmarktes", in: Zeitschrift für Wirtschafts- und Sozialwissenschaften, 102. Jg., 1982, Heft 1, S. 1-27.

[188] Vgl. auch Grossman, Sanford — „On the Efficiency of Competitive Stock Markets where Traders have Diverse Information", in: Journal of Finance, Vol. 31, No. 2, Mai 1976, S. 573-585 sowie J. Aron: „Aside from addressing the difficult question of what makes a price 'high' or 'low' (often a subjective judgement by each prospective buyer), one must also look at *why* the price is where it is at any given time." aus: J. Aron — „Interim Update on Gold", New York, September 1982, S. 6.

— die Kenntnis der den physischen Goldpreis langfristig prägenden aktuellen Nachfrage-/Angebotskonstellationen in physischer Ware.

Wie unterschiedlich informiert Goldfuturesmarktteilnehmer sind, läßt sich u.a. anhand der Marktbeobachtung belegen. So stellte ein Bericht im Frühjahr 1983 fest, „daß zuletzt nur noch eine wenig informierte Gruppe von Anlegern und Spekulanten unter diesem besonderen Aspekt (Inflationsschutz, d. Verf.) Gold und Silber gekauft hat."[189]

Der ständige Informationsvorsprung der professionellen Goldhändler, die sich seit Gründung der Goldfuturesmärkte einer gestiegenen Zahl relativ weniger informierter Publikumsspekulanten gegenübersehen, führt u.a. zu dem Ergebnis, daß etwa 90 % aller U.S.-Brokerkunden bei Futuresgeschäften verlieren.[190, 191, 192]

Dabei spielen auch Feed-back-Effekte eine Rolle, die darin bestehen, daß professionelle Händler zunächst durch ihr Marktengagement einen Preisimpuls induzieren, auf den das Publikum mit Verzögerung — diesen verstärkend — reagiert. Durch diesen weiteren Preisimpuls werden zunehmend Publikumsspekulanten, die auf der 'falschen' Marktseite engagiert sind, aus dem Markt gezwungen (vgl. die Ausführungen zur schlechteren Kapitalisierung), was wiederum impulsverstärkend wirkt. Schließlich, wenn der Markt einen Umkehrpunkt erreicht hat, wiederholt sich u. U. das gleiche Ablaufschema mit umgekehrtem Vorzeichen.

So führt z. B. Bandulet aus: „An der COMEX ist es ein völlig normaler Vorgang, daß die Locals den Preis künstlich drücken, bis die kleinen und schwachen Longs liquidiert sind, daß sie dann auf eigene Rechnung kaufen, den Preis nach oben treiben und ihre Profite auf einem Niveau realisieren, auf dem die Öffentlichkeit wieder zu kaufen beginnt."[193]

[189] Blick durch die Wirtschaft (hi), 24. März 1983.

[190] Die genannte Quote beruht auf Angaben, die der Autor bei Gesprächen mit Edelmetallbrokern erhielt.

[191] Vgl. auch die diesbezüglichen Angaben von Bandulet, der darauf hinweist, daß die Wahrscheinlichkeit, am Markt „richtig zu liegen" unter Berücksichtigung von Kommission weniger als 50 % beträgt. „In der Praxis jedoch sind die Chancen eines normalen privaten Spekulanten sogar erheblich geringer. Die meisten Broker sagen mir, daß 80 oder 90 % ihrer Kunden ihr Geld verlieren und einmal habe ich sogar einen Prozentsatz von 100 % gehört. Der Grund dafür liegt darin, *daß die kleinen Spekulanten überhaupt nicht begreifen, gegen wen sie hier 'spielen'*. Zum Beispiel spielen sie gegen die professionellen Trader an der COMEX, die sogenannten 'Locals', *die den enormen Vorteil haben, zu wissen, wo die Buy- und Sell-Stops der privaten Kunden liegen.*" aus: Gold & Money Intelligence, Hrsg.: Bruno Bandulet, Sonderausgabe Winter 1982/83, Zürich, Frühjahr 1983, S. 1.

[192] Zur Möglichkeit höherer Nettoertragserzielung der „Informierten" auch in sehr kurzen Perioden vgl. Hellwig, Martin — „Zur Informationseffizienz des Kapitalmarkts", a.a.O., S. 20 f.

[193] Gold & Money Intelligence (Bruno Bandulet), Sonderausgabe Winter 1982/83, a.a.O., S. 1.

Die Tagesberichterstattung (vgl. S. 162 u. 173) liefert auch wiederholte Hinweise darauf, daß europäische Goldkassamarkthändler „nach bewährtem Muster" aufgrund ihrer — wegen größerer Nähe zum physischen Marktgeschehen — besseren Informiertheit Gewinnmöglichkeiten nutzen, deren Wahrnehmung die Futuresmarktpreisschwankungen stabilisieren, während die Kassapreisschwankungen zunehmen.

Zusammenfassend ergibt sich ein zweifacher Preisdestabilisierungseffekt der breiten Publikumsteilnahme am Goldfutureshandel: Der erste Teil des Effekts basiert darauf, daß ein Markt Händlerinformationen nicht anhand deren Qualität, sondern anhand von '$-Stimmen' wiegt,[194] so daß sich der inferiore Informationsstand des Publikums entsprechend dessen Teilnahme am Handel in Form der Induzierung von Goldpreisschwankungen niederschlägt.

Der zweite Teil des Preisdestabilisierungseffekts besteht in der Ausnutzung des Informationsgefälles durch professionelle — oder Berufsspekulanten, die, orientiert am Ziel größtmöglicher Gewinnerzielung, Goldpreisschwankungen nicht nur generieren, sondern auch zusätzlich verstärken.

d) Technisch bedingte Einflüsse

Als technisch bedingte Einflüsse sollen hier Wirkungen klassifiziert werden, wie sie sich aus

— der zeitlich-geographischen Trennung der Zentren des Weltkassa- und -futureshandels (vgl. Abschnitt aa) sowie
— der Futureshandelstechnik in Form der durch tägliches 'marking-to-market' notwendig werdenden Deckungstransaktionen ergeben (vgl. Abschnitt bb)).

aa) Auswirkungen der zeitlich-geographischen Trennung der Zentren des Weltkassa- und -Futureshandels

Wie in Abschnitt VI. IV. ausgeführt wurde, stehen die führenden nordamerikanischen Goldfuturesmärkte sowohl am Anfang als auch am Ende ihrer täglichen Handelszeit mit anderen internationalen Goldhandelszentren in Arbitrageverbindung. Während einer bestimmten Kernzeit betreiben sie hingegen Arbitrage nur untereinander. In dieser Zeitspanne sind sie vom Marktgeschehen in physischer Ware — weltweit geprägt von Europa —

[194] Vgl. das spekulative Marktmodell von Figlewski, Stephen — „Market 'Efficiency' in a Market with Heterogenous Information", in: Journal of Political Economy, Vol. 86, No. 4, August 1978, S. 581-597.

'abgekoppelt' und bzgl. der Preisbildung 'sich selbst überlassen'. So können sich Goldpreise einstellen, die sich von den Angebots-/Nachfragekonstellationen für physisches Gold an den europäischen Spotmärkten entfernt bzw. weitgehend 'losgelöst' haben (vgl. dazu auch den folgenden Abschnitt bb)).

Die Goldfuturesmärkte besitzen gleichzeitig aufgrund hoher Handelsvolumina (die nicht zuletzt durch die niedrigen Einschüsse bzw. hohen Hebeleffekte ermöglicht werden; vgl. auch Abschnitt bb)) die Kraft zur — via Arbitrage — weltweiten Durchsetzung ihrer eigenständigen Preisavancen auch über Widerstände im physischen Handel hinweg. Wie die in Abschnitt VI. I. 2.b) zitierten Auszüge aus Goldmarktberichten belegen, können bis zur Anpassung der futuresmarktinduzierten Preisschwankungen an die Angebots-/Nachfrageverhältnisse an den europäischen Spotmärkten von einem über wenige Tage bis zu mehreren Wochen vergehen (vgl. auch die Auszüge aus Goldmarktberichten im folgenden Abschnitt).

bb) Auswirkungen von Deckungstransaktionen

Goldfutureskontrakte können durch die Hinterlegung eines Einschusses von etwa 5 — 15 % des Kontraktvolumens erworben werden.[195] Daraus ergibt sich eine Hebelwirkung, die bereits bei kleinen Preisänderungen zu beträchtlichen Kapitalgewinnen/-verlusten, bezogen auf das eingesetzte Margin-Kapital, führen kann. Diese Hebelwirkung liegt bei einem Margin von 5 % bei 1 : 20 (1 % Goldpreisänderung entspricht 20 % positiver/negativer Margin-Rendite[196]), bei 10 % beträgt sie noch 1 : 10 und bei 15 % 1 : 6,7.

Bewegt sich der Goldpreis innerhalb kurzer Zeit relativ stark zuungunsten des Inhabers einer Futuresposition, so ist dieser gezwungen, entweder Margin nachzuschießen (der Broker fordert Margin durch einen sog. „Margin-Call" nach) oder die Position zu liquidieren. In einer durchschnittlichen Marktverfassung wird das „Covering" (die Liquidierung einer bestehenden verlustbringenden Position durch den Erwerb einer Gegenposition) aufgrund der vorhandenen Liquidität keine Probleme bereiten. Dennoch wird es zur Verstärkung des ursprünglich verursachenden Preistrends beitragen, da hierdurch zusätzlicher Kauf- bzw. Verkaufsdruck entsteht. Die preistrendverstärkende Wirkung des „Short/Long-Covering" wird umso größer sein, je weniger liquide der Markt — gemessen am Umsatz — ist.

---

[195] Vgl. die Veränderungen der vorgeschriebenen Mindest-Margins in der „Gold Margin History" der COMEX (inoffizielle, jeweils aktualisierte Zusammenstellung).

[196] Da der Einschuß (Margin) keine Investition, sondern lediglich eine Art „Sicherheitskaution" darstellt, kann man streng genommen nicht von einer „Investitionsrendite" sprechen.

Da die Auswirkungen von Deckungstransaktionen auch an anderen als den Goldfuturesmärkten auftreten, ist unter Kongruenzaspekten die Einschätzung der CFTC hinsichtlich der Gegebenheiten am Futures- und Spotmarkt für Silber während der Zeit von September 1979 bis März 1980 von Interesse.[197]

Die CFTC untersucht die Effekte der Marktteilnahme großer Short-Händler auf die Silberfutureskurse während der Periode geringeren Umsatzes, die die Monate während und nach der Veränderung von Handelsrichtlinien[198] auszeichnete. Zwei potentielle Preiswirkungen sind nach Ansicht der CFTC zu unterscheiden:

1. Ein Markt mit steigenden Preisen und einer Mehrzahl von Spekulanten als Inhaber von Short-Positionen kann durch ein bedeutsames „Overshooting" des Gleichgewichtspreises gekennzeichnet sein. Spekulanten, die sich die ständigen Margin-Nachschüsse nicht mehr leisten können oder wollen, weil sie den Preisanstieg als den Beginn eines Trends einschätzen, sind gezwungen, ihre Positionen zu liquidieren. Je weniger neue „Shorts" bereit sind, die Positionen der letzteren Gruppe zu übernehmen, desto mehr wird das „Covering" den ursprünglichen Preisanstieg verstärken.

2. Sind die Mehrzahl der „Shorts" Hedger, so verfügen sie über eine entsprechende Cash-Position, die sie gegenüber Wertveränderungen ihrer Futures-Short-Position (weitestgehend) absichert.

Andererseits gerät ihr Cash-Flow unter Druck, da zusätzlich aufzubringende Einschüsse Kapital binden und somit (die) Finanzierungskosten zum weiteren Halten der Futurespositionen anfallen bzw. anwachsen. Wenn der Anstieg der Hedgingkosten die Rentabilitätspositionen der Hedger zu sehr beeinträchtigt, sind letztere u. U. dazu gezwungen, sowohl ihre Kassa- wie auch Futurespositionen zu liquidieren.

Generell kann gesagt werden, daß je höher die Bestände an offenen Positionen sind, desto größer das „Overshooting"-Potential als Folge einer stärkeren Preisbewegung zu veranschlagen ist. — Aufgrund des Nullsummen-Spiel-Charakters[199] des Futureshandels stehen immer 50 % der offenen Positionen auf der Verliererseite[200], die potentiell den einmal in Gang gesetzten Preisimpuls durch Deckungskäufe/-verkäufe verstärken können. — Gewinnmitnahmen andererseits wirken stabilisierend.

---

[197] Die folgenden Ausführungen stützen sich auf die CFTC-Analyse vom 29.5.1981, a.a.O., Part II, S. 115 ff.

[198] Die U.S.-Silberfuturesbörsen veränderten in dieser Zeit die Mindest-Margins und führten zeitweise Limits für spekulative Positionen sowie „trading for liquidation only" ein.

[199] Unter Vernachlässigung von Broker-Gebühren.

[200] Unter Berücksichtigung von Broker-Gebühren sind es mehr als 50 %.

Für den Goldmarktanalytiker ist es von Interesse, ständig die relative Entwicklung offener Positionen und des Handelsvolumens (der Quotient aus beiden Größen wird auch als Umschlaggeschwindigkeit bezeichnet[201]) zu beobachten, um abschätzen zu können, ob der Markt liquide genug sein wird, größere Deckungskäufe/-verkäufe verkraften zu können. Eine Umschlaggeschwindigkeit von 4 Tagen wurde Anfang Oktober 1978 z. B. als eine „enorme Umschlaggeschwindigkeit (bezeichnet; d. Verf.), die sehr wohl die Hektik und den starken spekulativen Einschlag erkennen läßt."[202]

Häufig ist der täglichen Goldmarktberichterstattung zu entnehmen, daß technische Faktoren der beschriebenen Art starken oder sogar dominierenden Einfluß auf die Notierungen ausüben. Andere Preisdeterminanten würden überbrückt oder gar aufgehoben[203], Übertreibungen nach oben oder unten seien zum wesentlichen Teil aus rein technischen Umständen an den Goldfuturesmärkten zu erklären (vgl. die im folgenden aufgelisteten Auszüge aus Goldmarktberichten, die die destabilisierende Wirkung von Deckungs(ver)käufen zum Inhalt haben).

Beispiele aus der Tagesberichterstattung für destabilisierende Deckungstransaktionen:

- Short-Covering amerikanischer Haussiers bei einer Goldpreisbewegung von $ 130,- auf $ 140,- je Feinunze im Frühjahr *1977* (vgl. Frey, Walter — „The Price of Gold — Onwards to $ 180,-", in: Euromoney, 1/78, S. 55-59.
- Eindeckung massiver Short-Positionen mit mehreren Mio. $ Verlusten von Haussespekulanten im August *1979* (vgl. FAZ, (b), 4.8. und NZZ (Fdr) 13.8.1979).
- Beitrag zur Goldhausse durch Futuresmarkt-Deckungskäufe Ende Dezember 1979 (vgl. Blick durch die Wirtschaft, 29.12.1979).
- Zunehmende Substitution von „Angstkäufen" durch „Zwangskäufe" (Deckungskäufe) Mitte Januar *1980* (vgl. FAZ, (b), 19.1.1980).
- Auslösung einer Hausse technischen Ursprungs an der COMEX Ende Juni 1980 (vgl. NZZ (o. V.), 27.6.1980).
- Erwartung einer größeren Liquidationswelle durch Hausse-Deckungskäufe Ende Dezember 1980 (vgl. Bl. d. d. W., (hi), 3. u. 29.12.1980).
- Goldpreissteigerungen aufgrund mehrtägiger Deckungskäufe im August *1981* (vgl. NZZ (o. V.), 21.8.1981).
- Starke Preisanstiege durch die Eindeckung von Leerverkaufspositionen Mitte September 1981 (vgl. HB (hK), 15.9.1981).
- Preisdruck durch auflebende Industriekäufe am Kassamarkt, verstärkt durch Eindeckungen von Short-Positionen an der COMEX Ende November 1981 (vgl. NZZ, (Fdr), 30.11.1981).

---

[201] Die Umschlaggeschwindigkeit wird in Tagen gemessen: N offene Positionen / M gehandelte Positionen / Tag = N/M Tage.

[202] Blick durch die Wirtschaft (hi), 2. Oktober 1978.

[203] Vgl. Blick durch die Wirtschaft (hi), 28. Mai 1977.

— Short-Covering in einem von Profis dominierten Markt Anfang Dezember 1981 (vgl. NZZ, (Fdr), 7.12.1981).
— Goldmarktbericht Ende August *1982* unter dem Titel „preistreibende Eindeckungen": steigende Preise seien in der Hauptsache auf Eindekkungen zurückzuführen (vgl. NZZ, (Fdr), 29./30.8.1982).
— Der steile Preisanstieg auf über $ 500,-/oz. Ende September 1982 wird im nachhinein damit begründet, „daß zwischen 450 und 500 $ Baissepositionen 'gewisser Marktteilnehmer um jeden Preis' abgedeckt werden mußten. Dazu ist zu hören, daß einige nicht unbedeutende Händler enorme Schieflagen hatten." (aus: Bl. d. d. W., (hi), 30.9.1982).
— Über Mittwoch, den 29.9.1982: der scharfe Preiseinbruch auf $ 396,- (Vortagesschluß: $ 410,50/411,50) sei durch Liquidationen von Haussepositionen verursacht worden (vgl. NZZ, (Fdr), 1.10.1982).
— Starke Preisavance vom Donnerstag, dem 14.10.1982 (+ $ 20,- gegenüber dem Vortag) sei nach Ansicht von Händlern hauptsächlich durch Deckungskäufe am New Yorker Markt ausgelöst worden. (vgl. NZZ, (Fdr), 16.10.1982).
— Eindeckung „enorm hoher Baissepositionen" Ende November 1982 aufgrund der „massiven Schieflage" eines Anlegers/Spekulanten aus dem Mittleren Osten habe „die Notierungen steil in die Höhe getrieben". (Bl. d. d. W., (hi), 1.12.1982).
— Über den letzten Februartag 1983: „verheerende" Auswirkungen der Stop-Loss-Orders; von Freitag (25.2.83) auf Montag (28.2.83) hätten die Inhaber von Long-Goldfutureskontrakten Verluste von 5-6 Mrd. Dollar zu verzeichnen; „schlimmster Tag seit dem 21.1.80", dem Tag des bisherigen historischen Goldpreishöchststandes; vgl. FAZ, (b), 1.3.1983 und Schweizer Kreditanstalt — Bulletin, Zürich, 3/83, S. 21.
— Vgl. auch die Einschätzung der DEGUSSA hinsichtlich der von etwa 131.000 Losen Ende Februar 1983 auf etwa 93.000 Lose Ende März 1983 gefallenen Zahl offener Positionen: „Dabei spielt sicher eine Rolle, daß viele Spekulanten nicht mehr bereit oder in der Lage waren, den mit den sinkenden Preisen verbundenen Nachschußforderungen nachzukommen und ihre Positionen glattstellten." aus: Degussa — Edelmetall-Marktbericht, März 1983, S. 4.

Noch Mitte Dezember 1977 (fast 3 Jahre nach Beginn des amerikanischen Goldfutureshandels) wird von vorwiegend rein markttechnischen Geschehnissen mit Einfluß auf Europa gesprochen, denen die Europäer aufgrund geringer Erfahrung und beschränkten Einblicks „hilflos" gegenüberständen.[204] Letzteres hat sich in der darauffolgenden Zeit allerdings gewandelt:

Erste Anfänge zeigten sich im Frühjahr 1977, als die U.S.-Goldfuturesbörsen noch von den „Bears" (Baissiers) dominiert wurden, während an den physischen Märkten in Zürich und London die fundamentalen

[204] Vgl. Blick durch die Wirtschaft (hi), 14. Dezember 1977.

Gegebenheiten in Richtung Hausse wiesen. Eine 'klassische' Umkehrung der amerikanischen Baissepositionen führte schließlich zu einer Preiskorrektur nach oben von $ 130,- auf $ 140,- (vgl. das erste Beispiel im Index der vorangegangenen Seite).

Ende Mai 1979 stehen sich wiederum vorwiegend Baissiers in den USA und Haussiers in Europa gegenüber. In der Tagesberichterstattung[205] wird darauf hingewiesen, daß sich eine abermalige Wiederholung „desselben Schemas" wie während der 18 Monate davor ankündige, das darin bestehe, daß europäische Händler aufgrund besserer Kenntnis der Lage am physischen Markt Gewinne auf Kosten ihrer amerikanischen Partner erwarten dürften.

Ende November 1979 bahnt sich laut Marktberichterstattung aufgrund mangelnder Beziehung amerikanischer „Techniker" zu den europäischen Kassamarkt-Verhältnissen erneut eine Wiederholung „nach bewährtem Muster" an.[206] Das „bewährte Muster" besteht darin, daß die en bloc vorwiegend auf der Baisse- bzw. Hausse-Seite engagierten nordamerikanischen Goldfuturesmarktteilnehmer zu verlustreichen Deckungs(ver)käufen gezwungen werden, was zugrundeliegende Preisimpulse verstärkt und dadurch destabilisierend wirkt.

Das Ausmaß von Deckungskäufen bzw. -verkäufen wird dabei durch die Kapitalisierung und das generelle Handelsverhalten der Marktteilnehmer bestimmt, die auf der 'falschen' Marktseite engagiert sind (vgl. dazu Abschnitt VI.IV. 2. c)). Im Fachjargon wird in solchem und ähnlichem Zusammenhang auch von „schwachen" bzw. „starken Händen" gesprochen, womit auf der einen Seite eher kleinere nicht-professionelle Spekulanten und auf der anderen Seite beispielsweise institutionelle Anleger gemeint sind, die im Goldgeschäft aktiv sind.

Die häufiger zutreffende Feststellung, daß „der Atlantik . die Goldspekulanten (scheidet)"[207], beruht nicht zuletzt auf einer durch Skepsis, Argwohn und Mißtrauen gekennzeichneten Aufnahme gegenseitig zugespielter Informationen. Beispielhaft sei hier auf die damalige Skepsis auf amerikanischer Seite hingewiesen, was die wahren Gründe[208] für die Einstellung des Nachmittagsgoldhandels der Zürcher Banken am Donnerstag und Freitag, dem 24. und 25. Januar 1980, waren bzw. hinsichtlich der Auswir-

[205] Vgl. Blick durch die Wirtschaft (hi), 22. Mai 1979.

[206] Vgl. Blick durch die Wirtschaft (hi), 30. November 1979.

[207] Vgl. Blick durch die Wirtschaft (hi), 28.1.1980.

[208] Der wahre Grund für die teilweise Einstellung des Handels, wie er auch der amerikanischen Seite übermittelt worden war, war das extrem hohe Ordervolumen, das abwicklungstechnische Schwierigkeiten bereitete. Der entstandene Orderüberhang mußte zunächst aufgearbeitet werden.

kungen der neuen Bestimmungen der Deutschen Bundesbank über Edelmetallpositionen deutscher Kreditinstitute zur selben Zeit.

e) Manipulativ bedingte Einflüsse

Gemäß den Bestimmungen des Commodity Exchange Act[209] (im folgenden 'Act') ist die CFTC dazu verpflichtet, nur solche Warenfuturesbörsen als Kontraktmärkte zuzulassen, die die Fähigkeit besitzen und die Gewähr dafür bieten, daß Marktmanipulationen (zum Manipulationsbegriff vgl. die folgenden Ausführungen) nicht entstehen. Gleichzeitig verbietet der Act[210] den Versuch der oder die tatsächliche Manipulation des Spot- und/oder Futuresmarktes einer Ware. Um Manipulationsmöglichkeiten auszuschalten, steht der CFTC die Autorität zu, über Vorschläge hinsichtlich neuer Kontraktmärkte zu entscheiden, bestehende Märkte in ihren Bestimmungen zu überprüfen, bzw. diesbezügliche Veränderungen zu verfügen, wenn solche nicht bereits in befriedigender Weise durch die verantwortliche Börse durchgeführt wurden. Der Act selbst liefert allerdings keine Definitionen für die Begriffe 'Manipulation' bzw. 'Corner' (vgl. Abschnitt aa).

Die CFTC[211] charakterisiert eine 'Manipulation' durch folgende vier Elemente:

1. Einen Marktteilnehmer bzw. eine Gruppe von Marktteilnehmern mit gleichgeschalteten Handelsinteressen und mit dem finanziellen Rückhalt, der zur Preisbeeinflussung einer bestimmten Ware erforderlich ist,
2. die tatsächliche Ausübung der vorhandenen Einflußkapazität,
3. einen 'künstlichen' Preis (vgl. im folgenden) sowie
4. vorsätzliches Handeln.

Dieses Manipulationsverständnis bzw. der Begriff des 'künstlichen' Preises bedürfen hierbei näherer Betrachtung:

Die Einschätzung, daß es sich bei dem laufenden Preis einer Futureshandelsware um einen 'künstlichen' ('künstlich' erhöhten/gedrückten) Preis handelt, ist letztlich subjektiv. Allerdings scheint hinsichtlich der Feststellung, daß zu einem bestimmten Zeitpunkt ein 'künstlicher' Preis vorliege, die Konsensfähigkeit größer zu sein als z. B. bei der Feststellung, ob ein jeweiliger Preis „eher zu tief" oder „eher zu hoch" (Haussiers versus Baissiers) liegt.

Die pragmatische Abwägung, ob der jeweilige Preis einer Futureshandelsware erheblich aus einem (mittelfristig) durch die zugrundeliegenden Ver-

---

[209] Vgl. Section 4, 5 und 6 des Commodity Exchange Act, a.a.O.

[210] Vgl. ebenda, Section 9b.

[211] CFTC-Report (29.5.1981), a.a.O., Part III, App. A; vgl. S. 67 sowie 71 ff.

hältnisse am physischen Markt rechtfertigbaren Preis'kanal' herausfällt oder nicht, bildet die Basis dafür, daß 'man' sagen kann, es handele sich bei dem derzeitigen um einen 'künstlichen' Preis.

Es stellt sich allerdings die Frage, ob man Transaktionen 'künstlich' nennen soll, mittels derer es einem bzw. mehreren Händlern aufgrund vorhandener finanzieller Machtposition(en) gelingt, die Ware für Deckungsgeschäfte zu verknappen. Kann man in diesem Falle von 'Marktmanipulation' sprechen?

Einfacher erscheint dem Verfasser die Verwendung des Begriffs eines 'normalen' Markts, der sich durch die Abwesenheit solcher Händler auszeichnet, die „Corners" oder „Squeezes" (vgl. im folgenden) hervorzurufen in der Lage sind. Gleichzeitig kann es bei Vorliegen eines derart definierten 'normalen' Marktes zu manipulativ bedingten Preisausschlägen kommen, wie sie etwa aufgrund der Ausstreuung von Gerüchten entstehen können (vgl. Abschnitt VI. IV. 2. e)ee)).

aa) „Corners" und „Squeezes"

Eine extreme Art der Markt(preis)beeinflussung ('Manipulation' nach dem Verständnis der CFTC) stellt die „Corner" („Schwänze") dar. Hierbei handelt es sich in der ausgeprägtesten Form um das Monopol eines Händlers (einer Händlergruppe) in physischer Ware, gekoppelt mit dem gleichzeitigen Besitz einer großen Zahl von long-Futureskontrakten, die die lieferbare physische Warenmenge übersteigt. Aufgrund der Knappheit an physischer Ware sind die Shorts bei Lieferverlangen der Longs gezwungen, sich mit physischer Ware zu Preisen einzudecken, die die Longs weitestgehend bestimmen können.

Im Vergleich zur „Corner" liegt ein „Squeeze" bereits dann vor, wenn (noch) kein Monopol in physischer Ware besteht, allerdings geringe Bestände an lieferbarer Ware einem betragsmäßig höheren Volumen an offenen long-Futurespositionen gegenüberstehen. Die Gründe für die Knappheit an physischer Ware liegen in diesem Falle außerhalb der Einflußsphäre des- (der)jenigen, der (die) den „Squeeze" ähnlich dem genannten Muster der „Corner" — durch den Erwerb zahlreicher long-Positionen — ausübt (ausüben).

Vom bewußt herbeigeführten „Squeeze" ist die oft auch als natürlicher „Squeeze" bezeichnete „Market Congestion" abzugrenzen: Shorts, die bestrebt sind, ihre Positionen abzudecken, treffen dabei auf nur geringe Bereitschaft auf seiten der Longs, Positionen zu liquidieren und/oder von seiten neuer Marktteilnehmer, „short zu gehen", ausgenommen zu stark erhöhten Preisen. Der die „Congestion" auslösende Grund liegt wiederum in einer natürlichen Knappheit an lieferbarer physischer Ware relativ zu der erwarteten Nachfrage durch zur Lieferung anstehende Futureskontrakte, ohne daß allerdings auf seiten der Longs markt(preis)beeinflussende (manipulative) Absichten vorlägen.[212]

Die CFTC hat als kontrollierende Instanz aufgrund täglicher Marktdaten insbesondere die Entstehung bzw. den Ausbau bestehender Positionen zu dominanten Futurespositionen zu überwachen. Eine dominante Futuresposition liegt dann vor, wenn ein Händler (eine Händlergruppe) die Mehrheit offener Positionen hält und die Kombination aus Futurespositionen und seinem (ihrem) physischen Warenbesitz das Angebot an lieferbarer Ware übersteigt oder zumindest erreicht.[213] Um der möglichen Entstehung dominanter Futurespositionen vorzubeugen, erfaßt die CFTC u.a. tägliche „Commitments of traders"-Daten über „Reportable Positions" (vgl. oben, S. 125).

Futures Commission Merchants sind verpflichtet, die Identität aller Händler(gruppen) offenzulegen, deren Position(en) den „reportable level" von 100 Goldfutureskontrakten erreichen oder übersteigen.[214] Aufgrund des gesetzlichen Verbots der (versuchten) Preis'manipulation' einer Spot- bzw. Futureshandelsware sowie der ständigen Marktüberwachung durch Börsenorgane und die Kontrollbehörde CFTC ist es in der bisherigen Geschichte der Goldfuturesmärkte zu keiner „Corner"-Konstellation an einem der Goldfuturesmärkte gekommen. Die Krise, die am internationalen Silbermarkt durch den Corner-Versuch der Brüder Hunt 1979/80 entstand, zeitweilig bereits das Stadium eines „Squeeze" hinter sich gelassen hatte und nur mit sehr restriktiven Maßnahmen (vgl. Abschnitt VI. IV. 3.) über die Wirkungen börsenstatutengemäßer Änderungen der Handelsregeln) der Börsen/CFTC bewältigt werden konnte, gibt allerdings Anlaß zu diesbezüglichen Überlegungen für den internationalen Goldmarkt.[215]

Die andersartige Konstellation des Goldmarktes z. B. im Vergleich zum Silbermarkt läßt jedoch alleine den Versuch einer Goldmarkt-Corner als extrem wenig aussichtsreich und damit unwahrscheinlich erscheinen: Die relative Größe des internationalen Goldmarktes spielt hierbei ebenso eine Rolle wie die Tatsache, daß (vgl. Kap. II) Gold als primär monetäres Metall nicht nur im Privatsektor weit verbreitet ist, sondern daß auch Zentralbanken und Währungsbehörden über erhebliche physische Bestände verfügen, so daß die Anhäufung dominanter physischer Goldbestände in Händen

---

[212] Vgl. CFTC-Report (29.5.1981), a.a.O., Part III, S. 52.

[213] Vgl. ebenda, App. A, S. 68.

[214] Von Januar 1979 bis Dezember 1981 veröffentlichte die CFTC diesbezügliche Daten jeweils zum Monatsletzten. Mit Erscheinen des Dezember-Reports 1981 wurde die Veröffentlichung vorläufig eingestellt.

[215] Vgl. auch die Tagesberichterstattung über einen eventuellen Corner-Versuch bei Platin im Frühjahr 1980 in: NZZ (gn), 10. März 1980.

eines Händlers oder einer im Konzert agierenden Gruppe als praktisch nicht realisierbar bezeichnet werden muß.

Ein nicht so klares Bild liefert die Betrachtung möglicher „Squeeze"-Situationen. So schien sich ein „Beinahe-Squeeze" für den Goldfuturesmonat Dezember 1977 im Laufe des Oktober 1977 anzubahnen: An der COMEX wie am IMM in Chicago stieg die Zahl offener Positionen im Dezemberkontrakt seit August 1977 spektakulär an. Dem standen vergleichsweise nur relativ geringe Lagerbestände an lieferbarem Gold in den lizensierten Lagerhäusern gegenüber. Gegen Ende November 1977 entspannte sich die Situation allerdings zunehmend durch einen kräftigen Anstieg der lieferbaren Goldbestände, so daß der erwartete Eklat ausblieb.[216]

Die Wahrscheinlichkeit des Eintretens eines Gold-„Squeeze" ist im Vergleich zur „Corner" als wesentlich höher einzustufen, da bei erstgenannter Konstellation nicht die Notwendigkeit einer Monopolstellung bei physischen Beständen besteht. Gleichwohl scheint die Marktüberwachung durch Börsen und CFTC effektiv genug zu sein, um das mögliche Entstehen eines „Squeeze" voraussehen und gegebenenfalls entsprechende Verhinderungsmaßnahmen einleiten zu können. Die in diesem Sinne erfolgreiche Marktüberwachung, auch und gerade in der turbulenten Zeit zum Jahreswechsel 1979/80 sowie während der restlichen Zeit seit Ende 1974, liefert markthistorische Bestätigung für diese Einschätzung.

bb) Andere manipulative Einflüsse

Nach der Erörterung der Möglichkeiten des Auftretens von „Corners" und „Squeezes", deren Auswirkungen sowie denkbarer präventiver Kontrollmaßnahmen sollen in diesem Abschnitt Möglichkeiten manipulativer Einflußnahme aufgezeigt werden, die zwar weniger markt(preis)-beeinflussend, jedoch zeitweise bestimmend auf den Goldpreis einwirken.

Rationalität unterstellend, ist es Ziel jedes Spekulanten, den Erwartungswert einer am Futuresmarkt eingegangenen Position zu maximieren. Die Verfolgung dieses Ziels schließt die potentielle Manipulation des Marktpreises zum eigenen Vorteil mit ein.

Schranken hinsichtlich der Mittel zur Verfolgung des Gewinnmaximierungsstrebens liegen einerseits in einschlägigen gesetzlichen Verboten (s. Abschnitt VI. IV.), andererseits in den daraus sich ableitenden exekutiven Kontrollfunktionen durch Börsengremien und/oder die CFTC. Der Anreiz

---

216 Vgl. dazu die Goldmarktberichterstattung im Blick durch die Wirtschaft, 12. Oktober 1977 (hi) und 6. Dezember 1977 (hi) sowie in der Frankfurter Allgemeinen Zeitung (b) vom 23. November 1977.

zur Manipulation wird umso größer sein, je geringer die Wahrscheinlichkeit ist, daß ein Verbotstatbestand erfüllt wird bzw. eine wirksame ex ante/ex post-Kontrolle überhaupt ausgeübt werden kann. Die Operationalität der Kontrolle hängt nicht zuletzt davon ab, inwieweit der Nachweis über Urheberschaft und Absicht erbracht werden kann.

Unter dem Aspekt der Manipulationskontrolle spielt bei der im folgenden näher betrachteten lukrativen Ausnutzung der Ausstreuung von Gerüchten der Zeitfaktor eine sicherlich bedeutsame Rolle. So wird die Manipulationskontrolle bzw. der Nachweis tatsächlicher Manipulation umso schwieriger gestaltet, je kürzer die Zeitspanne zwischen Aufkommen eines manipulativen Tatbestandes und seinem anschließenden 'Verschwinden' bemessen ist.

Im Gegensatz zur eher allmählich anwachsenden Gefahr eines „Squeeze" oder einer „Corner" (Anstieg der Zahl offener Positionen absolut und im Verhältnis zur Menge lieferbarer physischer Ware über längere Zeit) tauchen manchmal ein oder sogar mehrere Gerüchte gleichzeitig an den Goldfuturesmärkten plötzlich auf und verschwinden meist wieder innerhalb kurzer Zeit (in der Regel während einer Börsensitzung).

Da es schwierig sein dürfte, gleichzeitig die Urheberschaft eines Gerüchts und eine zugrundeliegende manipulative Absicht nachzuweisen, ist es nicht überraschend, in der Goldmarkttagesberichterstattung häufiger auf Meldungen über an den Goldfuturesmärkten in Gang gesetzte und kursierende Gerüchte zu stoßen. Die folgenden Auszüge aus der Goldmarktberichterstattung sollen dazu dienen, einen Eindruck der Bedeutung von Gerüchten und ihrer Wirkungen auf die Goldpreisvariabilität zu vermitteln:

Über die Woche vom 12. — 16. Februar 1979 ist in einem Goldmarktwochenbericht zu lesen, daß „allerhand Gerüchte vorab in New York zu extremen Verstärkungen der Ausschläge (führten)."[217]

Etwa ein Jahr später, im Februar 1980, zeigen sich Parallelitäten:

„Ein Blick auf die Preisausschläge zeigt indessen, daß es, wo es an Tatsächlichem gebricht, durchaus reicht, wenn Gerüchte vorhanden sind. Daran fehlte es auch in der Berichtsperiode (Woche vom 18. bis 22.2.1980, d. Verf.) keineswegs; als Stichwort können die Mär von Khomeinys Tod und die Spekulationen um Marschall Titos Gesundheitszustand angeführt werden."[218]

Welche Bedeutung die Ausstreuung eines Gerüchts für die Goldhausse Ende Mai, Anfang Juni 1980 hatte, in deren Verlauf der $-Goldpreis innerhalb von 2 Wochen um etwa 25 % anstieg, kommt in folgendem Goldmarktbericht zum Ausdruck:

---

[217] Neue Zürcher Zeitung (Fdr), 18./19. Februar 1979.

[218] Neue Zürcher Zeitung (Fdr), 25. Februar 1980.

„Der vehemente Auftrieb setzte ein, als Anfang letzter Woche Gerüchte aufkamen, nach denen eine amerikanische Geisel in Teheran umgebracht worden sei. Dieses Gerücht, das sich denn auch als haltlos herausstellte, wurde von Kommentatoren als 'Auslöser' aufgegriffen und entsprechend hochgespielt. Erfahrene Händler meinen, eine x-beliebige andere Nachricht hätte die gleiche Wirkung erzielt. Man könne davon ausgehen, daß der Markt spätestens zu diesem Zeitpunkt reif war, nur noch haussseträchtige Meldungen wahrzunehmen."[219]

Ein Gerücht über angebliche iranische Goldverkäufe an der COMEX trägt 3 Monate später, am Freitag, dem 26. Januar 1980, maßgeblich zu einem Goldpreissturz (von $ 701,50 in Zürich zur Zeit des Londoner Nachmittagsfixings) auf $665,— am New Yorker Goldfuturesmarkt bei.[220]

In Anknüpfung an die in Abschnitt VI. IV. 2. d) bb) gemachten Ausführungen zu den Auswirkungen des „Long"- und „Short-Covering" und die darin erwähnte häufigere Frontstellung zwischen mehrheitlich hausse-/baisse-orientierten U.S.-Amerikanern und ihren gegensätzlich eingestellten europäischen Handelspartnern ist ein Goldmarktbericht über Freitag, den 19.9.1980, aufschlußreich:

„Immer dann, wenn die amerikanischen Goldterminmärkte richtig in Fahrt kommen, klingelt es in den Kassen vieler Händler, die sich ausschließlich oder überwiegend mit physischer Ware befassen. Das für manche Akteure an den Terminbörsen ausgesprochen teure Spiel wiederholt sich beständig. Nach flauem und lustlosem Geschäft hatten die europäischen Händler am Freitagnachmittag bei einem Kassapreis von knapp 670 Dollar je Feinunze ihre Bücher geschlossen. Nun war der amerikanische Markt für dieses Edelmetall sich selbst überlassen. Wohlvertraut mit der dort herrschenden Mentalität sagte ein europäischer Experte schon am Vormittag voraus: 'Heute werden die amerikanischen Geiseln in Teheran zum 31. Mal befreit.' Er spielte damit auf die Tatsache an, daß man an diesen Börsen nun schon seit fast einem Jahr jedes noch so abstruse Gerücht, das ein Freikommen der Geiseln auch nur vage andeutet, zum Anlaß für massive Verkäufe nimmt. Und es lief dann auch wieder ganz nach bewährtem Muster ab."[221]

Welche ernsten vermögensmäßigen Konsequenzen das manipulativ begründete 'in-Umlauf-setzen' eines Gerüchts für diejenigen Goldfuturesmarktteilnehmer hat bzw. haben kann, die auf der 'falschen' Seite des Marktes engagiert sind, geht aus folgendem Goldmarktbericht vom 9. Dezember 1980 hervor, dem auch zu entnehmen ist, daß sich — nach Wissen des Verfassers erstmalig — das Federal Bureau of Investigation (FBI) in die Ermittlungen nach dem Ursprung des Gerüchts über die Person Reagans einschaltete:

„Der aus heutiger Sicht kurzfristige Umschwung nach oben trat am Mittwochabend vergangener Woche ein, als in New York das Gerücht kolportiert wurde,

[219] Blick durch die Wirtschaft (hi), 10. Juni 1980.

[220] Blick durch die Wirtschaft (hi), 29. September 1980.

[221] Blick durch die Wirtschaft (hi), 21. Oktober 1980.

Präsident Reagan habe einen Herzanfall erlitten. Wenig später 'wußten' dann auch schon einige, daß der Präsident gestorben sei. Beobachter haben die Reaktion nicht nur des Goldmarktes, sondern auch anderer Terminmärkte auf diese Gerüchte und Mutmaßungen hin so verstanden, als habe man dort nur noch auf eine solche Nachricht gewartet, um eine 'Entschuldigung' für den unter normalen Umständen nicht gerechtfertigten deutlichen Preisanstieg in Händen zu halten. Analytiker heben in diesem Zusammenhang hervor, daß Märkte in einer unentschlossenen oder unübersichtlichen Lage solche äußeren Anlässe wie das Gerücht über Reagans Gesundheitszustand geradezu herbeischwören, um ein seit langem aufgestautes, scheinbar unlösbares Patt zwischen Haussiers und Baissiers zu zerschlagen.

Für interessant halten Beobachter, daß sich nun neben dem Börsenvorstand der COMEX auch das 'Federal Bureau of Investigation' (FBI) eingeschaltet hat, um den Ursprung dieses Gerüchts, das je nach Position am Goldmarkt ein Vermögen kostete oder brachte, zu erkunden."[222]

Schließlich sei ein Tagesbericht gegen Ende des Jahres 1981 zitiert, der die verbreitete Unsicherheit über das Eintreten gerüchtebedingter Einflüsse der Goldfuturesmärkte auf die Preise im physischen Handel wiederspiegelt:

„Die Erfahrung spricht nämlich nach Ansicht von Beobachtern dafür, daß man dort dankbar nach dem neuen politischen Thema (Polen; d. Verf.) greift und daß sich daran in den nächsten Tagen oder Wochen so manches Gerücht hochrankt, das mit der Wirklichkeit wenig zu tun hat, aber die Preise tanzen läßt."[223]

An den Goldfuturesbörsen entstehende Gerüchte sind, so läßt sich zusammenfassend feststellen, eine nicht unbedeutende Quelle für Preisschwankungen, die sich wie die anderen in Kapitel VI untersuchten Destabilisierungsimpulse per Arbitrage von den Goldfuturesmärkten auf die europäischen Spotmärkte übertragen.

Teilweise besitzen diese Gerüchte den Charakter freier Erfindungen, andere basieren wiederum auf offiziell nicht bestätigten Informationen. Beide Arten von Gerüchten dienen der Erzeugung von Preisschwankungen, wodurch sich Möglichkeiten ergeben, (u. U. hohe) Gewinne erzielen zu können (vgl. den Abschnitt über Interessengesichtspunkte hinsichtlich Preisschwankungen). Erfolg ist dem 'in-Umlauf-setzen' von Gerüchten meist deshalb beschieden, weil deren Richtigkeit (Falschheit) sich innerhalb kurzer Zeit kaum überprüfen läßt.

Börsenhändlern wie dem beteiligten Publikum bleibt daher in der Regel nichts anderes übrig, als an das jeweilige Gerücht zu 'glauben' oder nicht daran zu glauben. Dies setzt je nach dem Ausmaß der Gerüchtegläubigkeit des Marktes Diffusionsprozesse (Schneeball-, Self fulfilling prophecy-Effekte) in Gang, die zu den (von den Verursachern gewünschten) Preisausschlägen führen, die nicht (mehr) in Kongruenz zu den an den europäischen Goldspotmärkten herrschenden Angebots-/Nachfrageverhältnissen stehen.

---

[222] Blick durch die Wirtschaft (hi), 10. Dezember 1981.

[223] Blick durch die Wirtschaft (hi), 15. Dezember 1981.

3. Wirkungen börsenstatutengemäßer Änderungen der Handelsregeln auf destabilisierende Faktoren

Zu den Faktoren, die auf die Preisbildung an U.S.-Goldfuturesmärkten Einfluß nehmen, zählen auch die Änderungen der Regeln des Goldhandels durch die verantwortlichen Börsengremien. Die Abschnitte VI. IV. 3. a)-d) analysieren, wie sich Modifikationen von Mindesteinschüssen, täglichen Preisschwankungslimits und Positionslimits sowie die mögliche Verhängung sogenannter „Liquidation-only"-Verfügungen auf destabilisierende Faktoren auswirken können.

Im Gefolge der Silberkrise an den amerikanischen Terminmärkten zum Jahreswechsel 1979/80 (Silber erreichte im Spotmonat am 21. Januar nahezu $ 50,- je Feinunze; im August 1979 hatte der Silberunzenpreis noch weniger als $ 10,- betragen) analysierte die CFTC die von der COMEX und dem CBOT verfügten Regeländerungen für den Silberhandel sowie deren Wirkung auf Transaktionskosten und Handelsmöglichkeiten der Silbermarktteilnehmer im Zeitraum zwischen August 1979 und März 1980.[224] Obgleich die Regeländerungen der COMEX und des CBOT bzw. der CME (IMM) hinsichtlich des Goldfuturesmarktes nicht im gleichen Maße restriktiv waren wie die am Silbermarkt (z. B. wurden bisher weder Positionslimits noch „Liquidation-only-orders" erlassen), ist die CFTC-Studie unter Parallelitätsüberlegungen interessant. Sie läßt außerdem Rückschlüsse auf die möglichen Wirkungen einer Einführung von Positionslimits und „Liquidation-only-orders" auf die Goldfuturesmärkte zu.

Wirkungsbereiche einer Änderung der Handelsregeln beinhalten die Spread-Beziehungen zwischen Kassa- und Futuresnotierungen sowie zwischen verschiedenen Kontraktmonaten, des weiteren Inter-Markt-Preisspreads zwischen den verschiedenen Börsen, die Silber bzw. Gold handeln und Arbitrage-Preisbeziehungen zwischen verschiedenen internationalen Märkten.

a) Wirkungen einer Veränderung der Margin-Anforderungen

Wie in Abschnitt III. II. 2. b) aa) dargelegt wurde, ist es Aufgabe der einzelnen Goldfuturesbörse, die Höhe der Mindesteinschüsse für bestimmte Goldfuturespositionen festzulegen. Diese Mindesteinschüsse stellen verbindliche Untergrenzen für die Einschüsse dar, die die Brokerhäuser von ihren Kunden fordern müssen.

[224] Vgl. hierzu und im folgenden CFTC-Report (29.5.1981), a.a.O., Chapter II, S. 118 ff.; zur Diskussion standen ebenfalls Anpassungen der Margin-Anforderungen, der täglichen Preisschwankungslimits, der Limits hinsichtlich der Höhe spekulativer Positionen sowie die Verhängung sog. „Liquidation-only-orders".

Von Zeit zu Zeit passen die Goldfuturesbörsen die Mindesteinschüsse dem Goldmarktgeschehen an. Grundsätzlich läßt sich sagen, daß ein höheres Goldpreisniveau und ausgeprägtere Preisschwankungen höhere absolute Mindesteinschußforderungen nach sich ziehen. Dieser Zusammenhang ergibt sich dadurch, daß die Börsen bestrebt sind, die stete Ordnungsmäßigkeit des Handelns zu gewährleisten. Dabei haben sie möglichen Risiken Rechnung zu tragen, die u. a. darin bestehen, daß bei starken Preisbewegungen die Hälfte aller Positionen kräftige Verluste erleidet. Könnten die Kunden der Brokerhäuser die so entstandenen Verluste nicht begleichen, so müßten letztere dafür aufkommen. Deckungs- und Liquiditätsprobleme größeren Ausmaßes könnten die Folge sein, die wiederum das Vertrauen in den Goldfutureshandel und die daran beteiligten Institutionen erschüttern würden.

Um 'übermäßige' ('exzessive') spekulative Transaktionen am Goldfuturesmarkt zu verringern oder ex ante zu verhindern, sind, wie bereits Abschnitt III. II. 2. b) bb) darstellte, die Börsen mit dem Instrument des Einschußregulativs in der Lage, die Marktzusammensetzung und das (vor allem von „Spekulanten" verursachte) Handelsvolumen zu beeinflussen. Dies geschieht durch den gezielten Einsatz der beiden Steuerungsgrößen absolute und relative Margin-Höhe (letztere ergibt sich durch den Abstand zwischen den Margins für Spekulations-, Arbitrage- und Hedgepositionen). Je niedriger die Börsen-Mindesteinschüsse bzw. die daran orientierten Einschußforderungen der Brokerhäuser bemessen sind, desto attraktiver wird der Handel in Goldfutureskontrakten für Spekulanten, Arbitrageure und Hedger: Niedrigere Einschüsse binden weniger Liquidität, erhöhen den erzielbaren Leverage-Effekt und 'sparen' Opportunitätszinsen. Außerdem wird eventuelles „Pyramiding" (der Erwerb zahlreicher zusätzlicher Positionen mit — aufgrund des täglichen 'Marking-to-market' — freigewordenen Mitteln) erleichtert.

Je höher — im umgekehrten Falle — die Einschüsse bemessen sind, desto relativ unattraktiver wird die Teilnahme am Goldfutureshandel. Das gilt in besonderem Maße für Spekulanten, da sie die höchsten Einschüsse zu leisten haben. Die kleineren, mit relativ geringem Kapital ausgestatteten Spekulanten werden von höheren Ansprüchen an ihre Liquidität zuerst betroffen und daher durch restriktivere Margin-Anforderungen als erste aus dem Markt 'gedrängt'. Folge ist insgesamt eine geringere Teilnahme des Publikums am Goldfuturesmarkt und damit verbunden eine Verringerung destabilisierender Effekte, wie sie sich aufgrund der in den vorangegangenen Abschnitten beschriebenen Mechanismen ergeben.

Von Interesse ist in diesem Zusammenhang die Frage, ob es „Grenz-Margins" gibt, d. h. Marginhöhen, ab denen es für bestimmte Marktteilnehmergruppen unattraktiv würde, am Goldfuturesmarkt teilzunehmen. Da gerade der erzielbare Hebeleffekt einen der Hauptattraktivitätsfaktoren darstellt, sprechen starke Plausibilitätsgründe dafür, daß bereits Margins zwischen 25 und 50 % des Kontraktwerts die Marktteilnahme für die meisten Spekulanten unattraktiv macht (vgl. die relativ hohen Margin-Anforderungen am Tokioter Markt, um kurzfristige spekulative Transaktionen einzudämmen; vgl. auch die derzeit bei 50 % liegenden Einschußforderungen des Londoner/Zürcher Gold-Cash-forwardhandels, die eine weitestgehende Abstinenz aller Nicht-Hedge-Transaktionen bewirken). — Die Erkenntnis allerdings, daß das Vorhandensein spekulativer Gelder an den Goldfuturesmärkten für eine ausreichende Liquidität grundsätzlich erforderlich ist, hat dazu geführt, daß die von den Goldfuturesbörsen geforderten Mindestmargins im Durchschnitt für Spekulanten stets mehr oder weniger attraktiv blieben.

Die CFTC stellt in ihrer Silbermarkt-Studie fest, daß „empirical research pertaining to combined price effects of the various market intervention measures available to exchanges is limited, and the bulk of this research focuses on the effect of margin adjustments. Studies compelled today have concluded that increased margin levels resulted in increased price volatility.[225] However, because the data and methods used in these studies are weak, this conclusion is open to question."[226]

Mit der CFTC ist zu kritisieren, daß in den vorliegenden Arbeiten über den Einfluß von Margin-Veränderungen die Kausalitätsrichtung zwischen Anhebung der Margin-Anforderungen einerseits und wachsenden Preisschwankungen andererseits nicht untersucht wurde. So wurde kein Nachweis dafür erbracht, daß Margin-Anhebungen erhöhten Preisschwankungen vorangehen, statt, wie es intuitiv naheläge, daß sie ihnen folgen. — Die im folgenden kurz skizzierte Historie der Margin-Anforderungen an der COMEX ist Beleg für die bewußte Steuerung des durch alle Goldfuturesteilnehmer insgesamt bewirkten Handelsvolumens und Open Interests wie auch der Marktzusammensetzung aus Spekulanten, Arbitrageuren und Hedgern:

Aus Übersichten über alle bisherigen Veränderungen der Margin-Anforderungen an der COMEX[227] geht hervor, daß seit Aufnahme des amerikanischen Goldfutureshandels am 31. Dezember 1974 für mehr als 4 1/2 Jahre (bis zum 18. September 1979) gleiche Mindest-Margins für spekulative und Hedging-Positionen vorgesehen waren. Die Mindest-

---

225 Nathan, Robert; Associates Inc. — Margins, Speculation and Prices In Grains Futures Markets, Report submitted to Economic Research Service, USDA, Washington D.C., Dezember 1967 und McCain, W. — An Empirical Investigation Into Effects of Margin Requirements In Organized Commodity Futures Markets, Ph. D. Dissertation, Stanford University, 1969.

226 CFTC-Report (29.5.1981), a.a.O., Part II, S. 121.

227 Auf der Grundlage inoffizieller Angaben der COMEX, New York.

Margins schwankten im genannten Zeitraum zwischen $ 300,- und $ 1.500,- pro Kontrakt. Am 19. September erfolgte erstmals eine Trennung der Margin-Anforderungen nach Hedging- ($ 1.500.-) und spekulativen Positionen ($ 3.000,-).

Am 9. Januar 1980, 13 Tage bevor der Spot-Goldpreis seinen bisherigen historischen Höchststand erreichte, ging die COMEX für einige Wochen noch einmal zur alten Regelung der Gleichbehandlung von Hedge- und spekulativen Positionen über, allerdings mit deutlich erhöhten Margin-Anforderungen von $ 5.000,- (9.1. — 21.1.1980) und $ 15.000,- (22.1. — 12.3.1980).

Seit dem 13. März 1980 besteht nunmehr ein ständiges Gefälle in den Margin-Anforderungen für Hedge- und spekulative Positionen. Die Mindest-Margins für spekulative Positionen lagen dabei (bis nach dem 15. April 1982) zwischen 46,7 % und 75 % *über* denen für Hedge-Positionen.

Pro Spread (Straddle) forderte die COMEX während der ersten 4 1/2 Handelsjahre der Goldfuturesmärkte $ 250,-. Vom 19. März 1975 bis zum 8. Januar 1980 gab es dagegen keine Margin-Anforderungen für derartige Positionen. Auf der Grundlage derselben Berechnungsmethode sahen die COMEX-Bestimmungen vom 9. Januar 1980 bis zum 18. Mai 1980 wieder Margins zwischen $ 100,- und $ 350,- vor.

Vom 19. Mai 1980 an gilt seither eine veränderte Berechnungsmethode für Spread-Margins, die zwischen einem bestimmten Margin pro Spread-Monat und einem solchen pro Spread unterscheidet.[228] Ein Juni-August-Straddle (z. B. 1 Kontrakt Juni long, 1 Kontrakt August short) erforderte danach zur Mitte des Jahres 1980 $ 150,-[229] an Einschuß.

b) Wirkungen einer Anpassung der Tagespreisschwankungslimits

Wie der institutionelle Teil der Arbeit (vgl. Abschnitt V. I. 1.) im einzelnen darstellt, gelten an den U.S.-Goldfuturesbörsen[230] Höchstgrenzen für

---

[228] Vgl. die Art und den Wechsel in der Berechnungsmethode für Margin-Anforderungen, in: Commodity Exchange — „Instructions for Calculating Straddle Margins", Schedule A (Oct. 30., 1979 through May 18., 1980) sowie Commodity Exchange — „Instructions for Calculating Straddle Margins", Schedule B (May 19., 1980 and forward).

[229] Vgl. die verschiedenen Berechnungsbeispiele in: ebenda, Schedule B.

[230] An den Goldfuturesmärkten in Hongkong, Singapur sowie am neuen Goldfuturesmarkt in London gelten demgegenüber keine Tagesschwankungslimits (vgl. V.I.2.); bei Erreichung eines Limitpreisausschlages (in London z. B. z. Zt. $ 30,-/Unze) während eines Handelstages erfolgt ein Limit-Call, der den Handel für nur 30 Minuten unterbricht. Danach wird er unbegrenzt fortgesetzt.

tägliche Preisbewegungen, die sich auf den Settlement-Preis des jeweiligen Börsen-Vortages beziehen.

Als Grund für die Einführung von Preisschwankungslimits kann der gleiche wie im vorhergehenden Abschnitt (die Aufrechterhaltung geordneter Marktverhältnisse) angeführt werden. Hierbei ist insbesondere von Bedeutung, daß bei Erreichung des Tageslimits der Handel bis zur nächsten Börsensitzung ausgesetzt wird und sich dadurch i.d.R. Zeit zur Überprüfung bestimmter Informationen (z. B. Gerüchte) und der Sammlung neuer Informationen ergibt.

Zu Beginn des Goldfutureshandels Ende 1974 wurde das Tagespreisschwankungslimit an der COMEX zunächst auf $ 10,-/Unze festgelegt. Am 18. September bzw. am 8. Oktober 1979 erfolgten dann Erhöhungen auf $ 20,- bzw. auf das derzeitige Limit von $ 25,- (am IMM beträgt das augenblickliche tägliche Normallimit $50,-). Im Falle sukzessiver Aufwärts- oder Abwärtsbewegungen der Futurespreise an 3 Tagen hintereinander treten automatisch „variable limit rules" in Kraft, wie sie der institutionelle Teil (V. I. 1.) im einzelnen beschreibt.

Da der jeweilige Spotmonat aus in V. I. 1. angeführten Gründen keinen Preisschwankungslimits unterliegt, haben die Limitbestimmungen zur Folge, daß Spotmonate an den U.S.-Goldfuturesbörsen bzw. Kassagold stärker im Preis schwanken können als die Futuresmonate, die unter die Limitbestimmungen fallen, sofern die innertäglichen Preisunterschiede größer ausfallen als die jeweils gültige Tagesschwankungsbreite.

Daraus können sich Ausweitungen der Preisspreads zwischen Kassagold und Spotmonat auf der einen und Nicht-Spotmonaten auf der anderen Seite ergeben. Futuresmarktteilnehmer, die aufgrund einer für sie ungünstigen Preisentwicklung ihre Position liquidieren wollen, jedoch vor Erreichung des Tageslimits und der damit verbundenen Aussetzung des Handels mit ihrer Order am Markt nicht durchkommen, sind „locked in". Je nach Stärke des vorliegenden Preistrends kann es trotz variabler Limit-Regeln mehrere Tage dauern, bis sich wieder eine Marktsituation ohne das Vorhandensein von Limit-up/down-Notierungen bei irgendwelchen Kontraktmonaten einstellt (vgl. die in VI. I. 1. angeführten Beispiele aus der Markthistorie), und manche Marktteilnehmer sehen sich daher gezwungen, auf ausländische Goldfuturesmärkte wie London, Singapur oder Hongkong auszuweichen[231], was die dortigen Notierungen zusätzlich destabilisiert.

[231] Vgl. entsprechende Ereignisse an den Goldfuturesmärkten in Hongkong, London sowie an der COMEX Ende Februar 1983 als Folge des Ölpreissturzes, in: Financial Times (Jeremy Stone), 1. März 1983: Durch eine Limit-down-Bewegung an der COMEX entstand der Zwang für viele Händler an anderen Goldfuturesmärkten, z. B. dem L.G.F.M. aktiv zu werden (dort Umsatzrekord von 3 800 100-oz.-Kontrakten); am Hongkonger Goldfuturesmarkt anschließend Preissturz von etwa $ 100,-.

U.S.-Goldfuturesmärkte hemmen somit zwar zunächst durch die Auferlegung von Preisschwankungslimits allzu stark destabilisierende kurzfristige Preisausschläge; gleichzeitig verlagert sich jedoch der Kauf-/Verkaufsdruck aufgrund der Internationalität des Handels an ausländische Goldfuturesbörsen, die keine Tagespreisschwankungslimits kennen und destabilisiert die dortigen Preise.

In diesem Zusammenhang mutet es — aus zweifachem Grunde — sonderbar an, daß gerade Vertreter der Stabilisierungsthese die Existenz von Handelslimits als Schutz vor „major and unwarranted upward or downward price movements"[232] anführen:

Erstens wirken (wie die bisherige Analyse gezeigt hat) gerade die Goldfuturesmärkte preisdestabilisierend und ermöglichen erst Preisausschläge, die Limithöhen erreichen.

Zweitens läßt eine solche Argumentation die oben skizzierten Folgen der internationalen Goldmarktverflechtung außer acht: Auch wenn Preisschwankungslimits an U.S.-Goldfuturesbörsen sehr kräftige Preisimpulse im eigenen Lande zunächst quasi 'gewaltsam' in Grenzen halten, wirkt das Ereignis einer, insbesondere jedoch wiederholter, Limit-up/down-Bewegungen auf manche Marktteilnehmer wie ein „Reizwort", das von ihnen als Signal zum Markteinstieg gewertet wird[233] und zusätzlich destabilisierend wirkt.

c) Wirkungen einer Änderung von Limits hinsichtlich der Höhe spekulativer Positionen

Die Einführung von Limits für spekulative Positionen durch einzelne Futuresbörsen dient wie die Anpassung von Margins und Tagespreisschwankungslimits der Aufrechterhaltung eines geordneten Marktes, einschließlich der Vermeidung potentieller Squeezes und Corners.

Die Art des Preiseinflusses hängt von einer Vielzahl unterschiedlicher Faktoren ab. Dazu zählen die Länge der Zeitperiode, die zur Erfüllung der Positionslimit-Bestimmungen festgesetzt wird, die Verteilung größerer spekulativer Positionen auf der Short- oder Long-Seite des Marktes sowie der Wirkungszusammenhang mit Änderungen anderer Handelsregeln von seiten der Börse zur gleichen Zeit.

An den Goldfuturesmärkten kam man bisher mit den vorgenannten Maßnahmen des 'Finetuning' aus; Limits für spekulative Positionen wurden nicht verhängt. Daher ist die Analyse möglicher Wirkungen von Positionslimits

---

232 Melamed, Leo — „The Sun Never Sets . . .", a.a.O., S. 87.

233 Vgl. Bl. d. d. W. (hi), 9. Februar 1979; vgl. auch Abschnitt VI. I.1.

am Goldmarkt auf Vermutungen bzw. die analoge Betrachtung des Silbermarktes angewiesen.

Die CFTC[234] kommt bei der Untersuchung entsprechender Maßnahmen am letztgenannten Markt 1979/80 zu dem Schluß, daß es nicht möglich sei, die Wirkungen von Positionslimits vor ihrer Einführung vorherzusagen. Sie sieht es als denkbar an, daß die Einführung von Positionslimits durch die COMEX im Januar 1980 einen preistreibenden Einfluß auf die Silbermarktnotierungen und via Arbitrage damit auch auf die Notierungen am physischen Markt ausübte. In der Woche, in der die am Silberfuturesmarkt stark engagierten Mitglieder der Hunt-Familie zur Erfüllung der Positionslimitbestimmungen mehrere, volumenmäßig sehr hohe EFP- (Exchange of Futures Against Physicals) Transaktionen mit Short-Hedgern durchführten, stieg der Silberpreis je Unze um circa $ 10,-. Die im Vergleich zur CBOT-Positionslimitorder am Silberfuturesmarkt vom Oktober 1979 deutlich kürzere Erfüllungsperiode der COMEX-Order vom Januar 1980 dürfte dazu beigetragen haben.

Einen Unterschied dürfte es auch machen, ob Positionslimit-Verfügungen zur ex-ante-Vermeidung oder zur ex-post-Verringerung dominanter spekulativer Positionen getroffen werden. Am Silbermarkt war letzteres der Fall, so daß angenommen werden kann, daß „the immediate effect of imposing limits once those positions were in place may have been to 'drive' the demand into the cash market and hence raise prices."[235]

d) Wirkungen möglicher „Liquidation-only"-Verfügungen

Die Verhängung einer „Liquidation-only"-Order gehört zu dem Paket von Notverordnungen[236], mit dem Futuresbörsen einem unmittelbar bevorstehenden Squeeze oder einer Corner am Markt für eine bestimmte Ware begegnen können. „Liquidation-only" bedeutet, daß (meist mit bestimmten Ausnahmen; vgl. im folgenden) nur noch solche Transaktionen zugelassen werden, die auf die Liquidierung bestehender Positionen gerichtet sind. Da

[234] Vgl. hierzu und im folgenden insbesondere CFTC-Report (29.5.1981), a.a.O., Part II, S. 123 ff.

[235] CFTC-Report (29.5.1981), a.a.O., Part II, S. 123.

[236] Ein „emergency" wird im Act definiert als „. . . in addition to threatened or actual market manipulations and corners, any act of the United States or a foreign government affecting a commodity or any other major market disturbance which prevents the market from accurately reflecting the forces of supply and demand for such commodity: Provided, that nothing herein shall be deemed to limit the meaning or interpretation given by a contract market to the terms 'emergency', or equivalent language in its own bylaws, rules, regulations, or resolutions". aus: Commodity Exchange Act, a.a.O., Section 8a (9).

es aufgrund ständiger Marktüberwachung nur relativ selten zu Konstellationen kommt, die einen unmittelbar bevorstehenden Squeeze oder eine Corner vermuten lassen, ist die Zahl der „Liquidation-only"-Verfügungen an Futuresmärkten sehr gering. Entsprechend engt sich dadurch der Erfahrungs- und Bewertungsspielraum hinsichtlich möglicher Wirkungen solcher Maßnahmen ein.

Beim Goldfuturesmarkt war zeit seiner Existenz eine „Liquidation-only"-Verfügung (bis zum Abschluß der vorliegenden Untersuchung) nicht vonnöten. Zwei Konstellationen jüngeren Datums allerdings, anhand derer man die möglichen Wirkungen des „Liquidation-only" diskutieren kann, finden sich am Silberfuturesmarkt[237] im Januar 1980 und am Kaffeemarkt[238] im Juni 1977. — Der Seltenheit von „Liquidation-only"-Verfügungen entsprechend gibt es keine Studien, die etwa denen über den Einfluß von Margin-Veränderungen vergleichbar wären, so daß eine Analyse weitgehend auf theoretische Erwägungen sowie die Befragung kenntnisreicher Marktinsider/teilnehmer angewiesen ist.

Um eine „Corner" oder einen „Squeeze" und die damit verbundenen meist spektakulären Preissteigerungen zu verhindern, erhofft sich die — Kontrolle über den Futuresmarkt ausübende — Börse als Folge einer „Liquidation-only"-Order einen Abbau der Zahl offener Positionen sowie, anschließend an eine Verlangsamung des Preisanstiegs, einen graduellen Preisrückgang auf ein mit einem 'normalen' Markt vereinbares Niveau. Neben dem Abbau des Open Interest hat eine „Liquidation-only"-Bestimmung Umsatzrückgang (verminderte Liquidität) zur Folge, da weder neue noch zusätzliche Positionen aufgebaut werden können.

---

[237] Im Gefolge der „Hunt-Krise" am Silbermarkt verfügte die COMEX/N.Y. am 21. Januar 1980 „Liquidation-only" für alle Kontraktmonate mit folgenden Ausnahmen: Teilnahme am Handel um effektive Lieferung zu bewirken, um Positionen von einem auf einen anderen Monat zu verlagern, um eine EFP-Transaktion zu tätigen oder/und um Spreads in solchen Monaten zu erleichtern, in denen die Preise bereits das Tageslimit erreicht hatten.

Die „Liquidation-only"-Bestimmung wurde, nachdem die Gefahr eines Squeeze gebannt schien, von der COMEX am 13. Februar 1980 aufgehoben.

Die CBOT erließ eine entsprechende „Liquidation-only"-Order einen Tag später, am 22. Januar 1980, die sich auf die Kontraktmonate Januar, Februar, März 1980 beschränkte. Zusätzlich verfügte die CBOT, daß alle Positionen des Februarkontrakts 1980 pro Woche um 25 % reduziert werden mußten. 3 Tage später, am 25. Januar 1980, bestimmte die CBOT in Erleichterung der Maßnahmen vom 22. Januar die Zulassung innertäglichen Handels, der nicht zum (weiteren) Aufbau von Positionen führe. — Vgl. CFTC-Report (29.5.1981), a.a.O., Part II, Attachments A und B.

[238] Am Kaffeemarkt wurde u.a. als Folge einer akuten Knappheit an Spotware am 28. Juni 1977 eine „Liquidation-only"-Restriktion eingeführt, die bis in den Juli hinein fortbestand. Als Ausnahme war das Neuengagement in Short-Positionen zugelassen, wenn der Marktteilnehmer den Besitz von Spot-Kaffee nachweisen konnte.

Verminderte Liquidität legt die Vermutung daraus resultierender stärkerer Preisschwankungen nahe, wie sie in Form von 'Overshooting'-Phänomenen beobachtet werden können. Die Kausalitätsrichtung bei 'unterdrückter' Spekulation infolge einer „Liquidation-only"-Order verläuft allerdings im Vergleich zu einer Situation mit breiter Publikumsspekulation umgekehrt: Im ersten Falle ist die stark verminderte Liquidität die verursachende, preistreibende Komponente (der Risikotransfer ist eingeschränkt), während im letzteren Falle die Folgen der breiten Publikumsbeteiligung destabilisierend wirken.

Für den Fall, daß bei der „Liquidation-only"-Verfügung weder für Shorts, noch für Longs hinsichtlich des Markteintritts Ausnahmen existieren und auch keine anderen Bestimmungen ein-seitige Positionsliquidationen vorschreiben, ist zu erwarten, daß der Preiseffekt weder nach oben noch nach unten verzerrt wird.[239] — Interviewergebnisse der CFTC mit Positionsinhabern von Kaffeefutureskontrakten (Juli-Kontrakt 1977) lieferten allerdings eine Bestätigung dafür, daß die „Liquidation-only"-Verfügung eine Signalwirkung ausübte: „Traders felt the liquidation order, effective June 28, 1977, caused prices to increase. Their reasoning was that the order signalled to the market that the threat of a severe squeeze had become reality."[240] Die Preissteigerungen aufgrund der Signalwirkung überkompensierten dabei scheinbar den preisdämpfenden Einfluß durch neu begründete Short-Positionen im Rahmen der Ausnahmebestimmungen der „Liquidation-only"-Order (physische Ware mußte in gleicher Menge vorhanden sein).

Ihre Erfahrungen an Silber- (1980) und Kaffeemarkt (1977) zusammenfassend, stellt die CFTC fest, „... it cannot be concluded that the price effect of a liquidation-only order will necessarily decrease price in a situation where available supply is limited."[241]

4. Zusammenfassung der wichtigsten Arbeitsergebnisse

1. Gold nimmt unter Commodities, die an Futuresbörsen gehandelt werden, eine Sonderstellung ein. Ergebnisse von Untersuchungen des Futuresmarkteinflusses auf die Spotpreise bei anderen Commodities können daher nicht auf den Goldmarkt übertragen werden.

2. Aufgrund ungehindert funktionierender Arbitrage zwischen den internationalen Zentren des Goldkassa-, -Cash-forward- und -futureshandels ist

[239] Vgl. CFTC-Report (29.5.1981), a.a.O., Part II, S. 122.

[240] Ebenda, S. 122.

[241] Ebenda, S. 122 f.

eine kontinuierliche Preisinterdependenz dieser Märkte gegeben. Preisimpulse *eines* Marktes spiegeln sich daher auch in den anderen Märkten wider.

3. Die These, daß die Goldfuturesmärkte den Risikotransfer im Vergleich zu Cash-forwardmärkten für Hedger nennenswert erleichtert haben und dadurch — via Arbitrage — stabilisierend auf die Spotmarktpreise einwirken, findet keine Bestätigung.

4. In der überwiegenden Mehrzahl der Fälle üben die führenden U.S.-Goldfuturesmärkte die Rolle eines international dominierenden Preisführers aus. Nur unter ganz speziellen Bedingungen geht — entsprechend selten — eine Preisführerschaft von den europäischen Spotmärkten aus.

5. Die Teilnahme des breiten Publikums ('Amateurspekulanten') mit inferiorem Informationsstand am Goldfutureshandel hat zu Preisdestabilisierung geführt, die sich via Arbitrage auf die Spotmärkte überträgt.

6. Berufsspekulanten nutzen ihren superioren Informationsstand und üben dadurch ebenfalls — via Arbitrage — destabilisierende Einflüsse auf die Spotmärkte aus.

7. Gleichfalls die Spotmärkte destabilisierend wirken technische Einflüsse (wie insbesondere Deckungskäufe und -verkäufe) sowie manipulative Aktivitäten (hier in erster Linie die Verbreitung von Gerüchten) an den Goldfuturesmärkten.

8. Börsenstatutengemäße Änderungen der Handelsregeln an Goldfuturesmärkten können dann zu einer Preisstabilisierung beitragen, wenn sie auf Markteintrittsmöglichkeiten und Marktzusammensetzung in geeigneter Weise Einfluß nehmen und dadurch am Markt bereits wirksame preisdestabilisierende Faktoren abbauen bzw. potentiell neu hinzukommende verhindern.

9. Insgesamt liefert die vorliegende Arbeit das Ergebnis eines — via Arbitrage — destabilisierenden Einflusses der führenden Goldfuturesmärkte in den USA (COMEX und IMM) auf die Notierungen an den europäischen Kassamärkten.

Die großen U.S.-Goldfuturesmärkte dominieren dabei in entscheidendem Maße die kurzfristigen Goldpreisbewegungen.

Die Loslösung goldfuturesmarkt-induzierter Goldpreisbewegungen von den Nachfrage-/Angebotsgegebenheiten an den europäischen Spotmärkten kann im Einzelfall von wenigen Stunden über mehrere Tage bis zu einigen Wochen dauern, bevor sich schließlich wieder eine (Rück)anpassung der Preise an die Nachfrage-/Angebotsgegebenheiten an den Spotmärkten vollzieht. Letztere determinieren damit zwar weiterhin das langfristigdurchschnittliche Goldpreisniveau; maßgeblicher Faktor bei den kurzfristigen Goldpreisschwankungen sind jedoch weitestgehend die führenden U.S.-Goldfuturesmärkte.

Zusammenfassung

Die Arbeit behandelt die Frage nach den Wirkungen der großen U.S.-Goldfuturesmärkte auf die Kassanotierungen für physisches Gold in Europa.

Die ersten fünf Kapitel liefern die Grundlagen für den argumentativen Hauptteil. Kapitel I verdeutlicht die Entwicklung der Goldfuturesmärkte bis heute. Kapitel II begründet die Sonderstellung von Gold als Ware und Geldsubstitut im Vergleich zu anderen an Futuresmärkten gehandelten Commodities. Kapitel III liefert eine Systematik der Goldhandelsgeschäfte und deren technischer Abwicklung. In den Kapiteln IV und V schließlich werden die wichtigsten Märkte für Goldfutures bzw. für andere Handelsformen vorgestellt.

Die Untersuchung zeigt, daß ungehindert funktionierende Arbitrage zwischen den verschiedenen Goldmärkten zu einem kontinuierlichen Preiszusammenhang dieser Märkte führt und sich so Preisimpulse eines Marktes auch in den anderen Märkten widerspiegeln.

Die Analyse macht transparent, welche potentiell stabilisierenden Faktoren zu berücksichtigen sind und warum die Stabilisierungsthese am Goldmarkt keine Bestätigung finden kann.

Ebenso werden mögliche *de*stabilisierende Faktoren daraufhin untersucht, ob sie am Goldmarkt in Erscheinung treten.

Die Feststellung des Auftretens und Zusammenwirkens einer Reihe solcher Faktoren wie z. B. der Teilnahme des breiten Publikums einerseits und professioneller Marktteilnehmer andererseits, technischer Einflüsse in Form von Deckungstransaktionen sowie manipulativer Aktivitäten führen zu der Beobachtung einer entscheidenden Dominanz der Goldfuturesmärkte bei der Preisfindung für physisches Gold.

Die Arbeit macht es sich dabei zur Aufgabe, die spezifischen Bedingungen zu umreißen, unter denen *de*stabilisierende Goldfuturesmarkteinflüsse an den Kassamärkten vornehmlich wirksam werden sowie umgekehrt Konstellationen eines weniger dominierenden Einflusses der Goldfuturesmärkte zu definieren.

Summary

This thesis discusses the effects of the large US gold futures markets on spot prices of physical gold in Europe.

The first five chapters provide the basis for the argumentative main part. Chapter I illustrates the development of gold futures markets todate. Chapter II gives the reasons for the special position of gold as a commodity and monetary substitute compared to the other commodities traded on futures markets. Chapter III consists of a systematic outline of gold trading operations and their technical handling. Finally, Chapters IV and V give a description of the most important markets for gold futures and/or other forms of trade.

This study shows that smooth arbitrage transactions between different gold markets result in a continuous price relationship as between those markets and that price impulses recorded on one market are consequently reflected by the other markets as well.

The analysis clearly shows what potentially stabilizing factors must be taken into account and why the stabilization assumptions have not been confirmed by gold markets.

Likewise, potentially *de*stabilizing factors are analyzed as to whether they make themselves felt on gold markets.

The finding that a number of such factors coincide and interact, e. g. participation of the general public on the one hand and professional market participants on the other, technical influence in the form of covering transactions as well as manipulation have resulted in the observation that gold futures markets play a dominant role in the pricing of physical gold.

It is thus one of the tasks of this thesis to sketch out the specific conditions under which *de*stabilizing influences on gold futures markets make themselves felt on spot markets in the first place as well as, conversely, to define situations in which the dominant influence of gold futures markets is less strong.

Résumé

Le travail traite la question suivante: comment les grands marchés américains des opérations à terme de l'or (gold futures markes) influencent-ils les cotations au comptant pour l'or physique en Europe?

Les cinq premiers chapitres livrent les bases de l'argumentation. L'évolution des marchés des opérations à terme de l'or jusqu'aujourd'hui est expliquée au chapitre I. Le chapitre II justifie la position particulière de l'or en tant que marchandise et substitut de l'argent en comparaison avec d'autres marchandises traitées sur des marchés des opérations à terme. Au chapitre III, l'auteur systématise les opérations du commerce de l'or et leur déroulement technique. Pour terminer, les marchés les plus importants pour les opérations à terme de l'or ou pour d'autres formes commerciales sont présentés dans les chapitres IV et V.

L'analyse montre qu'un arbitrage libre entre les différents marchés de l'or met les prix de ces marchés en relation continuelle et que des impulsions de prix d'un marché se reflètent ainsi également dans les autres marchés.

L'analyse révèle quels sont les facteurs potentiellement stabilisants qu'il faut considérer et pourquoi la thèse de stabilisation ne peut pas se confirmer sur le marché de l'or.

De la même manière, l'auteur analyse d'éventuels facteurs déstabilisants pour savoir s'ils apparaissent sur le marché de l'or.

L'apparition et l'effet concomitant d'une série de facteurs tels que, par exemple, la participation du large public, d'une part, et d'usagers du marché professionnels, d'autre part, des influences techniques sous forme de transactions de couverture ainsi que des activités manipulatrices font observer ceci: les marchés des opérations à terme de l'or dominent de façon décisive lors de la formation des prix de l'or physique.

Dans le travail, l'auteur ébauche les conditions spécifiques sous lesquelles des influences déstabilisantes du marché à terme de l'or prennent particulièrement effet sur les marchés au comptant. Il définit également vice-versa des constellations d'une influence moins dominante des marchés des opérations à terme de l'or.

Literaturverzeichnis

Abken, Peter A.: „The Economics of Gold Price Movements", in: Federal Reserve Bank of Richmond, Bimonthly Review, Vol. 66, March/April 1980, S. 3-13

Aliber, R. Z.: „Speculation and Price Stability Once Again", in: The Journal of Political Economy, Chicago, Vol. 72, 1964, S. 607 ff.

American Bureau of Metal Statistics: Yearbook (bis 1973), N. Y.

American Gold News, Ione, California

American Metal Market: Metal Statistics, New York

Ammann, Johannes: „Rückblick auf sieben Jahrzehnte Schweizerischer Goldpolitik", in: Wirtschaft und Recht, Zürich, Bd. 30, 1978/1, S. 54-66

Anderson, Oliver D.: Analysing Time Series: Proceedings of the International Conference held on Guernsey, Channel Islands, Oct. 1979; ed. by O. D. Anderson, Amsterdam, New York 1980

— Forecasting: Proceedings of the Institute of Statisticians Annual Conference, Cambridge 1976; ed. by O. D. Anderson, Amsterdam, New York 1979

— Time Series Analysis and Forecasting — The Box-Jenkins Approach, London, Boston 1976

Anderson, P. A.: Rational Expectations Forecasts from non-rational Models; Federal Reserve Bank of Minneapolis, Research Department, Staff Report 19, April 1978

Aron, J.: Annual Gold Review and Outlook, New York, February 1981

— Annual Gold Review and Outlook, New York, April 1982

— Gold Statistics and Analysis, New York, January 1981

— Gold Statistics and Analysis, New York, December 1981/Jan. '82

— Interim Update on Gold, New York, September 1982

Arrow, Kenneth J.: „Futures Markets: Some Theoretical Perspectives", in: The Journal of Futures Markets, Vol. 1, No. 2, Summer 1981, S. 107-116

— Social Choice and Individual Values, 2nd ed., New Haven 1978

Bank für Internationalen Zahlungsausgleich: Jahresberichte, Basel

Bank Leu: „Der Goldhandel in der Bank Leu", o. V., Manuskript eines Vortrags der Bank, Zürich 1981

The Banker, diverse Ausgaben

Bandulet, Bruno: „Eine schwarze Flüssigkeit, ein gelbes Metall, ein grünes Papier", in: Transatlantik, November 1980, S. 44 ff.

Barnhill, Theodore M. u. James *Powell:* „Silver Price Volatility: A Perspective on the July 1979 — April 1980 Period", in: The Journal of Futures Markets, Vol. 1, No. 4, Winter 1981, S. 619-648

Baumol, W. J.: „Reply", in: The Review of Economics and Statistics, Vol. 41, 1959, S. 302 ff.

Bearman, Arlene Erlich u. Betsey Epstein *Kuhn:* „A Note on the Efficiency of the Treasury Bill Cash and Futures Markets", Washington 1980, mimeo

Beckers, Stan: „On the Efficiency of the Gold Options Market", Working Paper 82-24 des European Institute for Advanced Studies in Management, Brüssel, Mai 1982, S. 3

Beckhard, Israel: „The Small Investor's Guide to Gold, New York 1979

Bergstein, C. Fred: „The Gold Policy of the United States", in: Bergstein (Hrsg.): The International Economics Policy of the United States, S. 55-61, Lexington, Mass.; Toronto, 1980

Bingham, Henry J.: „The Other Side of Gold (as an Investment and as Money)", in: Financial Planner, Vol. 10, May 1981, S. 84 ff.

Black, Fisher: „The Pricing of Commodity Contracts", in: Journal of Financial Economics, Vol. 3 (1976), S. 167 ff.

Blau, Gerda: „Some Aspects of the Theory of Futures Trading", in: Peck, Anne E. (ed.): Selected Writings on Futures Markets, Chicago 1977, S. 5-40

Blick durch die Wirtschaft, diverse Ausgaben

Blumberg, Daniel A.: „Is Gold an Over-Valued Commodity?", in: Financial Planner, Vol. 9, January 1980, S. 44-47

Bolsa de Mercadorias de Sao Paulo: Resolucoes Da Diretoria Relativas Ao Mercado A Termo de Ouro — 1000 gr., o. J. (Mitte 1981)

— Resolucoes Da Diretoria Relativas Ao Mercado A Termo De Ouro — 250 gr., o. J. (Ende 1982)

Boonekamp, Clemens: The Demand for Gold As An International Reserve Asset, Dissertation, Brown University, 1976

Borthwick, John R.: „Recent Developments in the Role of Monetary Gold", in: Development Digest, National Planning Association, Washington, D. C., Vol. 15, 1977, No. 4, S. 49-64

Box, G. E. P. u. G. M. *Jenkins:* „Some Recent Advances in Forecasting and Control. Part I", in: Applied Statistics, London, Vol. 17, 1968, S. 91-109

— Time Series Analysis, Forecasting and Control, San Francisco 1976

Breeden, Douglas T.: Variability in Gold and Silver Futures Spreads, Center for the Study of Futures Markets, Working Paper No. 3, New York, December 1979

Breitling, Günter et al.: Das Buch vom Gold, Luzern 1975

Brock, Horace W.: „The Future World Price of Gold", Supplement to Optima, Vol. 30, No. 2, 1981

Brode, Günter: „Die Entwicklung des Goldpreises; Gradmesser für die zunehmende Instabilität der kapitalistischen Weltwirtschaft", in: Institut für internationale Politik und Wirtschaft der DDR, Berlin, IWP-Berichte, 9/1980.2, S. 42-47

Brodsky, David A. u. Gary P. *Sampson:* „The Value of Gold as a Reserve Asset", in: World Development, Vol. 8, 1980, No. 3, S. 175-192

Bronfenbrenner, M.: „On Dumping Gold", in: The South African Journal of Economics, Cape Town, Vol. 46, 1978, No. 4, S. 352-359

Brooks, William A. et al.: „Testing a Model for Predicting Commodity Futures Prices", in: The American Economist, Vol. 24, Spring 1980, S. 24-31

Brown, Bryan W. u. S. *Maital*: „What do Economists Know? An Empirical Study of Expert's Expectations", in: Econometrica, Vol. 49, March 1981, S. 491-504

Brown, R. N.: „The Price of Gold. A Do-It-Yourself Forecasting Kit", in: International Currency Review, London, Vol. 3, 1981, No. 2, S. 5-18

Browne, G. W. G.: „Gold in International Trade and Finance", in: The International Essays for Business Decision Makers, Vol. 3, Publication for the Center for International Business AMACOM, A Division of American Management Associations, Houston, Dallas, 1978

Burger, Albert E.: „Monetary Effects of the Treasury Sale of Gold", in: Federal Reserve Bank of St. Louis, Review, Vol. 57, 1975, No. 1, S. 18-22

Burns, Joseph M.: „Electronic Trading in Futures Markets", in: Financial Analysts Journal, January-February 1982, S. 33-41

Bushnag, Suleiman M.: The Non-Monetary Demand for Gold, with an Emphasis on and Analysis of the Demand for Gold in the U.S. 1955-68, Dissertation, Catholic University of America, 1972

Business Week: (o. V.) „A Return to the Gold Standard- (Why Reagan Wants it. How it would be done. How it might work)", 21. September 1981, S. 114-120

— „How the Gold Boom is Escalating Economic Instability", 11. February 1980, S. 82-84

Busschau, W. J.: „Future Trends in Gold Production", in: Kyklos, Vol. 20, 1967, S. 728-741

Butler, William F. u. Mo-Jung *Che*: „Gold and Silver as Monetary Metals", in: Economics of the Mineral Industries. American Institute of Mining, Metallurgical, and Petroleum Engineers, 3rd ed., New York 1976

Caldwell, J. Alexander: „Gold: The Fundamentals Behind the Frenzy", in: Euromoney, February 1980, S. 110-120

The Canadian Financial Futures Market: Basis for Grading, Contract Quantities, Margin and Commission Schedule; jeweils aktuelle Fassung

— Gold Futures and Options, By-Laws and Regulations, Winnipeg, January 1981

Canadian Mining Journal, Westmount, Quebec, Canada

Cappozza, D. u. B. *Cornell*: „Treasury Bill Pricing in the Spot and Futures Markets", in: Review of Economics and Statistics, November 1979, S. 573-520

Carabini, Louis E.: Everything You Need to Know About Gold and Silver, New Rochelle, N. Y., 1974

Cargill, T. F. u. G. C. *Rausser*: *„Temporal Behavior in Commodity Futures Markets", in: The Journal of Finance, Vol. 30, No. 4, September 1975, S. 1043-53*

Cavelti, Peter C.: How to Invest in Gold, Chicago, 1979

CEDEL-Information, Nr. 257, 13. März 1981: „Gold Fixing at the Luxembourg Stock Exchange".

Chamber of Mines of South Africa: Gold Bulletin, Johannesburg

Chicago Board of Trade: Commodity Futures Trading: A Bibliography, Chicago, 1979

— Commodity Futures Trading Manual, Chicago, 1980

— 1 Kilo Gold Futures, Chicago, April 1983

— Statistical Annuals

Chicago Mercantile Exchange: Bibliography and Information Source List, Chicago, 1980

Chow, D. u. D. *Brophy*: „The U. S. Treasury Bill Futures Market and Hypotheses Regarding the Term Structure of Interest Rates", in: Financial Review, Fall 1978

Chua, J. u. R. S. *Woodward*: „Gold As An Inflation Hedge: A Comparative Study of Six Major Industrial Countries", in: Journal of Business Finance and Accounting, Vol. 9, 1982, No. 2, S. 191-197

Cocheo, Steve: „Paper-Gold Accounts: How A Few Banks Are Handling Them (Gold Based Certificates or Passbooks)",in: The Banking Journal, Vol. 71, 1979, S. 132 ff.

Commodities, Parkade Falls, Iowa

Commodity Exchange (N. Y.): COMEX Gold Futures & Options, Pocket Guide, o. J. (1982)

— Gold By-Laws, Gold Rules, New York, o. J., current issues

— Gold Futures, New York, February 1982

— Gold Futures and Options — Pocket Guide, New York, o. J. (Ende 1982)

— Options on COMEX Gold Futures, New York, o. J. (Ende 1982)

— Statistical Yearbook 1977, 1978, 1979, 1980, 1981

Commodity Exchange Act as Amended and Regulations Thereunder, Chicago, revised edition, June 1981

Commodity Futures Trading Commission: Annual Reports, Washington

— Commitmends of Traders in Commodity Futures, monthly, (für Gold: 1.1.1979-31.12.1981)

— Glossary of Some Terms Commonly Used in the Futures Trading Industry, Washington, 1980

— Report of the Commodity Futures Trading Commission on Recent Developments in the Silver Futures Market, Committee Print, U.S. Government Printing Office, Washington, May 1980

— Report to the Congress in Response to Section 21 of the Commodity Exchange Act, Publ. No. 96-276, 96th Cong., 2nd Session, Section 7, 94 Stat. 542, June 1, 1980; Washington, May 29, 1981

Commodity Research Bureau: Commodity Yearbooks, New York

Consolidated Gold Fields: Gold 1974, 75, 76, 77, 78, 80, 81, 82

Coombs, Charles Ira: Gold and Other Precious Metals, New York, 1981

Cornell, Bradford: The Relationship between Volume and Price Variability in Futures Markets, Center for the Studies of Futures Market (CSFM-) Working Paper Series No. 6, New York University, New York, 1980

Cox, C. C.: „Futures Trading and Market Information", in: Journal of Political Economy, Vol. 84, Nov. 1976, S. 1215-1237

Cox, J. C.; J. E. *Ingersoll* u. St. A. *Ross*: „The Relation Between Forward Prices and Futures Prices", in: Journal of Financial Economics, Vol. 9 (1981), S. 321-346

Coyne, Herbert J.: „Gold Use as a Hedge Preserves Values, Honors Rule of Prudence", in: The Money Manager, July 1976, S. 5 ff.

Culbertson, W. P.: „GNMA Futures Trading: Its Impact on the Residential Mortgage Market", unpublished, undated working paper, Louisiana State University

Dansey, Cyril M.: „Non-official Transactions in Gold. Their Effect Upon Exchange Markets", in: The International Market for Foreign Exchange, New York, London u.a., 1969

Danthine, J. P.: „Martingale, Market Efficiency and Commodity Prices", in: European Economic Review, Vol. 10, October 1977, S. 1-17

Davenport, John A.: „The New Allure of the Gold Standard", in: Fortune, Vol. 101, April 7, 1980, S. 86 ff.

Davies, Kathryn: „The Gold Exchange of Singapore — Trading Volume Improves", in: Financial Times Survey — Gold Futures, vom 20. April 1982

Dealtry, Michael G.: „Die monetäre Rolle des Goldes", Vortrag gehalten am 24.10.1978 in Bonn, in: Kredit und Kapital, Jg. 12, 1979, S. 83-100

Deutsche Bundesbank: „Goldtransaktionen in der Zahlungsbilanz der Bundesrepublik", in: Monatsberichte der Deutschen Bundesbank, Frankfurt, Jg. 32, 1980, Nr. 5, S. 28-31

Dondelinger, Albert: „Das Goldgeschäft in Luxemburg", in: Börsenzeitung, 8. Mai 1982

Dreman, David N.: Contrarian Investment Strategy: The Psychology of Stock Market Success, 1st ed., New York, 1979

Driehuis, W. (ed.): Primary Commodity Prices: Analysis and Forecasting, Rotterdam, 1976

Dusak, K.: „Futures Trading and Investor Returns: An Investigation of Commodity Market Risk Premiums", in: Journal of Political Economy, November 1973, S. 1387-1406

Düver, Frank: Gold und Sonderziehungsrechte: Eine währungstheoretische und währungspolitische Untersuchung, Dissertation, Frankfurt, Zürich, 1975

Ederington, Louis H.: „The Hedging Performance of the New Future Markets", in: The Journal of Finance, Vol. 34, No. 1, March 1979, S. 157-170

Einzig, Paul: The Destiny of Gold, New York, 1972

European Options Exchange: Annual Report 1981, Amsterdam, April 1982

— Explanatory Memorandum Gold Options, Amsterdam, Juni 1981

— Goldoptionen, Amsterdam, o. J. (1981)

Fama, Eugene F.: „Efficient Capital Markets: A Review of Theory and Empirical Work", in: Journal of Finance, Vol. 25, May 1970, S. 383-417

— Forward Rates as Predictors of Futures Spot Rates", in: Journal of Financial Economics, Vol. 3, No. 4, October 1976, S. 361-377

Feder, G. et al.: „Futures Markets and the Theory of the Firm under Price Uncertainty", in: Quarterly Journal of Economics, Vol. 94, March 1980, S. 317-328

Federal Reserve Bank of New York: „International Diversification By United States Pension Funds", in: Quarterly Review, Autumn 1981, Vol. 6, No. 3

Feiger, G. M.: „Divergent Rational Expectations Equilibrium in a Dynamic Model of a Futures Market", in: Journal of Economic Theory, Vol. 17, April 1978, S. 164-178

Feldstein, M.: „Inflation, Tax Rules and the Prices of Land and Gold", in: Journal of Public Economics, Amsterdam, Vol. 14, 1980, No. 3, S. 309-317

Figlewski, Stephen u. Paul *Wachtel:* „The Formation of Inflationary Expectations", in: The Review of Economics and Statistics, Vol. 43, No. 1, February 1981, S. 1-10

Figlewski, Stephen: „Futures Trading and Volatility in the GNMA Market", in: Journal of Finance, May 1981, S. 445-456

— „Market Efficiency in a Market with Heterogenous Information", in: Journal of Political Economy, Vol. 86, No. 4, August 1978, S. 581-597

Financial Times, London, diverse Ausgaben

— Gold and the International Monetary System, 11 & 12 May 1982, Conference Proceedings, London 1982

Flumiani, Carlo Maria: The Gyrations of the Dollar and the Deceit of Gold, Albuquerque, Institute for Economic & Political World Strategic Studies, 1978

Fortune: (o. V.): „The Message from the Gold Markets", 5. November 1979, S. 54-72

Frankfurter Allgemeine Zeitung, diverse Ausgaben

Frankfurter Wertpapierbörse: Die Frankfurter Devisenbörse, Frankfurt, April 1982

Frey, Walter: „Gold, wohin?", in: Der Monat in Wirtschaft und Finanz, Schweizerischer Bankverein, Wirtschaftsstudien, Basel, 1975, No. 4, S. 1-5

— „The International Gold Market", in: The Journal of Social and Political Studies, Washington, Spring/Summer 1980, S. 39-48

Friedman, Milton A.: Essays in Positive Economics, Chicago 1953

Froewiss, Kenneth: „GNMA-Futures: Stabilizing or Destabilizing?", in: Federal Reserve Bank of San Francisco, Economic Review, Spring 1978

Fuchs, Hans G. (Hrsg.): Gold, Rohstoff-Hortungsmetall-Währungsmetall, Frankfurt 1981

Garbade, K. u. W. *Silber:* „Price Movements and Price Discovery in Futures and Cash Markets", in: Review of Economics and Statistics, 2 (1983), S. 289 ff.

Gardner, R. M.: „The Effects of the T-Bill Futures Market on the Cash-T-Bill Market", unpublished, undated paper for the Chicago Mercantile Exchange

Garibal, Michael: „Das Gold ist noch nicht tot", in: Vision, Das europäische Wirtschaftsmagazin, 1973, No. 29, S. 37-41

Gemmill, Gordon: „Financial Futures in London: Rational Market or New Casino?", in: National Westminster Bank, Quarterly Review, February 1981, S. 2-13

Gidlow, R. M. : „Dollars, Gold and Substitution Accounts", in: The South African Journal of Economics, Vol. 48, December 1980, S. 398-414

Giles, D. E. A. u. B. A. *Goss:* „Futures Prices as Forecasts of Commodity Spot Prices", Monash University, Dept. of Economics, Seminar Paper, Clayton, Victoria, Australia, May 1980

Gold Exchange of Singapore: Annual Reports, Singapur

Gold und Geld, Hrsg.: Bruno Bandulet; seit 1981: Gold & Money Intelligence

Gold & Money Intelligence, Hrsg.: Bruno Bandulet, Zug, Schweiz

Gold Newsletter, Hrsg.: James U. Blanchard, Los Angeles, USA

Gold, Preise, Inflation — herausgegeben von den Sozialistischen Studiengruppen, Hamburg, 1979

The Gold Standard: Its History and Record Against Inflation. A Study Prepared for the Use of the Subcommittee on Monetary and Fiscal Policy of the U.S., Nr. 83-769, o. J. (Anfang 1982)

Goldsmith, Oliver Scott: „Market Allocation of Exhaustive Resources", in: Journal of Political Economy, Vol. 82, Sept./Okt. 1974, S. 1035-1040

Goss, B. A.: The Theory of Futures Trading, London, Boston, 1972

Gray, Roger: „Onions Revisited", in: Journal of Farm Economics, Vol. 45, May 1963

— „Why Does Futures Trading Succeed or Fail: An Analysis of Selected Commodities", in: Futures Trading Seminar, Proceedings, S. 115-137, New York, o. J.

Great Britain. Parliament. House of Commons. Select Committee on The High Price of Gold Bullion: Report from the Select Committee on the High Price of Gold Bullion, New York, 1979

Green, Timothy: „Changing Patterns in the Middle East Gold Market", in: Journal of Social and Political Studies, Vol. 5, Winter 1980, S. 191-199

— How to Buy Gold, New York, 1975

— Die Schmuggler. Praktiken und Profite der Syndikate, Frankfurt, 1970

— The World of Gold, New York, 1973

Greene, Mark D. u. Oscar *Serbein*: Risk Management: Text and Cases, Reston, Virginia, 1978

Grossman, Sanford J.: „The Existence of Futures Markets, Noisy Rational Expectations and Informational Externalities", in: Review of Economic Studies, Vol. 44, No. 3, October 1977, S. 431-449

— „On the Efficiency of Competitive Stock Markets Where Traders have Diverse Information", in: Journal of Finance, Vol. 31, May 1976, S. 573-585

Grossman, S. J. u. J. F. *Stiglitz*: „Information and Competitive Price Systems", in: American Economic Review, Vol. 66, 1976, Papers and Proceedings, S. 246-253

— „On the Impossibility of Informationally Efficient Markets", in: American Economic Review, Vol. 70, 1980, S. 393-408

Grünwald, Leonhard: Optionsmarkt und Kapitalmarkteffizienz, München 1980

Hafer, R. W. u. David H. *Resler*: „The 'Rationality' of Survey-Based Inflation Forecasts", in: Federal Reserve Bank of St. Louis, monthly review, Vol. 62, November 1980, S. 3-11

Halm, George N.: A Guide to International Monetary Reform, Lexington, Toronto, London, 1975

Hamacher, Rolf Josef: „Anlagealternativen in Gold", in: Die Bank, 7/1982, S. 331-336

Handelsblatt, diverse Ausgaben

Hargreaves, Alan: „Futures: Hong Kong Goes for Gold", in: Asian Business, Vol. 16, June 1980, S. 22-29

Hawtrey, Ralph G.: The Gold Standard in Theory and Practice, 5th ed., Westport, Connecticut, 1980

— „Mr. Kaldor on the Forward Market", in: Review of Economic Studies, Vol. 7, 1939-40, S. 202-205

Hayek, Friedrich A. von: Entnationalisierung des Geldes, Tübingen 1977

Hazlitt, Henry: „Gold Versus Fractional Reserves", in: Freeman, Vol. 29, May 1979, S. 259-266

— „How to Return to Gold", in: Freeman, Vol. 30, September 1980, S. 523-526

Hellwig, Martin: „Rational Expectations Equilibrium with Conditioning on Past Prices: A Mean-Variance Example", Discussion Paper, Bonn, No. 82, September 1981

— „Zur Informationseffizienz des Kapitalmarktes", in: Zeitschrift für Wirtschafts- und Sozialwissenschaften, 102. Jg., 1982, Heft 1, S. 1-27

Tony Henfrey's Gold Letter

Hieronymus, Thomas A.: Economics of Futures Trading, For Commercial and Personal Profit, New York, 1977

Hobson, Ronald: Futures Trading in Financial Instruments, Washington, Commodity Futures Trading Commission, October 1978

Hoehn, James G.: „Back to Gold?" in: Federal Reserve Bank of Dallas, Voice of the Federal Reserve Bank of Dallas, March 1981, S. 1-10

Hong Kong Commodity Exchange: Rules for Gold, Administrative Procedures for Gold, o. J. (1982)

Hoppe, Donald J.: How to Invest in Gold Stocks and Avoid the Pitfalls, New Rochelle, N. Y., 1972

Horwood, O. P. F.: „The Monetary Role of Gold. The Need for a Reappraisal", in: The South African Journal of Economics, Cape Town, Vol. 46, 1978, No. 4, S. 326-336

Houthakker, H. S.: „Can Speculators Forecast Prices?", in: Peck, Anne (ed.): Selected Writings on Futures Markets, Chicago, 1977, S. 155-166

— „The Scope and Limits of Futures Trading", in: Abramovitz, Moses et al. (ed.): The Allocation of Economic Resources, Stanford, 1959, S. 134-159

Humboldt, Alexander: The Fluctuations of Gold, New York, 1971

Humphrey, Don D.: „The Case for Gold", in: Leading Issues in International Economic Policy. Essays in Honor of George N. Halm, Lexington, London, 1973, S. 81-98

Imhof, Eckard Paul: „Das Ende des Goldmythos", in: Monatsblätter für Freiheitliche Wirtschaftspolitik, Frankfurt, Bd. 21, 1975, S. 5 f.

Institute for Economic & Financial Research: New International Monetary Developments and the Approaching Collapse in the Price of Gold, Albuquerque, 1979

International Currency Review: (o. V.) „The Revaluations of International Gold Reserves", Vol. 2, 1979, No. 4, S. 46-51

— (o. V.): „Soviet Foreign Debt and Gold Sales Policy", Vol. 2, 1979, No. 2, S. 56-59

International Gold Corporation: A Gold Pricing Model, New York, August 1981

— A Gold Pricing Model, Enhancements and Update, New York, February 1982

— Above Ground Stocks of Gold — Amounts of Distribution, New York, October 1982

— The Application of Modern Portfolio Theory to Gold — Statistical Update, New York, March 1982

— Gold — A Conservative, Prudent Investment for Diversified Portfolios, New York, October 1980

— Gold in the Monetary System — A Re-Examination, New York, May 1981

— Gold Investment Handbook — A Guide for Institutional Portfolio Managers, New York, March 1981
— Gold Investment Handbook — Statistical Update, New York, July 1981
— Gold Versus Stocks, Bonds and Money Markets in Six Countries, New York, September 1982
— Income Producing Techniques in the Management of a Gold Portfolio, New York, October 1981
— Introducing International Gold Corporation Ltd., New York, March 1981
— Reducing Risk and Raising Returns — A Series of Portfolio Simulations Using Gold, New York, April 1981

International Gold Digest, ed. by Indicator Research Group, Palisades Park, N. J.

International Monetary Fund: International Financial Statistics, Washington, D. C.
— IMF — Survey, diverse Ausgaben

International Monetary Market: Bibliography and Information Source List, Chicago, April 1979
— Futures Trading in Gold — Contract Specifications, Chicago, October 1979
— Understanding Trading in Gold Futures, Chicago, February 1978
— IMM — Yearbooks: 1975/76, 76/77, 77/78, 78/79, 79/80, 81, 82

International Options Clearing Corporation B. V.: Summary Disclosure Statement for Options on Commodities, Vancouver, Montreal u. Amsterdam, November 1982

Jacobs, R. u. R. *Jones*: „The Treasury Bill Futures Market", in: Journal of Political Economy, Vol. 88, 1980, No. 4, S. 699-721

Jaffe, Jeffrey F. u. Robert L. *Winkler*: „Optimal Speculation Against an Efficient Market", in: Journal of Finance, Vol. 31, No. 1, March 1976, S. 49-61

Jarecki, Henry G.: „Bullion Dealing, Commodity Exchange Trading and the London Gold Fixing: Three Forms of Commodity Auctions", in: Bidding and Auctioning for Procurement and Allocation — Proceedings of a Conference at the Center for Applied Economics New York University, ed. by Yakov Amihud, New York, 1976, S. 173-186
— „Commodity Options — The Birth of the Market", Reprint from Euromoney, September 1978, S. 140-149
— „Fixing a Personal Orbit in the Universe of Gold", in: The Money Manager, June 11 1979, S. 22 f.
— „Gold", A Speech Given at the Financial Mail Annual International Conference, Carlton Hotel, Johannesburg, November 19, 1981
— „Gold Strategies for Personal Investment Programs", in: Financial Planner, Vol. 9, January 1980, S. 28 ff.
— „The Golding of America", Reprint from Euromoney, June 1981, S. 100-111
— „Silver in Backwardation? (Or, the Last Contango)", Reprint from Euromoney, March 1973
— „Silver Threats Among the Gold", Reprint from Euromoney, March 1979, S. 135-150
— „The Success of the U. S. Gold Markets: A Study in Structural Convenience", Speech Given at „World Gold" — A Conference Hosted by the Financial Times, Montreux, Switzerland, June 12 & 13, 1979

— „Trading in Options — How the US System May Operate", Reprint from Euromoney, April 1977, S. 99-107

— „Who Spoiled the Little Boy's Game?", Reprint from Euromoney, January 1978, S. 61-68

— „Why US Treasury Sales Are Not Bringing Down the Price", in: Euromoney, August 1978, S. 89 ff.

Jarrow, Robert A. u. George S. *Oldfield*: „Forward Contracts and Futures Contracts", in: Journal of Financial Economics, Vol. 9 (1981), S. 373 ff.

Jastram, Roy W.: The Golden Constant, The English and American Experience, 1560-1976, New York, 1977

Jiler, Harry (ed.): Forecasting Commodity Prices: How the Experts Analyse the Market, New York, 1975

Jöckel, K.-H. u. Peter *Pflaumer*: Das Box-Jenkins-Verfahren zur Vorhersage des Goldpreises, Forschungsbericht Nr. 80/2, Abt. Statistik, Universität Dortmund, 1980

Johnson, A. C. jr.: „Effects of Futures Trading on Price Performance in the Cash-Onion Market 1930-68, USDA, Technical Bulletin 1470, February 1973

Johnson, Harry G.: „Destabilizing Speculation: A General Equilibrium Approach", in: Journal of Political Economy, Vol. 84, February 1976, S. 101-108

— Further Essays in Monetary Economics, Cambridge, 1973

— „The Gold Rush of 1968 in Retrospect and Prospect", in: American Economic Review, Vol. 59, 1969, S. 334-348

Johnson, L. L.: „The Theory of Hedging and Speculation in Commodity Futures", in: Review of Economic Studies, Vol. 27, 1959/60, S. 139-151

Joseph, Jay jr.: Can the Gold Standard Save Us?, Brooklyn, 1980

Jovovic, Dejan: „Demonetisation or Remonetisation of Gold?", in: Review of International Affairs, Vol. 31, September 5, 1980, S. 16 ff.

Juay, Lim Chiap: „The Conveniences and Advantages of Gold Trading in Singapore", in: Gold Exchange of Singapore — Annual Report 1981, Singapur 1981, S. 52-54

Kaldor, N. : „A Note on the Theory of the Forward Market", in: Review of Economic Studies, Vol. 7, 1939-40, S. 196-210

— „Speculation and Economic Stability", in: Review of Economic Studies, Vol. 7, 1939-40, S. 1-27

Kaser, Michael Ch.: „The Rouble and Soviet Gold", in: International Currency Review, Vol. 3, 1971, No. 1, S. 5-11

— „Soviet Gold Production", in: Soviet Economy in a Time of Change. A Compendium of Papers Submitted to the Joint Economic Committee, Congress of the U.S., Vol. 2, Washington, 1979

Katzen, Leo: „The Role of Gold and the IMF in the 1980s", in: Optima, Johannesburg, Vol. 28, 1979, No. 3, S. 169-175

Kaufmann, H.: „Zürich als Zentrum des Weltgoldhandels", in: Neue Zürcher Zeitung, Fernausgabe Nr. 246, 24.10.1978, S. 59 ff.

Kawai, Masahiro: „Price Volatility of Storable Commodities Under Rational Expectations in Spot and Futures Markets", in: International Economic Review, Vol. 24 (1983), S. 435-459

Kemmerer, Donald L.: „The Gold Coin Standard: What It Is and Why the U.S. Should Return to It", in: Illinois Business Review, Vol. 37, February 1980, S. 1-5

Kemmerer, Edwin Walter: Gold and the Gold Standard, New York, 1979

Kettel, Brian: Gold, London, 1982

Keynes, John Maynard: Essays in Persuasion, New York, 1963

Kofi, T. A.: „A Framework for Comparing the Efficiency of Futures Markets", in: American Journal of Agricultural Economics, Vol. 55, November 1973, S. 584-594

Krasavina, L.: „A Discussion on the Role of Gold in International Economic Relations (Commenting on Papers Presented at a Conference in Moscow, June 1977)", in: Problems in Economics, Vol. 21, November 1978, S. 65-75

Kriz, Miroslav A.: „How Good is Gold?", in: The Banker's Magazine, Boston, Vol. 157, 1974, No. 4, S. 29-37

— „The Monetary Price of Gold. A Dialogue of the Deaf.", in: International Currency Review, Vol. 4, 1972, No. 6, S. 11-15

— „The Rational of Gold in the World Today", in: International Currency Review, Vol. 4, 1972, No. 3, S. 7-12

Krümmel, Hans-Jacob: „Bedingungen für die Schwankungen der Goldpreise im Spiegel der Marktberichterstattung", in: Kredit und Kapital, 2. Heft 1979, S. 245-262

— „Börsen und Börsengeschäfte", in: Handwörterbuch der Betriebswirtschaft, Stuttgart, 4. Aufl., 1974, Bd. 1, Spalten 969-986

Labys, Walter C.: Dynamic Commodity Models: Specification, Estimation, and Simulation, Lexington, 1973

— „Naivety and Optimality in Commodity Price Forecasting", in: W. Driehuis (ed.): Primary Commodity Prices: Analysis and Forecasting, Rotterdam, 1976

— (ed.): Quantative Models of Commodity Markets, Cambridge, 1975

— u. C.W.J. *Granger:* Speculation, Hedging, and Commodity Price Forecasting, Lexington, 1970

Laffer, Arthur B. u. James C. *Turney:* „Global Monetary Policy: Implications for the U.S. Dollar and Gold", in: The Journal of Social and Political Studies, Vol. 5, Spring/Summer 1980, S. 3-38

Lancaster, William Kimball: Gold Speculation and Swiss Bank Leadership, Albuquerque, Institute for Economic and Political World Strategic Studies, 1980

Lattanand, Lee: An Analysis of Domestic and International Factors Affecting the Price Behavior of Gold Mining Stocks, 1964-73, George Washington University, Dissertation 1976

Lawrence, R. S.: „The Future South African Gold Production", in: Address at the World Gold Markets 1981/82 Conference Promoted By Government Research Corporation and Consolidated Gold Fields Ltd. in London on 18th May 1981

Layard-Liesching, Ronald O.: „The World Lurches Towards the Remonetization of Gold", in: Euromoney, July 1980, S. 124 ff.

League of Nations. Financial Committee. Gold Delegation: Interim Report of the Gold Delegation, New York, 1979

Levich, Richard M.: The International Money Market: An Assessment of Forecasting

Techniques and Market Efficiency, Greenwich, Connecticut, 1979

— u. L. J. *White:* Price Controls and Futures Contracts: An Examination of the Markets for Copper and Silver During 1971-74", Working Paper No. 219, Salomon Brothers Center for the Study of Financial Institutions, New York, August 1980

— „Tests of Forecasting Models and Market Efficiency in the International Money Market", New York University, 1976

Lipschitz, L. u. I. *Otani:* A Simple Model of the Private Gold Market, 1968-74. An Exploratory Econometric Exercise, in: IMF Staff Papers, Washington, Vol. 24, 1977, No. 1, S. 36-63

Llyod-Jacob, D. O.: „The Future of Gold", in: The World Today. The Royal Institute of International Affairs, London, Vol. 28, 1972, No. 2, S. 69-75

The London Gold Futures Market: The London Gold Futures Market, London, 1982

— General Guide to Options, 28th January, 1983

The London Gold Market (o. V.): The London Gold Market, London, February 1982

London Gold & Silver Survey, ed. by Christopher Story

Lorsignol, O. u. J. *Bechu:* „Figuring out a Fickle Future: Short- and Medium Term Forecasts have been Mauled by General Economic Uncertainty; Forecasts still Need Figures, but are now Adding Psychology to the Formula", in: Vision, Paris, Januar 1978, S. 23-25

Machlup, Fritz: The Book Value of Monetary Gold, Princeton, 1971

— „The Price of Gold", in: The Banker, Vol. 118, 1968, S. 782-791

— „Speculation on Gold Speculation", in: American Economic Review, Vol. 59, 1969, S. 332-343

Makin, John H.: „The Composition of International Reserve Holdings. A Problem of Choice Involving Risk", in: American Economic Review, Vol. 61, 1971, No. 5, S. 818-832

Makridakis, Spyros u. S. *Wheelwright:* Forecasting, Methods and Applications, Santa Barbara, New York, 1978

Marsh, David: „Paris Gold Market Loses its Shine", in: Financial Times, September 9, 1982

Marsh, James Barney: A Theory and Estimation of Gold Supply: The Case of South Africa 1956-66, University of Chicago, Dissertation 1973

Martin, Michael G.: „The Behavior of Prices in the Futures Market for Gold: A Test of the Random Walk Model", Washington D. C., November 1977

— „Gold Market Developments 1975-77", in: Finance and Development, Vol. 15, 1978, No. 1, S. 31-35

Martin, Paul C.: Gold schlägt Geld, Zürich 1973

Mast, Hans J.: „Zur Bewegung des Goldpreises", in: Schweizer Monatshefte, Zürich, Jg. 60, 1980, Nr. 2, S. 751-762

McAlvany, Donald S.: „Gold, Inflation and the World Monetary System", in: Financial Planner, Vol. 9, January 1980, S. 20-24

McCain, W.: An Empirical Investigation Into Effects of Margin Requirements in Organized Commodity Futures Markets, Ph. D. Dissertation, Stanford University, 1969

McClelland, Charles: „Warnings in The International Events Flow: EFI and ROZ as Threat Indicators", in: International Interactions, Vol. 5, No. 2 & 3, 1978, S. 135-202

McDonald, John G. u. Bruno *Solnik:* „Gold Mining Equities. An Economic Analysis, 1968-1974", in: European Finance Association, Proceedings 1975, Amsterdam, Oxford, S. 61-80

— „Valuation and Strategy for Gold Stocks", in: Journal of Portfolio Management, Vol. 3, 1977, No. 2, S. 29-33

McDonough, William J.: „Retailing Gold in Chicago (Why Chicago is Likely to Become the Centre of the New Gold Bullion Trade)", in: Euromoney, December 1974, S. 39-41

McLaughlin, Donald: „Gold Has Risen But Remains the Same", in: Freeman, Vol. 30, May 1980, S. 281-288

Melamed, Leo: „The Futures Market: Liquidity and the Technique of Spreading", in: Journal of Futures Markets, Vol. 1, 1981, No. 3, S. 405-411

— „The Sun Never Sets on Modern Gold Trading", in: World Gold Markets 1981/82, London 1981, a.a.O., S. 87 ff.

Mendelsohn, M. S.: „Kruger's Golden Rand. A Survey of Gold and South Africa", in: The Economist, London, No. 6865, Vol. 254, 1975, S. 2-34

Merril Lynch International: „Australian Gold Producers" — International Research, August 1982

Merton, Henry: Your Gold and Silver, New York, 1981

Metal Center News, New York

Metal Statistics, New York

Metals Week, New York

Michalopoulos, Constantine u. Roger C. *Van Tassel:* „Gold as a Commodity: Forecasts of U. S. Use in 1975", in: Western Economic Journal, Vol. 9, June 1971, S. 151-171

Midamerica Commodity Exchange: MiniContracts in Precious Metals, Chicago, o. J. (1982)

Mining Annual Review, London

The Mining Journal, London

The Mining Record, Denver, Colorado

Mocatta & Goldsmid: Annual Circular, London

Mocatta Metals Corporation: A Short Course in Mocatta Options, New York, September 1981

— Granting Mocatta Options, New York, 1982

— Mocatta Lookback Options, New York, 1982

— 12 Advantages of Investing in Mocatta Options, New York, July 1980

Samuel *Montagu* & Co., Ltd.: Annual Bullion Review, London

The Montreal Exchange: Understanding Gold Options, Montreal, June 1982

Morgan, Edward Victor: Gold or Paper?: An Essay on Governments' Attempts to Manage the Post-War Monetary System and the Case For and Against Restoring a Link with Gold, London 1976

Morner, Aimée L.: „The Psychiatrist Who Struck it Rich in Precious Metals", Reprint from Fortune, October 9, 1978

Mortensen, Michael Henry: Gold, Albuquerque, Institute for Economic and Political World Strategic Studies, 1979

— Gold, Swiss Banks and the World Monetary Catastrophe, Albuquerque, o. J.

Müller, Klaus: „Zur sogenannten Demonetarisierung des Goldes", in: Wirtschaftswissenschaft, Ost-Berlin, Jg. 28, 1980, Nr. 3, S. 313-328

Mundell, Robert A.: „Real Gold, Dollars and Paper Gold", in: American Economic Review, Vol. 59, 1969, S. 324-331

Nathan, Robert — Associates Inc.: Margins, Speculation and Prices in Grains Futures Markets, Report Submitted to Economic Research Service, USDA, Washington, December 1967

National Bank of Egypt: „Gold", in: Economic Bulletin. National Bank of Egypt, Vol. 28, 1975, No. 3, S. 287-308

— „The Role of Gold in the International Monetary System", in: Economic Bulletin, National Bank of Egypt, Vol. 29, 1976, No. 3, S. 268-286

Nelson, C. R.: Applied Time Series Analysis for Managerial Forecasting, San Francisco 1973

— „Rational Expectations and the Estimation of Econometric Models", in: International Economic Review, October 1975, S. 555-561

Neue Zürcher Zeitung, diverse Ausgaben

Neumann, Manfred J. M. u. Martin *Klein:* „Probleme der Theorie effizienter Märkte und ihrer empirischen Überprüfung", in: Kredit und Kapital, 1982, Heft 2, S. 165-187

Newbold, P. u. C. W. J. *Granger:* „Experience with Forecasting Univariate Time Series and the Combination of Forecasts", in: Journal of the Royal Statistical Society, Series A, Vol. 137, 1974, S. 131-146

Ojo, Ade T.: „Gold Price Developments and the International Monetary System", in: OPEC-Review, Vol. 3/4, Winter 1979/Spring 1980, S. 67-92

Pavaskar, Rama: Efficiency of Futures Trading, Bombay, 1977

Peck, Anne E. (ed.): Selected Writings on Futures Markets, Vol. II, Chicago 1977

Persons, Robert H.: The Investor's Encyclopedia of Gold, Silver and other Precious Metals: How to Invest Successfully in all forms of Precious Metals, New York, 1974

Pick, Franz: Gold. How and Where to Buy and Hold It, New York, 3rd. ed., 1973

— Silver. How and Where to Buy and Hold It, 3rd. ed., New York, 1974

— Pick's Currency Yearbook, 1977-79, New York, 1981

Plass, Fritz: „Warum der Goldpreis ständig steigt", in: Der Volks- und Betriebswirt, Bonn, Jg. 49, 1979, Nr. 7/8, S. 9-13

Powers, Mark J.: „Does Futures Trading Reduce Price Fluctuations in the Cash Markets?", in: American Economic Review, Vol. 9, No. 3, June 1970, S. 460-464

— u. David *Vogel:* Inside the Financial Futures Markets, New York, Chichester, Brisbane, Toronto, 1981

Precious Metals, International Precious Metals Institute, New York

Puff, Harold: Report and Teaching Guide on Commodity Futures, Miami University, 1972

Purcell, W.D.; D. *Flood* u. J. S. *Plaxico:* „Cash Futures Interrelationships in Live Cattle: Causality, Variability, and Pricing Processes", in: Livestock Futures Research Symposium ed. by R. M. Leuthold u. P. Dixon, Chicago Mercantile Exchange, Chicago, 1980

Rapson, W. S. u. T. *Groenewald:* Gold Usage, New York, 1978

Rendleman, R. u. C. *Carabini:* „The Efficiency of the Treasury Bill Futures Market", in: Journal of Finance, September 1979, S. 895-914

Renshaw, Anthony: „Does Gold Have a Role in Investment Portfolios?", in: Journal of Portfolio Management, Spring 1982, S. 28-31

Renwick, Fred B.: „Are Gold Mining Shares Prudent Investments? The Case of International Investors Incorporated", Working Paper No. 179, Salomon Brothers Center for the Study of Financial Institutions, New York, September 1979

Richard, Scott F. u. M. *Sundaresan:* „A Continous Time Equilibrium Model of Forward and Futures Prices in a Multigood Economy", in: Journal of Financial Economics, Vol. 9 (1981), S. 347 ff.

Rockingham, G. R.: „Impact of Price Movements on Soviet Gold Reserves and Foreign Trade Debts", in: Osteuropa Wirtschaft, Jg. 19, 1974, Nr. 2, S. 112-119

Rockwell, Charles S.: „Normal Backwardation, Forecasting, and the Returns to Commodity Traders", in: Peck, Anne E. (ed.): Selected Writings on Futures Markets, Chicago, 1977, S. 167-190

Rohde, Wolfgang: Ein spieltheoretisches Modell eines Terminmarktes, Bielefeld 1979

Rollo, Jacques u. Howard *Josin:* „Alternative Strategies for Hedging and Spreading", CSFM-Working Paper Series, No. 22, New York, 1981

Rosen, Lawrence R.: When and How to Profit from Buying and Selling Gold, Homewood, Illinois, 1975

Rosen, Rüdiger von: „Unterschiedliche Bewertung des Währungsgoldes innerhalb Europas", in: Zeitschrift für das gesamte Kreditwesen, Jg. 32, 1979, Nr. 7, S. 276-278

Ross, Ray L.: „Financial Consequences of Trading Commodity Futures Contracts", in: Illinois Agricultural Economics, Vol. 15, Juli 1975, S. 27-31

Rush, H. u. W. *Page:* „Long Term Metals Foreçasting: The Track Record: 1910-64", in: Futures, Vol. 11, August 1979, S. 321-337

Salant, S. W. u. D. W. *Henderson:* „Market Anticipation of Government Policies and the Price of Gold", in: Journal of Political Economy, Vol. 86, 1978, No. 4, S. 627-648

Samuelson, Paul A.: „Proof that Properly Anticipated Prices Fluctuate Randomly", in: Industrial Management Review, Vol. 6, Spring 1965, S. 41-49

Sarnoff, Paul: Trading in Gold, New York, 1981

Scherschel, Patricia M. u. Alfred *Zanker:* „When Will Plunge End for Gold Prices?", in: U. S. News and World Report, Vol. 91, July 20, 1981, S. 68 f.

Schoppe, Siegfried G.: „Funktionswandlungen des Goldes im Rahmen der sowjetischen Außenhandelsregie seit 1945/46", in: Osteuropa Wirtschaft, 1978, Nr. 1, S. 25-45

— „Myth and Reality of the Soviet Gold Policy", in: Intereconomics, January/February 1978, S. 44-48

Schreiber, Hans-Joachim: „Why the Price of Gold Will Go On Up", in: Euromoney, October 1980, S. 55-58

Schweizer Bankgesellschaft: Gold, Zürich, August 1979

— „Wohin steuert der Goldpreis?", in: SBG-Wirtschaftsnotizen, November 1980, S. 3 ff.

Schweizer Handelszeitung, diverse Ausgaben

Schweizerischer Bankverein: Gold, Zürich, Januar 1981

Schweizerische Kreditanstalt: Goldhandbuch, Handbücher aus dem Bankbereich, Heft 66, Zürich, Dezember 1982 (Manuskript)

Sennholz, Hans F.: „No Shortage of Gold", in: Gold is Money — Hrsg.: H. F. Sennholz, Westport, London, 1975, S. 41-60

Serpault, Marcel: „The Gold Market", in: The Banker, January 1973, S. 73 ff.

Shannon, Ian: The Economic Functions of Gold, Melbourne, Cheshire, 1962

— Gold and the American Balance of Payments, Chicago, 1966

— International Liquidity: A Study in the Economic Functions of Gold, Chicago, 1966

— „The Price of Gold and the Inflation Controversy", in: Mitteilungen der List-Gesellschaft, Düsseldorf, Jg. 7, 1969, Nr. 2, S. 27-56

Sharps, Pixley & Abell's Annual Circular, London

Sherman, Eugene J.: „Gold: A Conservative, Prudent Diversifier", in: Journal of Portfolio Management, Spring 1982, S. 21-27

— „Gold Is Less Volatile Than Stocks or Bonds", in: The Money Manager, October 27, 1980, S. 3 ff.

Shiller, Robert J.: Rational Expectations and the Structure of Interest Rates, unpublished Ph. D. Dissertation, MIT, Cambridge, Mass. 1972

Shishko, Irwin: „Why Gold?", in: Journal of Portfolio Management, Vol. 3, 1977, No. 2, S. 34-40

Simha, S. L. N. (ed.): Aspects of Gold Policy, Madras, 1979

Simonius Vischer & Co.: Der Gold-Terminmarkt von Sydney, Basel, Oktober 1978

Sinclair, James E. u. Harry D. *Schultz*: How the Experts Buy and Sell Gold Bullion, Gold Stocks and Gold Coins, New York, 1975

— How You Can Profit From Gold, Westport, Connecticut, 1980

Skousen, Mark: The 100 % Gold Standard: Economics of a Pure Money Commodity, Washington, 1977

Snyder, William D.: Simulation for Optimal Cash Reserves for Commodity Trading, Oklahoma State University, 1975

Societe de la Bourse de Luxembourg: Gold Fixing at the Luxembourg Stock Exchange, Luxembourg, März 1981

Solow, Robert M.: „The Economics of Resources or the Resource of Economics", in: American Economic Review, May 1974, S. 1 ff.

Stanislaus, Karl-Heinz: „Der manipulierte Goldpreis. Demonetisierung gegen Mut und Ausdauer", in: Information der Internationalen Treuhand AG, Basel, Nr. 53, 1977, S. 9-17

Stein, J. L.: „The Simultaneous Determination of Spot and Futures Prices", in: American Economic Review, Vol. 51, 1961, S. 1012-25

Steinmann, Gunter: Theorie der Spekulation, Tübingen, 1970

Stelzl, Diethard: „Aspekte der Produktion, des Verkaufs und der Reserven von Gold in den osteuropäischen Ländern", in: Jahrbuch der Wirtschaft Osteuropas, Osteuropainstitut, München, Jg. 4, 1973, S. 397-421

Stoll, H. R.: Commodity Futures and Spot Price Determination and Hedging in Capital Market Equilibrium, University of Pennsylvania, R. L White Center for Financial Research, Working Paper No. 17-79, April 1979

Strauss, Simon D.: Gold and Silver as Stores of Value, New York, 1981

Streit, Manfred E.: „On the Use of Futures Markets for (Commodity Price) Stabilization Purposes", in: Weltwirtschaftliches Archiv, Jg. 116, Heft 3/1980, S. 493-513

Studentowicz, Kazimierz: „Gold, a Barbarous Relic or an Indispensable Monetary Instrument?", in: Acta Monetaria. Jahrbuch für Geldordnung und Geldpolitik, Frankfurt, Jg. 4, 1980, S.35-41

Sydney Futures Exchange: Gold Futures, Sydney, February 1983

— Gold Futures Contract By-Laws, Sydney, January 18, 1982

— Gold Futures for the Institutional Investor, Sydney, o. J. (1983)

— The Markets: Precious Metals, Sydney, o. J. (1981)

Tagesanzeiger Zürich, diverse Ausgaben

Tauber, Ronald S.: „Is Gold a Prudent Investment Under ERISHA?", in: The Journal of Portfolio Management, Fall 1981, S. 28-31

Taylor, G. u. R. *Leuthold*: „The Influence of Futures Trading on Cash Cattle Price Variations", in: Food Research Institute Studies, Vol. 13, 1974

Telser, L. G.: „Futures Trading and the Storage of Cotton and Wheat", in: Journal of Political Economy, Vol. 66, June 1958, S. 233-255

Teweles, Richard J.; C. V. *Harlow* u. H. L. *Stone*: The Commodity Futures Game — Who Wins? Who Looses? Why?, New York, 1977

Time, diverse Ausgaben

Tokyo Gold Exchange: The Tokyo Gold Exchange, Tokio, o. J. (1982)

Tomek, W. G.: „Futures Trading and Market Information: Some Further Evidence", Food Research Studies, 20 (1981)

Tschoegl, Adrian E.: „Efficiency in the Gold Market. A Note", in: Journal of Banking and Finance, Amsterdam, Vol. 4, 1980, No. 4, S. 371-379

United Nations Publications: Statistical Yearbook, New York

United States. Bureau of Mines: Gold, Reprint from Bulletin 671, Washington, 1980

— Gold and Silver Mineral Industry Surveys, Washington

— Minerals Yearbook

United States. Congress. House. Committee on Banking and Currency: Gold Panic Investigation, New York, 1974

— Committee on Interior and Insular Affairs. Subcommittee on Mines and Mining: Feasibility of a Return to the Gold Standard, Oversight Hearing, Oct. 2, 1980
— Senate. Committee on Banking, Housing and Urban Affairs. Subcommittee on Production and Stabilization: Private Ownership of Gold, Washington, 1973
— Committee on Banking, Housing and Urban Affairs: Information Related to Futures Contracts in Financial Instruments, Washington 1980, Part II: Positions of Exchange Directors in Gold Futures

United States. Department of Agriculture, Economic Research Service, Technical Bulletin, No. 1536: The Distribution of Shortrun Commodity Price Movements, Washington, March 1976

Valeurs White Weld S. A.: Goldoptionen, Genf, September 1980

Van Tassel, Roger C.: „New Gold Rush", in : California Management Review, Vol. 22, 1979, No. 2, S. 24-35

— u. C. *Michalopoulos:* The Commercial Demand for Gold in the United States, Worcester, Mass., 1973

Vancouver Stock Exchange: Options Circular

Vilar, Pierre: A History of Gold and Money, 1450-1920, London, 1976

Vukmanovic, Zoran: „Gold. Is There a Limit?", in: Intergovernmental Council of Copper Exporting Countries, Quarterly Review, Paris, July-September 1979, S. 38-47

Waldner, Stanley C.: „How to Get a Yield on Your Gold Investment", in: Euromoney, December 1974, S. 35-37

Wall Street Journal, diverse Ausgaben

Weise, Herbert: „Gold als gewerblicher Rohstoff, Vermögensanlage und Währungsreserve", in: Weltwirtschaftliches Archiv, Bd. 107, 1971, Nr. 2, S. 319-368

Weston, Rae: An Introduction to Gold, London 1981

White, Richard T.: „Gold Funds", in: Financial Planner, Vol. 10, May 1981, S. 52 ff.

Williams, D.: „The Gold Markets 1968-72", in: Finance and Development, Washington, Vol. 9, 1972, No. 4, S. 9-16

Williamson, J.: „The Problem of Remonetizing Gold", in: Banca Nazionale del Lavoro, Quarterly Review, Rome, No. 121, 1977, S. 171-186

Winnipeg Commodity Exchange: Statistical Annuals 1977, 78, 79, 80, 81

Wirtschaftswoche, diverse Ausgaben

Wolenik, Robert: How You Can Share in the Fortunes Being Made in Gold: A Complete Guide to Gold Profits for Those With as Little as One Hundred Dollars to Invest, Chicago, 1980

Wolfe, Thomas W.: Gold Market Report to the United States Department of the Treasury, Washington, 1976

Working, Holbrook: „Futures Trading and Hedging", in: AER, Vol. 53, Juni 1953, S. 314-343

— „New Concepts Concerning Futures Markets and Prices", in: AER, Vol. 52, Juni 1962, S. 431-459

— „Price Effects of Futures Trading", in: Food Research Institute Studies, Vol. 1, 1960

World Gold Markets 1981/82 — An Edited Report of Proceedings at the Conference Held at Guildhall, London, on 18th and 19th May 1981, sponsored by: Consolidated Gold Fields Ltd. and Governmental Research Corporation

World Mining, San Francisco

Woy, James B.: Commodity Futures Trading, A Bibliographic Guide, New York 1976

Yeung, Kenneth B. K.: „The Hong Kong Market", in: World Gold Markets 1981/82 — a.a.O., S. 92 ff.

Zajdenweber, Daniel: „The Daily Variations of the Price of Gold on the Paris Gold Market, 1.1.72-31.3.74", in: European Finance Association, Proceedings, 1974, Amsterdam, S. 65-87

Sachwortverzeichnis

FSC
www.fsc.org
MIX
Papier | Fördert gute Waldnutzung
FSC® C083411

Kolibri 360 GmbH
Ferdinand-Jühlke-Straße 7
99095 Erfurt, Deutschland
produktsicherheit@kolibri360.de

Druck:
CPI Druckdienstleistungen GmbH
im Auftrag der
Kolibri 360 GmbH
Ferdinand-Jühlke-Str. 7
99095 Erfurt